Nous dédions ce livre à la famille Thuillier,
propriétaire du Grand Hôtel de Roanne,
disparue dans l'accident d'avion de Sharm El-Sheikh,
en janvier 2004.

La rédaction des *Guides du routard*

Le Guide du

routard

Petits restos des Grands chefs

HACHETTE

le Guide du **routard**

Directeur de collection et auteur
Philippe GLOAGUEN

Cofondateurs
Philippe GLOAGUEN et Michel DUVAL

Rédacteur en chef
Pierre JOSSE

Co-auteur
Jean-Pierre BORDIN

Rédacteurs en chef adjoints
Amanda KERAVEL et Benoît LUCCHINI

Directrice de la coordination
Florence CHARMETANT

Directeur de routard.com
Yves COUPRIE

Rédaction
Olivier PAGE, Véronique de CHARDON,
Isabelle AL SUBAIHI, Anne-Caroline DUMAS,
Carole BORDES, Bénédicte BAZAILLE,
André PONCELET, Marie BURIN des ROZIERS,
Thierry BROUARD, Géraldine LEMAUF-BEAUVOIS,
Anne POINSOT, Mathilde de BOISGROLLIER,
Gavin's CLEMENTE-RUÏZ, Fabrice de LESTANG,
Alain PALLIER et Fiona DEBRABANDER

Avec la collaboration de
Gérard BOUCHU, Emmanuel DAVID,
Jean-Sébastien PETITDEMANGE et Gilles PUDLOWSKI

Responsable photographique
Gérard MÉLONI

PETITS RESTOS DES GRANDS CHEFS

Hachette

Avis aux hôteliers et aux restaurateurs

Les enquêteurs du *Guide du routard* travaillent dans le plus strict anonymat, afin de préserver leur indépendance et l'objectivité des guides. Aucune réduction, aucun avantage quelconque, aucune rétribution ne sont jamais demandés en contrepartie. Face aux aigrefins, la loi autorise les hôteliers et restaurateurs à porter plainte.

Hors-d'œuvre

Le *GDR*, ce n'est pas comme le bon vin, il vieillit mal. On ne veut pas pousser à la consommation, mais évitez de partir avec une édition ancienne. D'une année sur l'autre, les modifications atteignent et dépassent souvent les 40 %.

Spécial copinage

Le Bistrot d'André : 232, rue Saint-Charles, 75015 Paris. ☎ 01-45-57-89-14. M. : Balard. À l'angle de la rue Leblanc. Fermé le dimanche. Menu à 12,5 € servi le midi en semaine uniquement. Menu-enfants à 7 €. À la carte, compter autour de 22 €. L'un des seuls bistrots de l'époque Citroën encore debout, dans ce quartier en pleine évolution. Ici, les recettes d'autrefois sont remises à l'honneur. Une cuisine familiale, telle qu'on l'aime. Des prix d'avant-guerre pour un magret de canard poêlé sauce au miel, rognon de veau aux champignons, poisson du jour... Kir offert à tous les amis du *Guide du routard.*

ON EN EST FIER : www.routard.com

Tout pour préparer votre voyage en ligne, de A comme argent à Z comme Zanzibar : des fiches pratiques sur 125 destinations (y compris les régions françaises), nos tuyaux perso pour voyager, des cartes et des photos sur chaque pays, des infos météo et santé, la possibilité de réserver en ligne son visa, son vol sec, son séjour, son hébergement ou sa voiture. En prime, *routard mag,* véritable magazine en ligne, propose interviews de voyageurs, reportages, carnets de route, événements culturels, dossiers pratiques, produits nomades, fêtes et infos du monde. Et bien sûr : des concours, des *chats,* des petites annonces, une boutique de produits voyages...

Mille excuses, on ne peut plus répondre individuellement aux centaines de CV reçus chaque année.

LES PETITS RESTOS DES GRANDS CHEFS

On a surtout privilégié l'accueil et l'assiette

Voici le premier *Guide du routard* **avec photos,** en couleurs, qui s'intéresse à une cuisine haute en saveur : celle des **grands chefs** d'aujourd'hui... et de demain. **Sans ruiner votre portefeuille**.

Notre récolte répertorie toutes ces petites tables de chefs qu'on n'osait pas sélectionner dans nos différents guides régionaux, car on pensait, à tort, que ce n'était pas pour nous, routards sans costard.

À Paris, et dans toute la France, nous avons dégoté de fameuses petites tables de grands chefs aux prix aussi modestes que la cuisine est fameuse.

Nos critères de choix

On a sélectionné aussi bien **le deuxième ou le troisième resto (annexe) d'un grand chef,** qui a su placer là ses fils ou ses élèves les plus méritants. Évidemment, tous les grands chefs n'ont pas été retenus : certains font payer cher leur nom pour une petite table qu'ils ne fréquentent guère.

On a aussi sélectionné **tous ceux qui ont fait leurs classes chez les plus grands :** ces jeunes cuisiniers talentueux ont retenu la leçon de leur(s) maître(s) et apportent à leur cuisine leur créativité personnelle en contribuant à faire évoluer la cuisine d'aujourd'hui.

Enfin, **les « fils de personne »,** qui travaillent avec leur cœur et qui se débrouillent sans faire encore la une des magazines. Et pourtant, on y fait du bon avec du frais, de l'original avec le marché du jour. Tout cela, sans coup de fusil. Bref, des fils de personne qui deviendront vite quelqu'un.

On ne cuisine pas les cuisiniers : pas de notes !

Qui pourrait faire aussi bien que ces chefs ? Pas nous en tout cas. On sait juste reconnaître une bonne cuisine de celle qui ne l'est pas. Donc, au *Routard*, tel établissement est sélectionné, l'autre non. C'est tout, et c'est déjà beaucoup. Pourquoi stresser ces artistes qui donnent tout, pour notre plaisir ? Aucun guide n'oserait noter une peinture ou une sculpture, dans un musée. Pourquoi le feraiton pour un chef-d'œuvre culinaire ? On se moque bien que le maître des lieux ait la tête dans les étoiles. Difficile pour nous d'adhérer quand l'intérieur est triste, l'accueil insupportable, la carte alambiquée et les prix trop élevés (au-delà de 40 € le midi, par exemple). Et si le sommelier boude les vins régionaux parce que ce n'est pas assez chic, alors, nous, on boude la table !

Et, en fin d'agapes, pas question de vous planter là ! **Nos limiers ont déniché quelques nids douillets, à proximité,** pour prolonger la fête le temps d'un week-end en amoureux, entre amis, et même en famille.

Voici notre premier guide des chefs de demain. Et avec le sourire en guise de hors-d'œuvre. On attend impatiemment vos avis et suggestions.

Philippe GLOAGUEN et Jean-Pierre BORDIN

LES GUIDES DU ROUTARD 2004-2005

(dates de parution sur **www.routard.com**)

France

- Alpes
- Alsace, Vosges
- Aquitaine
- Ardèche, Drôme
- Auvergne, Limousin
- Bourgogne
- Bretagne Nord
- Bretagne Sud
- Châteaux de la Loire
- Corse
- Côte d'Azur
- Franche-Comté
- Hôtels et restos de France
- **Île-de-France (nouveauté)**
- Junior à Paris et ses environs
- Junior en France
- Languedoc-Roussillon
- Lyon
- Marseille
- Midi-Pyrénées
- **Montpellier (nouveauté)**
- **Nice (nouveauté)**
- Nord, Pas-de-Calais
- Normandie
- Paris
- Paris balades
- Paris exotique
- Paris la nuit
- **Paris sportif (nouveauté)**
- Paris à vélo
- Pays basque (France, Espagne)
- Pays de la Loire
- **Petits restos des grands chefs (nouveauté)**
- Poitou-Charentes
- Provence
- Restos et bistrots de Paris
- Le Routard des amoureux à Paris
- Tables et chambres à la campagne
- Toulouse
- Week-ends autour de Paris

Amériques

- Argentine
- Brésil
- Californie
- Canada Ouest et Ontario
- Chili et île de Pâques
- Cuba
- Équateur
- États-Unis, côte Est
- Floride, Louisiane
- Guadeloupe, Saint-Martin, Saint-Barth
- Martinique, Dominique, Sainte-Lucie
- Mexique, Belize, Guatemala
- New York
- Parcs nationaux de l'Ouest américainet Las Vegas
- Pérou, Bolivie
- Québec et Provinces maritimes
- Rép. dominicaine (Saint-Domingue)

Asie

- Birmanie
- Cambodge, Laos
- Chine (Sud, Pékin, Yunnan)
- Inde du Nord
- Inde du Sud
- Indonésie
- Israël
- Istanbul
- Jordanie, Syrie
- Malaisie, Singapour
- Népal, Tibet
- Sri Lanka (Ceylan)
- Thaïlande
- Turquie
- Vietnam

Europe

- Allemagne
- Amsterdam
- Andalousie
- Andorre, Catalogne
- Angleterre, pays de Galles
- Athènes et les îles grecques
- Autriche
- Baléares
- Barcelone
- Belgique
- Crète
- Croatie
- Écosse
- Espagne du Centre (Madrid)
- Espagne du Nord-Ouest (Galice, Asturies, Cantabrie)
- Finlande, Islande
- Grèce continentale
- Hongrie, Roumanie, Bulgarie
- Irlande
- Italie du Nord
- Italie du Sud
- Londres
- **Malte (nouveauté)**
- Moscou, Saint-Pétersbourg
- Norvège, Suède, Danemark
- **Piémont (nouveauté)**
- Pologne, République tchèque, Slovaquie
- Portugal
- Prague
- Rome
- Sicile
- Suisse
- Toscane, Ombrie
- Venise

Afrique

- Afrique noire
- Égypte
- Île Maurice, Rodrigues
- Kenya, Tanzanie et Zanzibar
- Madagascar
- Maroc
- Marrakech et ses environs
- Réunion
- Sénégal, Gambie
- Tunisie

et bien sûr...

- Chiner autour de Paris
- Le Guide de l'expatrié
- Humanitaire
- Internet et multimédia

TABLE DES MATIÈRES

CARTE DES RÉGIONS DE FRANCE

ANGLETERRE
NORD
Manche
Pas-de-Calais (62)
Somme (80)
Seine-Maritime (76)
HAUTE-NORMANDIE
Oise (60)
Manche (50)
Calvados (14)
BASSE-NORMANDIE
Eure (27)
Val-d'Oise (95)
Yvelines (78)
Orne (61)
Finistère (29)
Côtes-d'Armor (22)
BRETAGNE
Morbihan (56)
Ille-et-Vilaine (35)
Mayenne (53)
Eure-et-Loir (28)
Essonne (91)
Sarthe (72)
Loiret (45)
PAYS DE LA LOIRE
Loire-Atlantique (44)
Maine-et-Loire (49)
Loir-et-Cher (41)
Indre-et-Loire (37)
CENTRE
Vendée (85)
Deux-Sèvres (79)
Vienne (86)
Indre (36)
OCÉAN ATLANTIQUE
POITOU-CHARENTES
Charente-Maritime (17)
Charente (16)
Haute-Vienne (87)
Creuse (23)
LIMOUSIN
Corrèze (19)
Dordogne (24)
Gironde (33)
AQUITAINE
Lot (46)
Lot-et-Garonne (47)
Landes (40)
Tarn-et-Garonne (82)
Tarn (81)
Gers (32)
MIDI-PYRÉNÉES
Haute-Garonne (31)
Pyrénées-Atlantiques (64)
Aude (11)
Hautes-Pyrénées (65)
Ariège (09)
ANDORRE
ESPAGNE
0 100 200 km

PAYS-BAS
BELGIQUE
NORD-PAS-DE-CALAIS
Nord (59)
LUX.
PICARDIE
Aisne (02)
Ardennes (08)
Meuse (55)
Moselle (57)
ALLEMAGNE
ÎLE-DE-FRANCE
Marne (51)
LORRAINE
Meurthe-et-Moselle (54)
Bas-Rhin (67)
Seine-et-Marne (77)
CHAMPAGNE-ARDENNE
Aube (10)
Haute-Marne (52)
Vosges (88)
ALSACE
Haut-Rhin (68)
Yonne (89)
Côte-d'Or (21)
Haute-Saône (70)
Terr. de Belfort (90)
Doubs (25)
AUTRICHE
LIECH.
BOURGOGNE
Cher (18)
Nièvre (58)
FRANCHE-COMTÉ
SUISSE
Saône-et-Loire (71)
Jura (39)
Allier (03)
Ain (01)
Haute-Savoie (74)
Rhône (69)
Loire (42)
Puy-de-Dôme (63)
RHÔNE-ALPES
Savoie (73)
AUVERGNE
Isère (38)
ITALIE
Cantal (15)
Haute-Loire (43)
Ardèche (07)
Drôme (26)
Hautes-Alpes (05)
Lozère (48)
Alpes-de-Haute-Provence (04)
Aveyron (12)
Gard (30)
Vaucluse (84)
Alpes-Maritimes (06)
PROVENCE-ALPES-CÔTE D'AZUR
Hérault (34)
Bouches-du-Rhône (13)
Var (83)
LANGUEDOC-ROUSSILLON
Pyrénées-Orientales (66)
Haute-Corse (2B)
CORSE
Corse du Sud (2A)
MER MÉDITERRANÉE
Seine-St-Denis (93)
Paris (75)
Hauts de-Seine (92)
Val-de-Marne (94)

CARTE DE PARIS

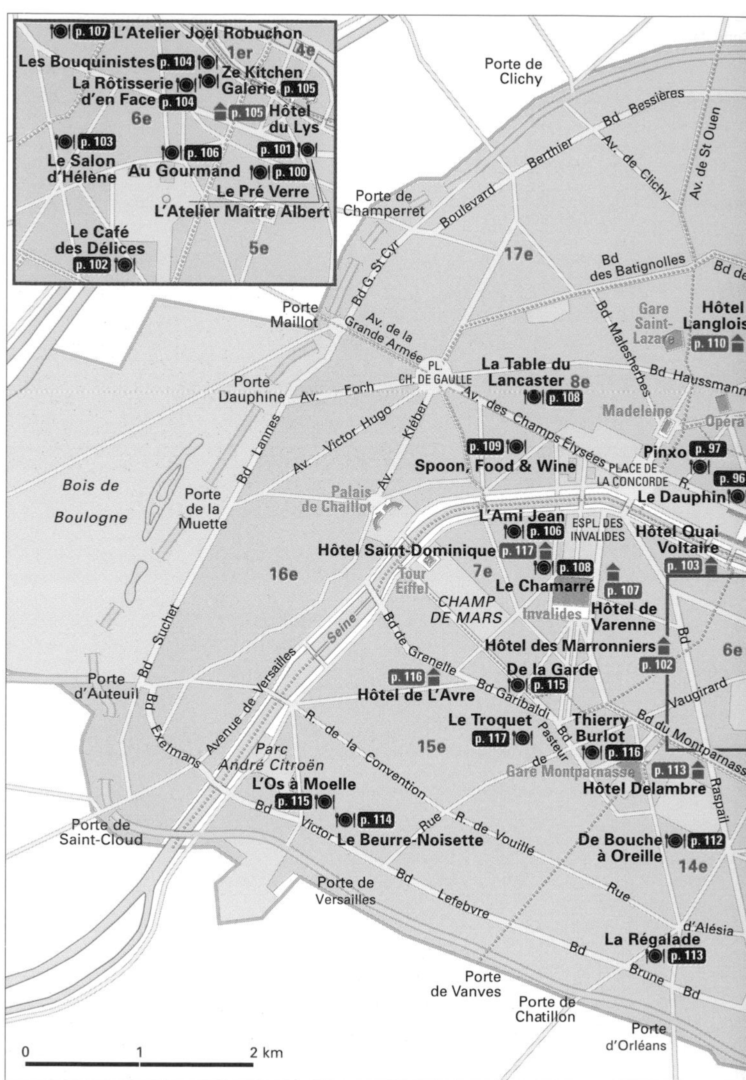

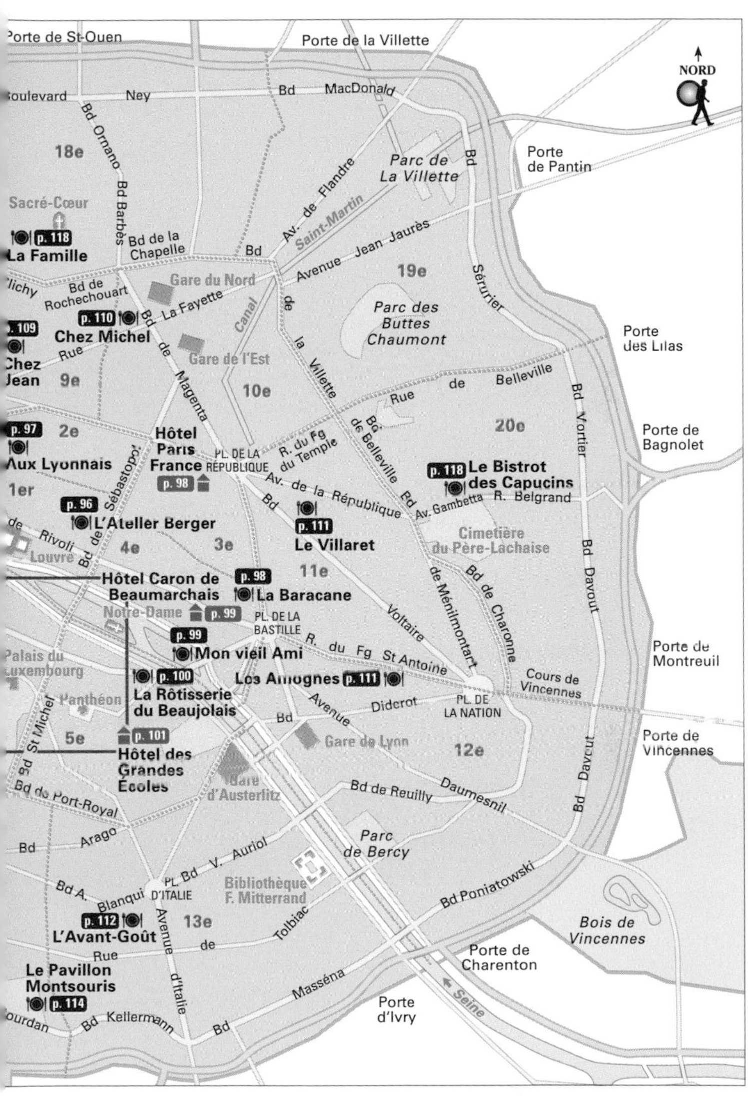
Porte de St-Ouen
Porte de la Villette
NORD
Boulevard Ney
Bd MacDonald
Bd Ornano
18e
Parc de La Villette
Porte de Pantin
Bd Barbès
Sacré-Cœur
Av. de Flandre
Saint-Martin
p. 118
La Famille
Bd de la Chapelle
Bd
Avenue Jean Jaurès
19e
Gare du Nord
Bd de Rochechouart
Bd Sérurier
p. 110
Bd La Fayette
Canal
de la Villette
Parc des Buttes Chaumont
Porte des Lilas
p. 109
Chez Michel
Chez Jean
Rue
9e
Gare de l'Est
10e
Rue de Belleville
Bd de Magenta
Bd de Belleville
Bd Mortier
20e
p. 97
2e
Hôtel Paris France
R. du Fg du Temple
Porte de Bagnolet
Aux Lyonnais
PL. DE LA RÉPUBLIQUE
p. 98
p. 118
Le Bistrot des Capucins
1er
Bd Sébastopol
Av. de la République
Av. Gambetta
R. Belgrand
p. 96
L'Atelier Berger
p. 111
Le Villaret
Cimetière du Père-Lachaise
Rue de Rivoli
Louvre
4e
3e
Bd Davout
Hôtel Caron de Beaumarchais
p. 98
La Baracane
11e
Bd de Ménilmontant
Bd de Charonne
Notre-Dame
p. 99
Voltaire
PL. DE LA BASTILLE
p. 99
Mon vieil Ami
R. du Fg St Antoine
Porte de Montreuil
Palais du Luxembourg
p. 100
Les Amognes
p. 111
Cours de Vincennes
La Rôtisserie du Beaujolais
Panthéon
Avenue
Diderot
PL. DE LA NATION
Bd St Michel
Bd
p. 101
5e
Gare de Lyon
12e
Porte de Vincennes
Hôtel des Grandes Écoles
Gare d'Austerlitz
Bd de Port-Royal
Bd de Reuilly
Daumesnil
Bd Davout
Parc de Bercy
Bd Arago
Bd V. Auriol
Bibliothèque F. Mitterrand
Bd A. Blanqui
PL. D'ITALIE
Bd Poniatowski
p. 112
13e
Bois de Vincennes
L'Avant-Goût
Avenue d'Italie
Rue de Tolbiac
Porte de Charenton
Le Pavillon Montsouris
Masséna
p. 114
Porte d'Ivry
Seine
Bd Jourdan
Bd Kellermann
Bd

NORD
ANGLETERRE
Manche
Cherbourg
MANCHE
50
Coutances
St-Lô
Vire
Trébeurden
p. 73
Roscoff
p. 70
Lannion
p. 67
Morlaix
Guingamp
St-Malo
p. 72
St-Méloir-des-Ondes
p. 72
Brest
p. 64
FINISTÈRE
29
St-Brieuc
Dinan
CÔTES-D'ARMOR
22
ILLE-ET-VILAINE
35
Châteaulin
St-Mars-sur-la Futaie
p. 180
BRETAGNE
Cesson-Sévigné
p. 69
Quimper
Pontivy
p. 66
Rennes
p. 71
p. 68
p. 66
p. 69
Ste-Marine
Josselin
Quimperlé
MORBIHAN
56
Ploërmel
Vilaine
Château-Gontier
p. 171
Lorient
p. 65
Arradon
Vannes
Redon
Châteaubriant
p. 173
Carnac
p. 65
Loiré
LOIRE-ATLANTIQUE
44
Candé
p. 173
St-Joachim
p. 179
p. 179
Ancenis
Guérande
Nantes
Loire
MAINE-ET-LOIRE
49
p. 176
p. 177, 178
Cholet
Noirmoutier-en-l'Île
OCÉAN ATLANTIQUE
La Roche-sur-Yon
VENDÉE
85
Les Sables-d'Olonne
Fontenay-le-Comte
CHARENTE-MAITIME
17
50 km

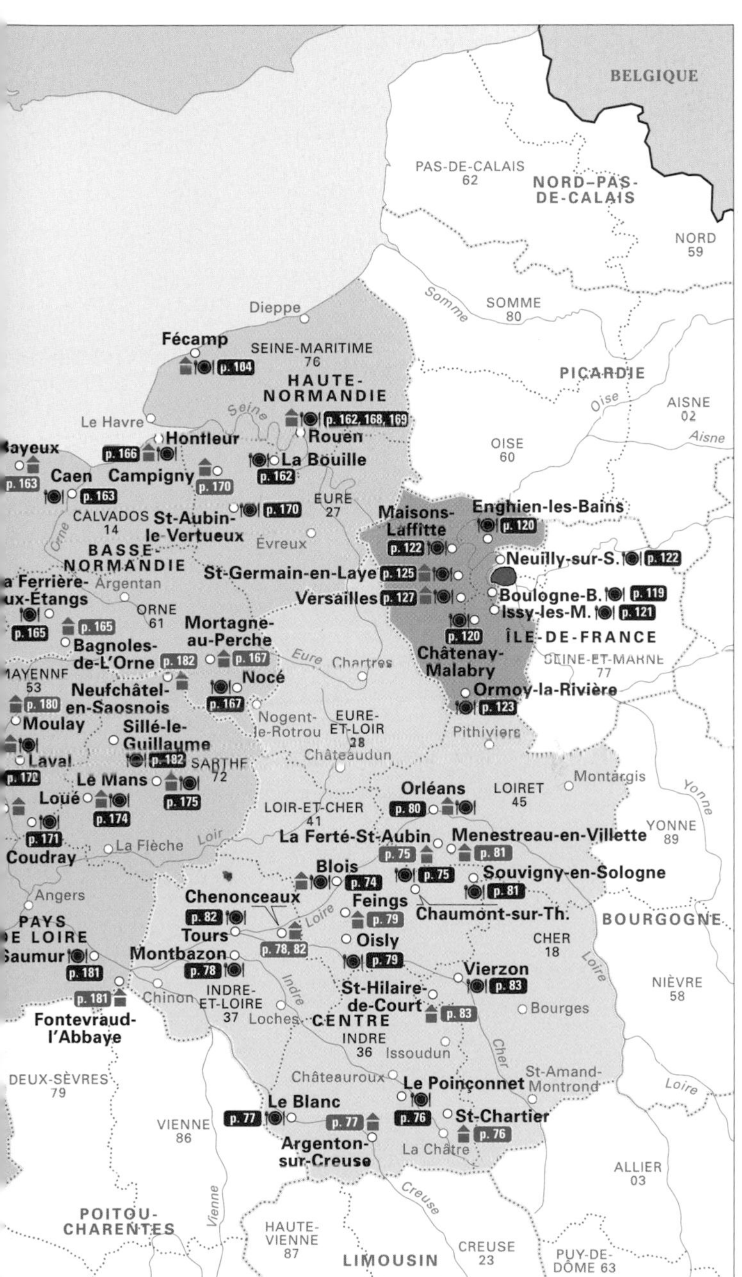
BELGIQUE
PAS-DE-CALAIS
62
NORD–PAS-DE-CALAIS
NORD
59
Somme
SOMME
80
Dieppe
Fécamp
p. 184
SEINE-MARITIME
76
HAUTE-NORMANDIE
PICARDIE
AISNE
02
Aisne
Oise
Le Havre
Seine
p. 162, 168, 169
Hontleur
Rouen
Bayeux
p. 166
La Bouille
p. 162
p. 163
Caen
Campigny
p. 170
p. 163
OISE
60
EURE
27
p. 170
CALVADOS
14
St-Aubin-le-Vertueux
Évreux
Maisons-Laffitte
p. 122
Enghien-les-Bains
p. 120
BASSE-NORMANDIE
Orne
Neuilly-sur-S.
p. 122
La Ferrière-aux-Étangs
Argentan
St-Germain-en-Laye
p. 125
Versailles
p. 127
Boulogne-B.
p. 119
Issy-les-M.
p. 121
ORNE
61
p. 165
p. 165
Mortagne-au-Perche
p. 120
ÎLE-DE-FRANCE
Bagnoles-de-L'Orne
p. 182
p. 167
Eure
Chartres
Châtenay-Malabry
SEINE-ET-MARNE
77
MAYENNE
53
Noce
Neufchâtel-en-Saosnois
p. 180
p. 167
Ormoy-la-Rivière
p. 123
Moulay
Sillé-le-Guillaume
Nogent-le-Rotrou
EURE-ET-LOIR
28
Pithiviers
Laval
p. 182
SARTHE
72
Châteaudun
p. 172
Le Mans
Montargis
Loué
p. 175
Orléans
LOIRET
45
Yonne
p. 174
LOIR-ET-CHER
41
p. 80
YONNE
89
p. 171
La Ferté-St-Aubin
Menestreau-en-Villette
Coudray
La Flèche
Loir
p. 75
p. 81
Blois
p. 74
p. 75
Souvigny-en-Sologne
p. 81
Angers
Chenonceaux
Feings
Chaumont-sur-Th.
PAYS DE LOIRE
p. 82
p. 79
Loire
BOURGOGNE
Tours
p. 78, 82
Oisly
CHER
18
Saumur
Montbazon
p. 79
p. 181
p. 78
Vierzon
Loire
NIÈVRE
58
Indre
p. 83
p. 181
Chinon
INDRE-ET-LOIRE
37
St-Hilaire-de-Court
Fontevraud-l'Abbaye
Loches
CENTRE
p. 83
Bourges
INDRE
36
Issoudun
Cher
DEUX-SÈVRES
79
Châteauroux
Le Poinçonnet
St-Amand-Montrond
Loire
Le Blanc
p. 77
p. 77
p. 76
St-Chartier
VIENNE
86
p. 76
Argenton-sur-Creuse
La Châtre
ALLIER
03
Creuse
Vienne
POITOU-CHARENTES
HAUTE-VIENNE
87
LIMOUSIN
CREUSE
23
PUY-DE-DÔME 63

CARTE DU NORD-EST

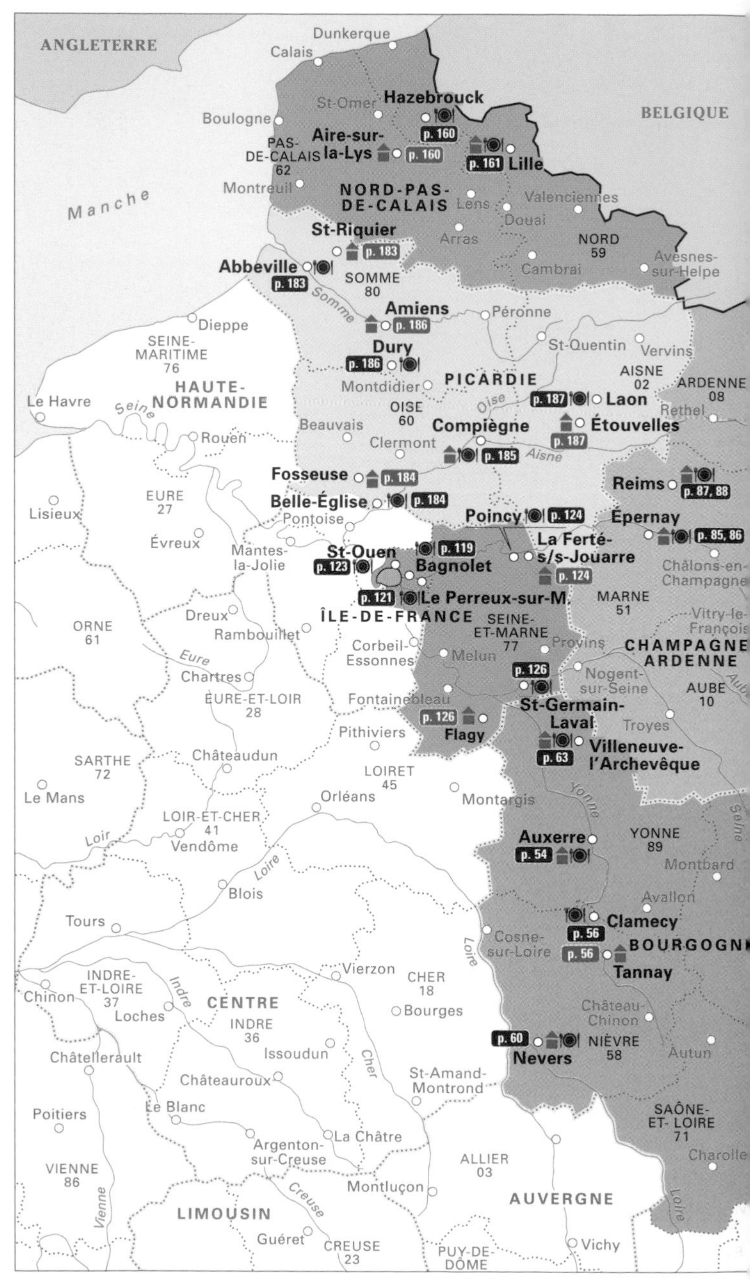

50 km
NORD
ALLEMAGNE
LUXEMBOURG
p. 145
Petite Hettange
p. 145
Thionville
Briey
Forbach
MEUSE 55
Verdun
p. 142, 143
Metz
MOSELLE
57
Sarreguemines
Wissembourg
Ste Ménehould
p. 89
Château-
Salins
Meuse
LORRAINE
Monswiller
Haguenau
p. 27
Bar-
le-Duc
Commercy
Saverne
Nancy
p. 144
p. 27
p. 30
Schiltigheim
p. 30, 32
Strasbourg
Lunéville
St-Dizier
MEURTHE-
ET-MOSELLE
54
p. 29
BAS-RHIN
67
Obernai
Neufchâteau
St-Dié-
des-Vosges
Moselle
Sélestat
ALSACE
VOSGES
88
p. 31
Beldenheim
p. 84
p. 31
HAUTE-MARNE
52
Gérardmer
St-Étienne-lès-
Remiremont
p. 33
Colmar
Bar
sur-Aube
Chaumont
p. 110
p. 33
p. 141
Wihr-au-Val
Girmont-
Val-d'Ajol
p. 146
HAUT-RHIN
68
HAUTE-
SAÔNE
70
Langres
Lure
TERR. DE
BELFORT
90
Mulhouse
Altkirch
Rhin
CÔTE-D'OR
21
Belfort
Saône
Vesoul
Montbéliard
p. 28
p. 28
Val-Suzon
Prenois
p. 62
FRANCHE-
COMTÉ
DOUBS
25
Oberlarg
Winkel
p. 62
p. 57
Dijon
p. 93
Geneuille
p. 61
Pernand-
Vergelesses
p. 93
Doubs
p. 95
Besançon
Villers-le-Lac
SUISSE
p. 61
Dole
Port-Lesney
Aloxe-
Corton
p. 92
Arbois
Pontarlier
p. 55
p. 55
Poligny
Malbuisson
Chalon-
sur-Saône
p. 92
p. 94
Bracy-
le-Fort
p. 58
Louhans
Ain
JURA
39
Rhône
p. 59
Replonges
Thonon
p. 59
Mâcon
Genève
Nantua
HAUTE-SAVOIE
74
ITALIE
RHÔNE-ALPES
AIN
01
St-Julien
Charleville-
Mézières
Sedan
Vouziers
Marne

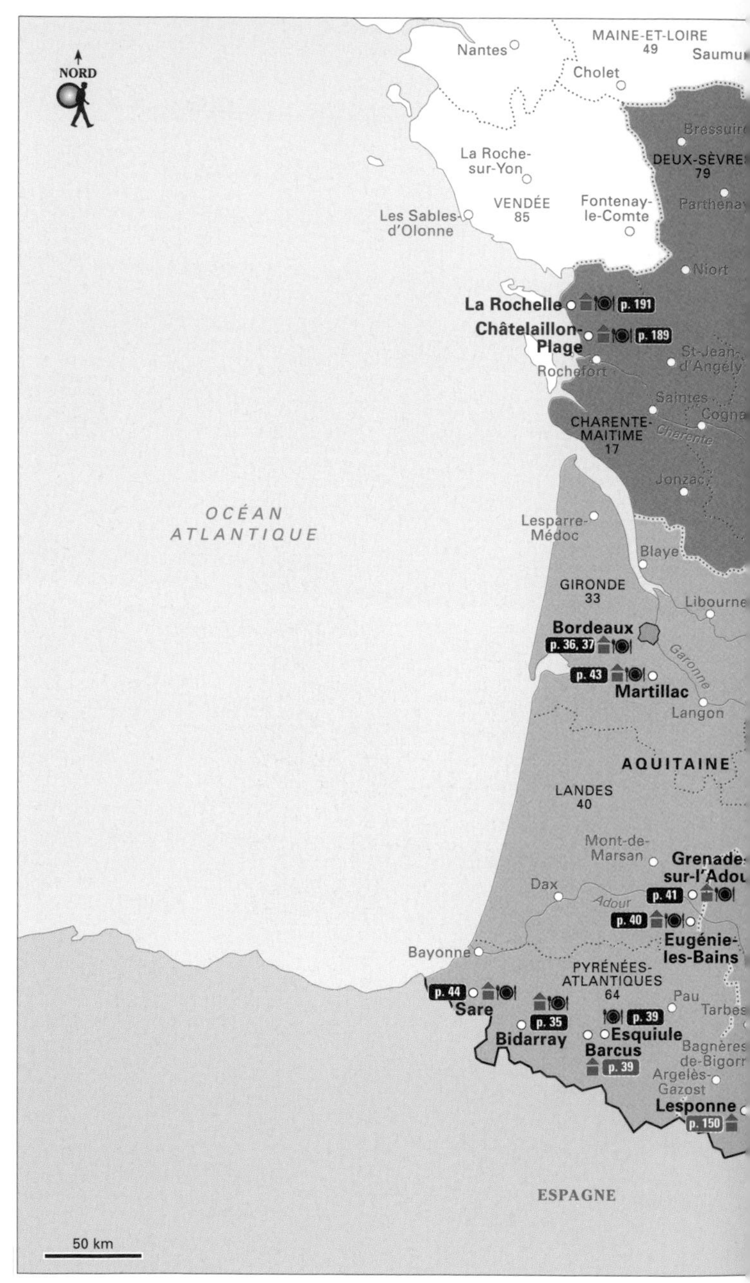
NORD
Nantes
MAINE-ET-LOIRE
49
Cholet
La Roche-sur-Yon
VENDÉE
85
Fontenay-le-Comte
Les Sables-d'Olonne
Bressuire
DEUX-SÈVRES
79
Parthenay
Niort
La Rochelle
p. 191
Châtelaillon-Plage
p. 189
Rochefort
St-Jean-d'Angély
Saintes
CHARENTE-MAITIME
17
Charente
Jonzac
OCÉAN ATLANTIQUE
Lesparre-Médoc
Blaye
GIRONDE
33
Libourne
Bordeaux
p. 36, 37
Garonne
p. 43
Martillac
Langon
AQUITAINE
LANDES
40
Mont-de-Marsan
Dax
Adour
p. 41
p. 40
Eugénie-les-Bains
Bayonne
PYRÉNÉES-ATLANTIQUES
64
p. 44
Sare
p. 35
Bidarray
p. 39
Esquiule
Barcus
p. 39
Pau
Argelès-Gazost
Lesponne
p. 150
ESPAGNE
50 km

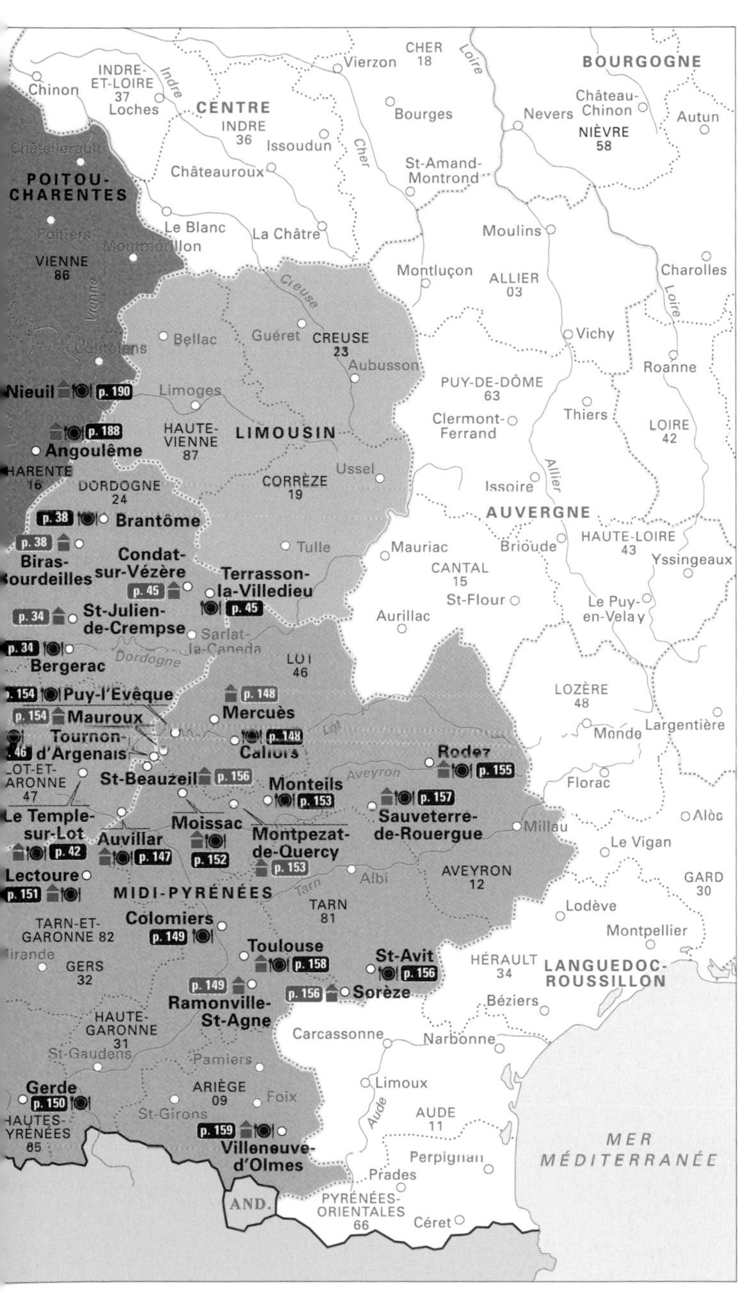
Chinon
INDRE-ET-LOIRE 37
Loches
Indre
CENTRE
INDRE 36
Issoudun
Vierzon
CHER 18
Loire
Bourges
Cher
BOURGOGNE
Château-Chinon
Nevers
NIÈVRE 58
Autun
Châtellerault
POITOU-CHARENTES
Châteauroux
St-Amand-Montrond
Le Blanc
La Châtre
Moulins
Poitiers
Montmorillon
VIENNE 86
Vienne
Creuse
Montluçon
ALLIER 03
Charolles
Loire
Bellac
Guéret
CREUSE 23
Aubusson
Vichy
Roanne
Confolens
Nieuil p. 190
Limoges
PUY-DE-DÔME 63
Thiers
p. 188
Angoulême
HAUTE-VIENNE 87
LIMOUSIN
Clermont-Ferrand
LOIRE 42
CHARENTE 16
DORDOGNE 24
CORRÈZE 19
Ussel
Allier
Issoire
AUVERGNE
p. 38 Brantôme
p. 38
Biras-Bourdeilles
Condat-sur-Vézère
p. 45
Tulle
Mauriac
Brioude
HAUTE-LOIRE 43
Yssingeaux
CANTAL 15
Terrasson-la-Villedieu
p. 45
St-Flour
Le Puy-en-Velay
p. 34
St-Julien-de-Crempse
Aurillac
Sarlat-la-Caneda
p. 34
Bergerac
Dordogne
LOT 46
p. 154 Puy-l'Evêque
p. 148
Mercuès
LOZÈRE 48
p. 154 Mauroux
Tournon-d'Argenais
p. 148
Cahors
Lot
Mende
Largentière
LOT-ET-GARONNE 47
St-Beauzeil p. 156
Rodez
p. 155
Aveyron
Monteils
p. 153
Florac
p. 157
Le Temple-sur-Lot
Moissac
Sauveterre-de-Rouergue
Millau
Alès
Auvillar
Montpezat-de-Quercy
p. 42
p. 147
p. 152
p. 153
Le Vigan
Lectoure
Albi
AVEYRON 12
GARD 30
p. 151
MIDI-PYRÉNÉES
Tarn
TARN 81
Lodève
TARN-ET-GARONNE 82
Colomiers
p. 149
Montpellier
Mirande
GERS 32
Toulouse
p. 158
St-Avit
p. 156
HÉRAULT 34
LANGUEDOC-ROUSSILLON
p. 149
p. 156
Sorèze
Ramonville-St-Agne
Béziers
HAUTE-GARONNE 31
Carcassonne
Narbonne
St-Gaudens
Pamiers
Limoux
Gerde
p. 150
ARIÈGE 09
Foix
Aude
AUDE 11
St-Girons
HAUTES-PYRÉNÉES 65
p. 159
Villeneuve-d'Olmes
MER MÉDITERRANÉE
Perpignan
Prades
AND.
PYRÉNÉES-ORIENTALES 66
Céret

CARTE DU SUD-EST

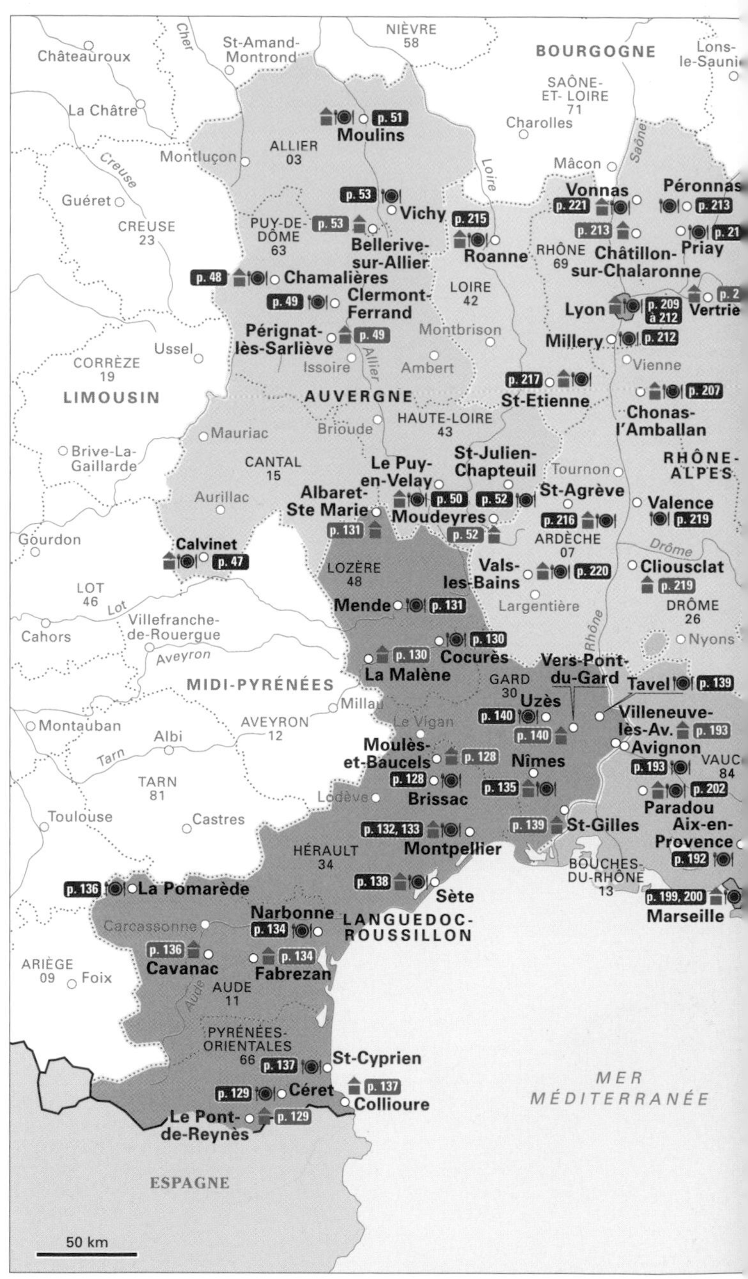

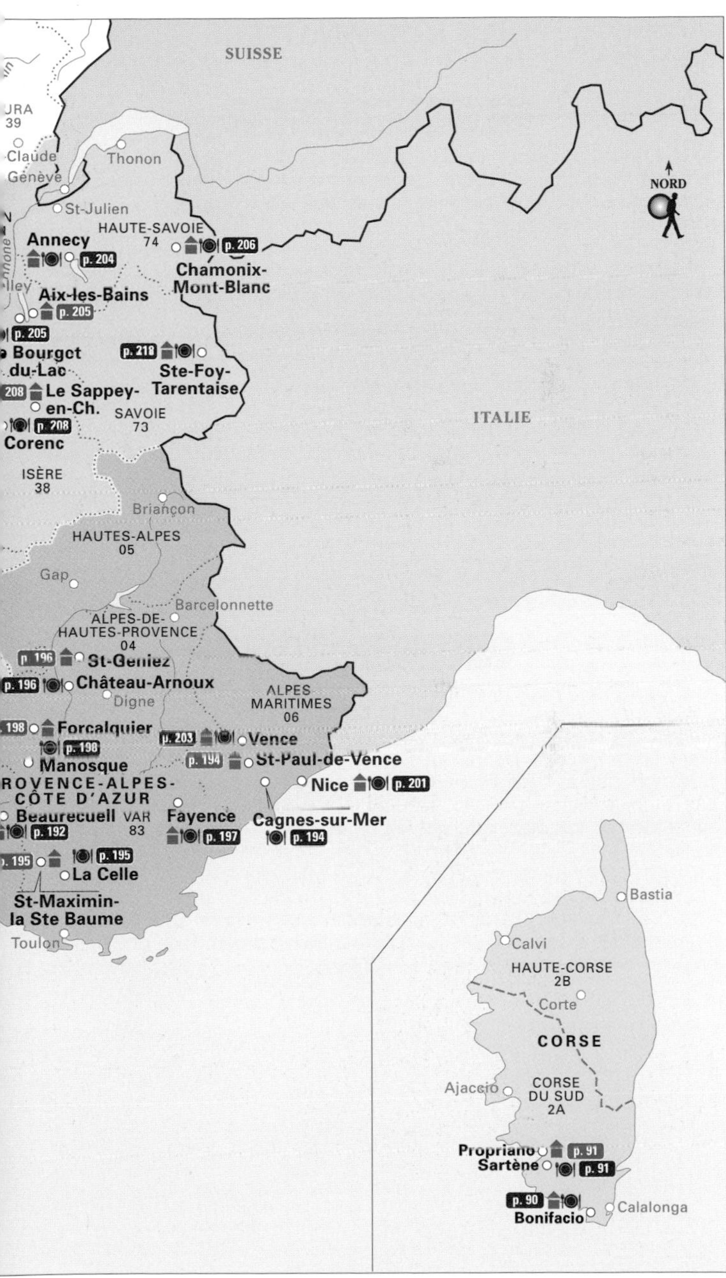
SUISSE
ITALIE
NORD
JURA
39
Claude
Genève
Thonon
St-Julien
HAUTE-SAVOIE
74
Annecy
p. 204
p. 206
Chamonix-
Mont-Blanc
Aix-les-Bains
p. 205
p. 205
Bourget
du-Lac
p. 218
Ste-Foy-
Tarentaise
208
Le Sappey-
en-Ch.
SAVOIE
73
p. 208
Corenc
ISÈRE
38
Briançon
HAUTES-ALPES
05
Gap
Barcelonnette
ALPES-DE-
HAUTES-PROVENCE
04
p. 196
St-Geniez
p. 196
Château-Arnoux
Digne
ALPES
MARITIMES
06
198
Forcalquier
p. 198
p. 203
Vence
p. 194
St-Paul-de-Vence
Manosque
Nice
p. 201
PROVENCE-ALPES-
CÔTE D'AZUR
Beaurecueil
VAR
83
Fayence
p. 197
Cagnes-sur-Mer
p. 194
p. 192
p. 195
p. 195
La Celle
St-Maximin-
la Ste Baume
Toulon
Bastia
Calvi
HAUTE-CORSE
2B
Corte
CORSE
Ajaccio
CORSE
DU SUD
2A
Propriano
p. 91
Sartène
p. 91
p. 90
Bonifacio
Calalonga

NOS NOUVEAUTÉS

PIÉMONT (paru)

Trop souvent traversée par les touristes fonçant vers le sud de l'Italie, ou évoquée au hasard d'une discussion à propos de ses usines FIAT, cette région tend les bras dès le passage de la frontière. Elle mérite d'ailleurs qu'on s'y arrête...
De jolies cimes enneigées, idéales pour les sports de glisse et abritant des villages anciens tout de pierre et de bois, de petites églises romanes perchées sur les collines ensoleillées. Et de magnifiques lacs... Voilà à quoi ressemble le Piémont !
Sans oublier les *antipasti,* le *fritto misto,* la *bagna cauda,* le tout arrosé d'un délicieux *barolo.* Une cuisine typique qui ravira les gourmands.
L'amateur de curiosités culturelles trouvera son bonheur à Turin, capitale du royaume de Savoie, et qui recèle bien des secrets. D'ailleurs, c'est là qu'en 2006 se dérouleront les prochains JO d'hiver.
Même si Capri, ce n'est pas fini, le Piémont reste une formidable destination.

MALTE (paru)

Quelle est l'origine du célèbre faucon maltais ? Qui ne rêve de marcher sur les traces des chevaliers ou de l'énigmatique Corto ? Le *Guide du routard,* tel Ulysse, a succombé aux charmes de la Calypso et s'est laissé enivrer par ce joyau, posé entre Orient et Occident. Des temples préhistoriques aux fastes de la co-cathédrale, Malte se déguste entre arts et histoire au gré des influences siciliennes, nord-africaines et anglaises *(of course),* qui ont façonné l'archipel depuis l'aube des temps.
Car si ce mélange de cultures donne à Malte tout son attrait et toute son originalité, ses petites îles, tour à tour culturelle (Malte), bucolique (Gozo) et sauvage (Comino), lui offrent une diversité et une richesse d'une densité inégalée dans le monde méditerranéen. Rien que ça !

NOS NOUVEAUTÉS

MONTPELLIER (paru)

Force est de reconnaître une chose : en doublant sa population en quatre décennies, en quadruplant le nombre d'étudiants en vingt ans, Montpellier démontre son incroyable pouvoir d'attraction ! Le soleil n'explique pas tout ! Montpellier se révèle avant tout une grande ville avec une qualité de vie exceptionnelle. Outre un vieux centre plein de charme, la plus grande (et plus séduisante) zone piétonne de France, la ville se targue d'afficher des ambitions architecturales d'une audace sans pareille : rien moins que de s'étendre jusqu'à la mer. Même les ennemis les plus farouches du Polygone, d'Antigone et du nouvel opéra finissent par reconnaître que c'est une réussite quasi totale. Pas de divorce avec la vieille ville. Même le superbe tramway bleu glisse sans heurt le long de la Comédie, la place emblématique de la ville. Vous nous avez compris, amoureux des vénérables hôtels particuliers des XVIIe et XVIIIe siècles et chantres de l'urbanisme moderne le plus avancé se retrouvent de fait, au coude-à-coude, dans une même frénétique passion pour la ville. Sans compter, à deux pas, de vieux quartiers populaires multiethniques et bien vivants. Une ville jeune donc, du dynamisme à revendre, un patrimoine historique hors pair, du soleil dans le ciel, dans les yeux, dans l'accent et dans les assiettes. À 3 h 30 de TGV seulement de Paris, ne cherchez plus les raisons de tous ceux qui rêvent de Montpellier. Alphonse Allais lui-même n'aurait jamais osé rêver d'une ville qui fût tout à la fois à la campagne et à la mer...

NICE (paru)

Plages de galets gris, palmiers ébouriffés de la promenade des Anglais, casinos et palaces : voilà pour Nice version « carte postale ». Mais *Nissa,* la belle Méditerranéenne, ne se livre vraiment qu'à ceux qui sauront trouver le chemin de son cœur ; le chemin de cette vieille ville où le vaste cours Saleya vibre toujours au rythme des marchandes des quatre-saisons, où un labyrinthe de ruelles tortueuses conduit directement en Italie, où de la gueule des fours ouverts sur la rue sortent d'avenantes parts de *socca,* l'un des plats symboles d'une cuisine qui n'appartient qu'à Nice.

Une vieille ville où boutiques et bars branchés témoignent qu'il n'y a pas que des retraités à Nice ! Il faut aussi pousser la porte des musées passionnants pour constater que, de Matisse à Yves Klein, l'art du XXe siècle s'est largement inventé ici. Et grimper sur les collines boisées de Cimiez où d'invraisemblables villas ont été oubliées par de richissimes touristes du XIXe siècle.

Pour ce guide, nous tenons à remercier tout particulièrement Thierry Bessou, François Chauvin, Geneviève Clastres, Carole Fouque, Florent Lamontagne, Benjamin Pinet et Claudio Tombari.

Direction : Cécile Boyer-Runge
Contrôle de gestion : Joséphine Veyres
Responsable de collection : Catherine Julhe
Édition : Matthieu Devaux, Stéphane Renard, Magali Vidal, Luc Decoudin, Amélie Renaut, Caroline Brancq, Sophie de Maillard et Éric Marbeau
Secrétariat : Catherine Maîtrepierre
Préparation-lecture : Corinne Julien
Cartographie : Cyrille Suss, Fabrice Le Goff et Nicolas Roumi
Fabrication : Nathalie Lautout et Audrey Detournay
Direction commerciale : Michel Goujon, Dominique Nouvel, Dana Lichiardopol et Lydie Firmin
Informatique éditoriale : Lionel Barth
Relations presse : Danielle Magne, Martine Levens et Maureen Browne
Régie publicitaire : Florence Brunel
Couverture : Thibaut Reumaux
Maquette intérieure : Susan Pak Poy

Le *Guide du routard* remercie l'Association des Paralysés de France de l'aider à signaler les lieux accessibles aux personnes à mobilité réduite. Cette attention est déjà une victoire sur le handicap.

Chers lecteurs, nous indiquons désormais par le logo ♿ les établissements qui possèdent un accès pouvant accueillir des personnes handicapées. Certaines adresses sont parfaitement équipées selon les critères les plus modernes. D'autres, plus simples, plus anciennes aussi, sans répondre aux normes les plus récentes, favorisent leur accueil, facilitent l'accès au resto. Évidemment, les handicaps étant très divers, des lieux accessibles à certaines personnes ne le seront pas pour d'autres. Appelez toujours auparavant pour savoir si l'équipement du resto est compatible avec votre niveau de mobilité.
Malgré les combats menés par de nombreuses associations, l'intégration des handicapés à la vie de tous les jours est encore balbutiante en France. Il tient à chacun de nous de faire changer les choses. Nous sommes tous concernés par cette prise de conscience nécessaire.

MONSWILLER

Carte région NORD-EST

Le Kasbur

Yves Kieffer

8, rue de Dettwiller, 67700.
☎ 03.88.02.14.20. Fax : 03.88.02.14.21.
à 2 km de Saverne sur la route de Dettwiller.

Menus : 18, 28 et 52 €.
Carte : 40-55 €.
Vins : à partir de 21 € (3,10 € au verre).
Fermeture : lundi, du 15 au 31 janvier et les 2 premières semaines d'août.
⊕ les premiers menus, véritables « affaires » et terrasse l'été, avec vue.

Yves Kieffer a acquis son savoir-faire chez Meneau à Vézelay comme à la Tour d'Argent à Paris. Et depuis il a fait son chemin, aidé par son imagination qui le conduit hors des sentiers battus. On se régale, en suivant les conseils éclairés de Béatrice Kieffer : l'assiette dite Marie-Jeanne, avec ses cromesquis de foie gras, son galet de pommes charlottes aux œufs de harengs fumés et son millefeuille de navets et tomates confites, de cannelloni de sandre à la choucroute, de pigeon grillé en crapaudine.... Des plats plus ou moins dans l'air du temps, que l'on goûte selon le temps et l'humeur. On n'oublie pas, dans cette ancienne ferme fromagère, de faire un sort au traditionnel vacherin glacé « Kasbur » au fromage blanc et coulis de fruits. Terrasse champêtre l'été, avec vue sur le Haut Barr.

Hôtel de l'Europe

7, rue de la Gare, 67700, **Saverne.**
☎ 03.88.71.12.07. Fax : 03.88.71.11.43. • www.hotel-europe-fr.com •
à deux pas de la gare et du château des Rohan.

Chambres doubles : de 60,50 à 85 €.
Petit dej'-buffet : 8,80 €.
Meilleures chambres : n°s 15, 27, 28.
Fermeture : entre Noël et Jour de l'an.
Garage : 5 €.
Un verre de muscat d'Alsace aux routards sur présentation du *GDR*.

Sans aucun doute le meilleur hôtel de la ville, à proximité du château des Rohan. 28 chambres, souvent grandes et lumineuses, décorées selon 5 styles différents : contemporain, nordique, anglais... ; certaines sont équipées de bain hydromassant. Toutes viennent d'être rénovées. Atmosphère de bon ton, accueil aux petits oignons et excellence du petit dej'-buffet assurent à l'hôtel une clientèle fidèle dont pas mal d'habitués du Parlement européen.

À voir : le château de Saverne et les maisons anciennes de cette ville de la charmante vallée vosgienne de la Zorn.

OBERLARG

Carte région NORD-EST

À La Source de la Largue

19, rue Principale, 68480.
Jean-Marie Hirtzlin

☎ 03.89.40.85.10. Fax : 03.89.08.19.86.

au centre du village, près de l'église.

Menus : 20 et 28 €.
Carte : 30 €.
Fermeture : mardi, mercredi, jeudi, du 16 juin au 10 juillet.
⊕ accueil adorable.

Jean-Marie et Martine Hirtzlin ont laissé tomber leur *Tonnelle de Riedisheim* pour reprendre l'auberge familiale. Jean-Marie, qui apprit le métier chez Bocuse et Vergé, plutôt que de jouer dans une cour qui n'est pas la sienne, a choisi de jouer le grand jeu de la modestie. Il sert la bisque d'écrevisses, la carpe frite, avec salade, frites et mayonnaise, les filets de truite au riesling, les tripes, la terrine maison, le presskopf de lapin, le croustillant de pied de porc, bien faits et généreusement servis à un public de gourmets. On y ajoutera les joues de porcelet au curry, la poivrade de canard et le filet mignon à la crème en comprenant que Jean-Marie joue avec art la simplicité sur un mode rayonnant.

Hôtel le Cerf

76, rue Principale, 68480, **Winkel.**

☎ 03.89.40.85.05. Fax : 03.89.08.11.10. • www.hotelcerf.com •

à 5 mn d'Oberlarg par la D 41. Entrée du village, 2e maison à droite après fontaine.

Chambres doubles : 46 € (dégressif après la 5e nuit).
Petit dej' : 6,50 € (classique).
Meilleure chambre : la nº 14, la plus coquette.
Congés : en octobre et 3 semaines en février.
Parking extérieur : gratuit.

Aménagé dans une maison attenante à son restaurant, l'hôtel situé dans la rue principale – qui n'est pas la départementale – offre un confort et un calme à l'image de ce village tranquille, à la source de l'Ill (la grande rivière qui traverse toute l'Alsace jusqu'à Strasbourg !). Les 6 chambres, avec douche-baignoire et w.-c., entièrement rénovées, sont toutes personnalisées (TV sur demande). Ce coin du Sundgau, qui signifie comté du Sud en dialecte germanique, est propice à de multiples balades.

À voir : **Ferrette et les ruines de son château.**

Chez Gérard

Gérard Eckert

46, rue du Gal-Gouraud, 67210.
☎ 03.88.95.53.77. Fax : 03.88.47.09.37.
à l'entrée de la ville (rue principale).

Menus : 9 € (déjeuner), 17 et 22 €.
Carte : 35 €.
Vins : à partir de 17,50 € (3 € au verre).
Fermeture : mardi soir, mercredi, du 18 février au 20 mars et du 16 novembre au 2 décembre.
⊕ toute la carte des vins est servie au verre, au 1/4 et au 1/2 litre.

Gérard Eckert formé chez Bocuse a abandonné les ors et paillettes de la restauration hôtelière pour épouser la cause de la *winstub.* Lui qui fut, dix ans durant, le chef à succès de *La Cour d'Alsace,* a fait de cette taverne « le » lieu de rendez-vous convivial et gourmand de sa ville. On vient pour les recoins cosy, les plats de terroir, les idées autour des pâtes ou des soupes de saison, les prix sages et les plats malins qui changent selon le menu-carte où l'on puise sans chipoter. Le duo de presskopf, bœuf et cochon, avec sa vinaigrette de raifort, la « munstiflette », qui est la version alsacienne de la tartiflette savoyarde, les harengs matjes aux pommes sautées sont généreux et savoureux. La partie sucrée ne déçoit pas (*kugelhopf* glacé au marc de gewurz) et les vins sont choisis avec malice. Si le bonheur n'est pas chez Gérard, on se demande bien où il se niche !

Hôtel le Colombier

6-8, rue Dietrich, 67210.
☎ 03.88.47.63.33. Fax : 03.88.47.63.39. ● www.hotel-colombier.com ●
près de la grand Place.

Chambres doubles : de 71 à 81 € selon la saison.
Petit dej'-buffet : 9 €.
Meilleure chambre : la n° 401 au dernier étage (vue panoramique sur la ville).
Ouvert : toute l'année.
Parking : municipal payant.

Ouvert récemment par les propriétaires de l'hôtel du même nom situé à Colmar, le *Colombier* possède 44 chambres et appartements climatisés. La décoration assez contemporaine des chambres contraste agréablement avec le style traditionnel et les colombages de l'édifice. Cela n'empêche pas à l'hôtel (meublé avec soin) d'être très confortable et d'y passer un bon séjour. Idéalement placé (au cœur des remparts d'Obernai), il permet d'être le point de départ de nombreuses balades dans la région.

À voir : la brasserie Kronenbourg, le mont Sainte-Odile, l'église Saint-Pierre-Saint-Paul de Rosheim.

SCHILTIGHEIM

Carte région NORD-EST

Serge & Co

Serge Burckel

14, rue des Pompiers, 67300.

03.88.18.96.19. Fax : 03.88.83.41.99. • serge.burckel@wanadoo.fr •

à 3 km N de Strasbourg, vers place Hagueneau et Schiltigheim centre.

Menus : 20 € (déjeuner), 42 et 95 €.
Vins : à partir de 21 € (4 € au verre).
Fermeture : samedi midi, dimanche, lundi et du 15 au 30 août.
Meilleures tables : dans la salle de droite.
Parking : gratuit entre 12 h et 14 h, et le soir, juste en face.

Revenu au pays, après un long détour par Hong Kong, où on l'avait retrouvé par hasard, et Los Angeles, Serge Burckel, un des chefs les plus fous, les plus brillants de sa génération, s'est assagi sans perdre ses belles idées frondeuses. Dans une banlieue un peu tristounette qu'il réveille, ce joyeux luron propose une « cuisine fusion » à sa manière. Le thon en galette de riz façon sushi, la roquette de crevettes aux épices sur une pâte de thon, le foie gras à la vapeur avec céleri et pâtes de pommes granny à l'huile de truffe, légèrement fumé et enduit de paprika, avec une crème de yaourt à l'huile de noix, donnent le ton. On y ajoutera le steak de fromage blanc aux huîtres avec son bouillon de curry aux litchis, plus une bouleversante crème brûlée dite « black & white » à la vanille avec sa pellicule de chocolat, saupoudrée de poivre noir. Et l'on comprendra que, mine de rien, il s'agit de l'aubaine du moment.

Hôtel du Dragon

2, rue de l'Écarlate, 67000, **Strasbourg.**

03.88.35.79.80. Fax : 03.88.25.78.95. • www.dragon.fr •

au Centre de la ville, au départ du quai Saint-Nicolas.

Chambres doubles : 79 à 112 €, douche et bains.
Petit dej'-buffet : 9,90 €.
Meilleures chambres : les nº 32 (3 fenêtres + vue cathédrale) et nº 41 (isolée à son étage, mansardée + vue cathédrale).
Ouvert : toute l'année.
Parking : 4 places ; 7 € (téléphoner à l'avance).

Certains tiqueront à la vue de ces 32 chambres (pas toujours immenses), résolument contemporaines, abritées dans une maison du XVIIᵉ siècle ; la déco est minimaliste, dans les tons gris. On a bien aimé, d'autant que le coin est franchement paisible et l'accueil aimable. Copieux petit déjeuner (servi dans la cour pavée et fleurie quand il fait beau). Expo permanente de toiles d'artistes contemporains.

À voir : la vieille ville, bien sûr, avec ses *winstubs,* chaleureuses tavernes que le temps a épargnées.

SÉLESTAT

Carte région NORD-EST

L'Apfelstubel

Jocelyn Destouches

8, av. du Maréchal-Foch, 67600.
☎ 03.88.92.07.84.
à l'intérieur de l'abbaye de la Pommeraie (sur N 83, à la sortie de Sélestat).

Menus : 26 € (déjeuner), 45 €.
Vins : à partir de 19 €.
Carte : 35-40 €.
Meilleures tables : le long de la baie vitrée, donnant sur les jardins.

Ce salon-bibliothèque décoré sur le thème de la pomme faisant une « stub » de charme est l'annexe, pas trop chère, du *Relais et Châteaux* de l'abbaye de la Pommeraie. Le salon est cosy, le service soigné, la cuisine bien mise. Entre régionalisme et inspiration, Jocelyn Destouches, ancien du *Prince de Galles*, à Paris, passé chez Savoy et Robuchon, s'est mis à la cuisine alsacienne avec cœur. Ses prouesses ? Elles se nomment potage de potiron aux graines de courge, saumon frais et fumé en gelée à la crème raifort, matelote de pétoncles ou sandre rôti à la choucroute nouvelle, et donnent une idée du style maison. On a su ici faire simple avec goût. Cette cuisine de hobereau gourmand est tenue de bout en bout dans un menu du midi plein d'à-propos. Ne loupez pas le jarret d'agneau longuement braisé ou la poire pochée au pinot gris avec sa glace au yaourt qui font très « paysan en bottes de cuir ».

Les Prés d'Ondine

5, rte de Baldenheim, Rathsamhausen-Le Haut, 67600, **Baldenheim.**
☎ 03.88.58.04.60. Fax : 03.88.58.04.61. ● www.presdondine.com ●
à 9 km E de Sélestat par la D 21, puis la D 209.

Chambres doubles et suites : de 71 à 130 € selon confort et saison.
Petit dej' : 10 €.
Meilleures chambres : « Les fenêtres », « Étoile filante ».
Ouvert : toute l'année.
Parking : gratuit.
⊕ Apéritif maison offert sur présentation du *GDR*.

C'est tout le savoir-faire des *Relais et Châteaux,* avec lesquels il a d'abord travaillé, que Stéphane Dalibert a mis dans cette grande maison de caractère qui abrite aujourd'hui 12 chambres, les pieds dans l'Ill. La déco est raffinée et chaleureuse, les matériaux nobles, tant dans les chambres que dans le salon-bar-bibliothèque rouge basque. Chaque chambre tire son nom et son atmosphère d'un extrait de poème de Nerval, Bachelard... Accueil charmant. Petit jardin. Un coup de cœur !

À voir : **la route des vins d'Alsace, avec ses villages croquignolets.**

STRASBOURG

Carte région NORD-EST

Le Panier du Marché

15, rue Sainte-Barbe, 67000. François Morabito

☎ 03.88.32.04.07. Fax : 03.88.23.64.52. ● panier-du-marche@wanadoo.fr ●

derrière les Galeries Lafayette, près de la place Kléber.

Menus : 20 et 27 €.
Vins : bouteille à partir de 14 €.
Fermeture : samedi, dimanche, une semaine en mars, 2 semaines en août.
Meilleure table : la ronde au fond à droite en entrant.

François Morabito, formé à Paris chez Michel Rostang, Alain Dutournier et François Clerc, a retenu la leçon de ses maîtres. Premièrement, aménager agréablement un lieu vivant et qui a du caractère : son bistrot 1900 avec son vieux poêle en faïence en a. Deuxièmement, mettre en salle une femme, son épouse par exemple, or Esther est le sourire même. Troisièmement, faire simplement des choses compliquées et il a pour cela du talent : le « club-sandwich » aux asperges vert-violet et lard paysan croquant, le beignet de tête de veau en pomme d'amour, le tournedos de thon Rossini, la compotée de lapin aux macaronis et son foie poêlé en témoignent. Quatrièmement, se débrouiller pour que l'addition soit aussi légère que les desserts : le soufflé chaud à la vanille Bourbon et le gâteau au chocolat noir sont des délices, et comme les vins, bien choisis, ne sont vraiment pas chers, le pari est gagné.

Hôtel Beaucour

5, rue des Bouchers, 67000.

☎ 03.88.76.72.00. Fax : 03.88.76.72.60. ● www.hotel-beaucour.com ●

près du quai Saint-Nicolas.

Chambres doubles : 90 (lits de 140) et 126 €.
Petit dej'-buffet : 11 €.
Meilleures chambres : n°s 112/114, ou n°s 302/303.
Ouvert : toute l'année.
Parking : 7 €.

Le charme et le confort sont réunis dans cet hôtel situé en plein centre-ville. L'hôtel a été très retapé, un peu trop peut-être pour conserver son authenticité, mais l'ensemble a de l'allure. Les 49 chambres sont très différentes les unes des autres ; certaines sont mansardées, d'autres à colombages ; balnéothérapie dans presque toutes les salles de bains. Également quelques suites et duplex pour ceux qui veulent sortir le grand jeu !

À voir : la Petite France, les quais et la cathédrale Notre-Dame.

WIHR-AU-VAL

Carte région NORD-EST

La Nouvelle Auberge

Bernard Leray

9, rte Nationale, 68230.

03.89.71.07.70. Fax : 03.89.71.08.97.

à mi-chemin entre Munster et Turckheim, sur la D 10.

Menus : 27, 39 et 49 €.
Carte : 38 €.
Fermeture : lundi, mardi, vacances de Toussaint, février, et du 24 au 31 décembre.
⊕ des vins judicieusement proposés.

Élève de Bernard Loiseau à Saulieu, ex-lieutenant de Philippe Bohrer à Rouffach et chef, jadis, du *Mas des Sources* à Malataverne, Bernard Leray a fait de ce qui fut un relais routier une halte de bonne compagnie. L'accueil est adorable, les vins bien choisis et la cuisine superbe de sincérité et de justesse. Grosses asperges tièdes et leurs déclinaisons d'anchois, croustillant de queue de bœuf assaisonné à l'huile de noix, sandre légèrement fumé à la choucroute et sauce au vin blanc et pigeonneau au jus de carcasse et foie écrasé aux choux sont francs du collier, pointus de goût, sans chichi d'aucune sorte. Ajoutez-y le feuilleté de fraises tièdes et sa glace vanille ou encore le sablé aux noix et chantilly, plus des menus à prix d'ange, et vous comprendrez que voilà une maison de cœur. Une maison qui mérite le détour, plus que jamais.

Hôtel Le Colombier

7, rue de Turenne, 68000, **Colmar.**

03.89.23.96.00. Fax : 03.89.23.97.27. • www.hotel-le-colombier.com •

près des quais et du Muséum.

Chambres doubles : 95 à 180 €.
Petit dej' : 10 €.
Fermeture : vacances de Noël.
Parking : 2 garages privés.

Une adresse de charme idéalement située au cœur de la Petite Venise. Cette grande maison Renaissance a de l'allure : murs à colombages et tourelle adorable, cour carrée, escalier hélicoïdal... Des souvenirs du passé qui côtoient sans heurts les œuvres d'artistes contemporains disséminées ici ou là, et les 24 chambres à la déco design. D'importantes différences de confort – donc de prix – selon les chambres, mais les moins chères sont déjà très agréables. Une adresse pour les routards qui ont gagné au loto !

À voir : **le musée Unterlinden et les canaux de la Petite Venise à Colmar.**

BERGERAC

Carte région SUD-OUEST

L'Imparfait

Philippe Séguy

8, rue des Fontaines, 24100.
☎ 05.53.57.47.92. Fax : 05.53.58.92.11.
dans la vieille ville.

Menus : 19 à 49 €.
Vins : à partir de 18,50 €.
Meilleure table : à côté de l'aquarium.
Fermeture : du 20 décembre au 15 février.
Parkings : publics à proximité.
⊕ cheminée en hiver, terrasse en été.

Installé à deux pas de Cyrano, Jean Rolland se pose en digne successeur de son père (premier chef décoré de l'ordre du Mérite), qui lui a légué l'amour du travail bien fait, les fonds et les fumets, fondations d'une cuisine joyeuse et savoureuse. Avec son complice Philippe Séguy au piano, ce Rabelaisien passionné de jazz et de classique compose chaque matin, de sa plus belle écriture, la symphonie gourmande du jour. Langoustines au foie gras de canard, saint-pierre au jus de civet et autres délices s'accompagnent des petits légumes de saisons dénichés sur les étals des marchés locaux et soutenus par d'étonnants vins du Bergeracois aux prix doux. Fraîcheur de la mer et tradition du terroir donnent le ton d'une cuisine pleine d'alliances étonnantes aux subtiles modulations qui font chanter notre palais. Bouquet final, l'assiette de desserts incite à conjuguer l'imparfait au plus que parfait.

Le Manoir du Grand Vignoble

24140, **Saint-Julien-de-Crempse.**
☎ 05.53.24.23.18. Fax : 05.53.24.20.89. • www.manoirdugrandvignoble.com •
à 12 km de Bergerac par la N 21, puis la D 107.

Chambres doubles : de 58 à 110 € selon la saison.
Menus : de 23 à 45 €.
À la carte : compter dans les 38 €.
Fermeture : du 15 novembre au 31 mars.
10 % de réduction sur le prix de la chambre sur présentation du *GDR*.
⊕ accueil exceptionnel.

Dans une belle campagne (où s'ébattent quelques chevaux, c'est aussi un centre équestre), un très distingué manoir du XVIIe siècle. Adresse de luxe pour routards qui recherchent un excellent rapport qualité-prix. Les plus chères sont spacieuses et pleines de charme. Toutes sont très bien équipées. Parc immense, tennis, piscine chauffée, centre de remise en forme. Au resto : foie gras poché aux raisins, roulé de magret aux morilles, sandre en demi-deuil, etc.

À voir : Bergerac, le château de Saint-Michel-de-Montaigne.

BIDARRAY

Carte région SUD-OUEST

Auberge d'Iparla

Alain Ducasse

Place du Fronton, 64780.
05.59.37.77.21. ● iparla2@wanadoo.fr ●
au cœur du village.

Menu : 20 €.
Plats : 14 €.
Vins : moins de 15 €.
Fermeture : le mercredi hors saison et en janvier-février.
s'offrir Ducasse à prix doux.

Séisme à Bidarray. Au premier abord, Alain Ducasse, le chef le plus étoilé de France, n'a touché à rien : c'est toujours le bar du village, entre l'église et la mairie, face au fronton, avec ses joueurs de cartes et ses petits noirs. C'est toujours la grande salle qui ouvre sur la montagne, joliment et sobrement redécorée, c'est toujours des petits plats d'auberge de village servis avec de bons petits vins : omelettes aux piments, tripes à la basquaise, *chipirons a la plancha,* palombes flambées en saison. Mais tout ça retravaillé façon Ducasse ; par exemple, il ajoute aux tripes quelques pois chiches qui viennent en casser l'acidité. Quant aux omelettes, ce sont des merveilles de moelleux. Et puis le boudin, c'est la recette de son copain Parra. Le jambon vient d'un petit village d'Aragon et les truites sont achetées à Banka. Bien sûr, le succès est au rendez-vous, et il faut réserver.

Hôtel-restaurant Barberaenea

Place de l'Église, 64780.
05.59.37.74.86. Fax : 05.59.37.77.55. ● www.hotel-barberaenea.fr ●
à 200 m de l'auberge d'Iparla.

Chambres : de 31 à 55 €.
Menu du randonneur à 16 €.
Fermeture : de mi-novembre à mi-décembre.

Une très ancienne auberge du pays, joliment rénovée après une longue fermeture. Et quel charme : parquet ancien ciré, murs blancs, vieux meubles... Les chambres les plus anciennes donnent sur la ravissante petite place et l'église du XIIe siècle. Les six chambres neuves sont très épurées, confortables, toutes avec TV et donnent sur la campagne. Vraiment un endroit de charme.

À voir : la vallée de la Nive et Saint-Jean-Pied-de-Port, la plus belle ville de Basse-Navarre.

BORDEAUX

Carte région SUD-OUEST

Restaurant Le Café du Théâtre

Place Pierre-Renaudel, 33000.

Jean-Marie Amat

☎ 05.57.95.77.20. Fax : 05.57.95.65.91.

🚗 *près de l'église Sainte-Croix et de la gare, intérieur du théâtre Port de la Lune.*

Plat du jour : 9 € (midi).
Carte : compter 30 € environ.
Vins : à partir de 13 € la bouteille et de 3 à 6 € le verre.
Fermeture : les samedi midi, dimanche et lundi. Congés en août et la semaine de Noël.
⊕ service à l'ombre des platanes de la place, aux beaux jours.

Situé près du centre André-Malraux, entre le pont Saint-Jean et celui de Pierre, dans le nouveau Bordeaux populaire, c'est un café au design linéaire, rouge et noir, simple mais chic, qui attire toute une faune gourmande. C'est normal : avec Jean-Marie Amat aux commandes, c'est l'imagination qui est au pouvoir. D'autant que le grand homme du Bordelais est revenu en grande forme. Il est resté fidèle à lui-même, à son pays, à ses produits, avec juste ce qu'il faut d'inédit dans l'assiette pour vous faire voyager, port oblige. Régalez-vous avec les produits de saison à prix doux : thon aux épices torréfiées, sauce saté (une merveille), poulpe aux haricots blancs, foie gras aux figues fraîches... Il y a même deux pizzas à sa façon, une originalité ! Ou un ragoût de légumes au jambon *iberico,* ce qui augmente le prix du ragoût. Quelques bonnes trouvailles en vin, comme ce bordeaux Château Pennin à 26 €.

Hôtel Le Bayonne Etche-Ona

4, rue Martignac, 33000.

☎ 05.56.48.00.88. Fax : 05.56.48.41.60. • bayetche@bordeaux-hotel.com •

🚗 *à 100 m de l'Opéra, en plein centre-ville.*

Chambres : 90 à 120 €, plus 1 suite à 230 €. Tarifs week-ends sur demande.
Petit dej' : beau buffet à 10 €.
Parking : à 50 m, 2 parkings publics surveillés 24 h/24.

Au cœur du vieux Bordeaux, cet hôtel qui réunit deux maisons du XVIIIe siècle, dispose de 63 chambres rénovées et disposant de nombreuses prestations. Les plus grandes ont des allures de suites. Service très agréable et efficace, et accueil très professionnel. L'hôtel idéal pour découvrir une des plus séduisantes cités de la vieille Europe, comme la voyait Stendhal. Le rouge et le noir restent ici des couleurs d'actualité, même si leur signification a évolué avec le temps.

À voir : le cours de l'Intendance, les allées de Tourny et le cours Georges-Clemenceau.

Restaurant Gravelier

Yves Gravelier

114, cours de Verdun, 33000, **Bordeaux.**

☎ 05.56.48.17.15.

en plein triangle d'or, au centre-ville

Menus : 20, 24, 32 et 40 €.
Fermeture : samedi midi, dimanche et lundi soir ; 3 semaines en août et aux vacances de février.
Vins : de bordeaux bien sûr (dame Respide à 20 €).
⊕ carte souvent renouvelée.

Bois et zinc pour ce restaurant chaleureux au design discret qui reste une des meilleures tables, actuellement, au centre de Bordeaux. Yves Gravelier, qui a fait ses armes chez les plus grands, vous concocte une cuisine limpide au rapport qualité-prix remarquable. Avec le temps, il s'est fait un nom bien à lui et ce n'est pas lui faire injure de rappeler qu'il est marié à Anne-Marie Troisgros, fille du grand homme sage de la gastronomie française. Laissez-vous entraîner par son menu « Carte Blanche » à 40 €, vous ne le regretterez pas. Les plats sont fins et équilibrés ; ils varient selon la saison. Mais s'il y a encore un brasero de rouget aux sarments ou un petit pigeon piqué au bois de réglisse, ne vous laissez pas passer le plat sous le nez, votre palais le regretterait. Pas votre portefeuille, ici, vous repartirez rassuré, et avec le sourire.

Maison d'hôtes : La maison bord'eaux

113, rue Dr-Albert-Barraud, 33000, **Bordeaux.**

☎ 05.56.44.00.45. Fax : 05.56.44.17.31. ● contact@lamaisonbord-eaux.com ●

entre le Grand Théâtre et le jardin public.

Chambres : 150 à 200 €.
Petit dej' : inclus.
Fermeture : en août et le 31 décembre.
Parking : emplacements prévus, compris dans le prix, mais à réserver à l'avance.
⊕ le jardin lumineux et calme.

Un hôtel particulier d'un charme contemporain assez fou. Cinq chambres ultramodernes, bien isolées, d'une sobriété remarquable. Les détails sont soignés : les propriétaires n'ont pas hésité à y dormir pour traquer la moindre faute ! Aux beaux jours, le petit déjeuner est servi dans le jardin, avec quelques produits locaux dont les fameux cannelés. Et le très joli bar à vin vous fera découvrir, au rez-de-chaussée, les crus de la région (cours de dégustation de vins de Bordeaux en prime).

À voir : les quais et le Port de la Lune.

BRANTÔME

Carte région SUD-OUEST

Le Fil du Temps

1, chemin du Vert-Galand, 24310.

Régis Bulot

☎ 05.53.05.24.12. Fax : 05.53.05.18.01. • www.fildutemps.com •

sur la gauche en venant de Périgueux, juste avant le pont de la Dronne.

Menus : 12 et 22 €.
Carte : 30 €.
Meilleures tables : sur la terrasse aux beaux jours ; dans l'arrière-salle le reste de l'année.
Fermeture : lundi et mardi.
Congés annuels : du 5 janvier au 13 février et du 6 au 17 décembre 2004.
Services : de 12 h à 14 h 30 et de 19 h à 21 h 30.
Parking : gratuit en face.

Au cœur du Périgord vert, l'annexe du célèbre *Moulin de l'Abbaye*. Superbe bâtisse pluriséculaire joliment relookée et composée d'une enfilade de salles (bistrot et salle à manger plus cossue), ainsi que d'une superbe terrasse aux beaux jours. Le *Fil du Temps* étant une rôtisserie, la carte annonce logiquement des plats de viandes tels que poulet fermier au citron jaune et aromates (la spécialité) ou la longe de porc en rognonnade. D'autres spécialités, plus terroir, viennent illustrer la carte : mijoté de jarret de veau aux légumes ou saucisson de magret de canard. Enfin, quelques plats de poisson pour les inconditionnels, mais sachez qu'à deux pas de là, l'autre annexe de Régis Bulot, le *Fil de l'Eau,* décline toute la palette du poisson de rivière. Desserts en toute simplicité, mais dont le chef n'a pas à rougir ! Vins très abordables servis au verre. Service aimable. Addition presque dérisoire. En somme, une halte bien sympathique.

Château de La Côte

24310, **Biras-Bourdeilles.**

☎ 05.53.03.70.11. • www.chateaudelacote.com •

10 km S de Brantôme par D 939, direction Biras, sur la D 106 E.

Chambres doubles : de 78 à 106 €.
Demi-pension : de 81 à 95 € par personne.
Fermeture : du 15 novembre au 15 mars.

Un magnifique château Renaissance qui vous en donne pour votre argent, si vous rêvez de donjon, de fenêtres à meneau, et bien sûr de chambres suffisamment grandes pour abriter toute une petite famille, dans les tours comme dans le corps de logis. Très chic comme il se doit, mais pas prétentieux, avec ses meubles anciens, ses tableaux ayant appartenu à l'archevêque d'Arles, ses belles allées délimitées par les buis, son parc et ses tilleuls qui n'en sont plus à leur première récolte !

À voir : l'abbaye de Brantôme et les belles demeures anciennes d'un village charmant aux airs d'une Venise périgourdine.

ESQUIULE

Carte région SUD-OUEST

Chez Château

Jean-Bernard Hourçourigaray

À Esquiule, 64400.

☎ 05.59.39.23.03.

10 km O d'Oloron-Sainte-Marie, par D 24. À côté de l'église et du fronton.

Menus : de 10 à 27 €.
Vins : à partir de 12 € la bouteille.
Meilleure table : au bar !
Fermeture : les dimanche soir et lundi (en été, seulement le lundi) ainsi que du 20 février au 15 mars.
Apéritif maison offert sur présentation du *GDR*.

Quel endroit ! Quel village ! Quel chef ! Pour 15 € vous pouvez commander à Jean-Bernard Hourçourigaray une garburade à sa façon : dans la garbure nagent manchons de canard, morceaux de jambon, filets confits, et vous allez à la pêche dans le pot jusqu'à ce que vous soyez rassasié. Si vous êtes d'humeur gastro-dépensière, offrez-vous donc une salade aigre-douce de canardine au foie frais et aux pleurotes ou de simples ris d'agneau aux cèpes frais. Les vins, superbement choisis, restent à des prix plus que raisonnables. Décor de petite auberge de campagne (on peut même décider de manger dans le bar pour discuter avec les villageois), et clientèle essentiellement locale, ce qui explique la taille des portions. Bref, le plus fabuleux rapport qualité-prix de toute la région et un aubergiste jeune, bavard, attentif, secondé par une équipe hyper aimable. Vous croyez qu'on exagère ? Allez-y voir !

Chez Chilo

64130, **Barcus.**

☎ 05.59.28.90.79. Fax : 05.59.28.93.10.

7 km O d'Esquiule, sur la D 24, en direction de Mauléon-Licharre.

Chambres doubles : de 49 à 95 €.
Menus : à 23 € en semaine, vin et café compris, ou à 38 et 60 €.
Fermeture : hors saison le dimanche soir, le lundi et le mardi midi.
Congés : la première quinzaine de janvier et pour les vacances de février.

Il règne chez les Chilo une vraie sensation de bonheur que l'on doit d'abord à Martine Chilo qui a su garder l'âme de la vieille auberge, où les meubles basques anciens ont trouvé naturellement leur place, dans un décor rajeuni. Chambres très agréables et bien aménagées ; certaines avec jacuzzi. Elle dirige la maison en douceur, avec sérieux et prévenance. Jardin avec piscine privée. Si vous voulez vous faire plaisir, laissez Pierre Chilo, son chef de mari, inventer durant votre séjour un repas selon son inspiration, vous ne serez pas déçu.

À voir : Oloron-Sainte-Marie, la plus vieille cité du Béarn, au confluent des gaves, joli but de balade.

EUGÉNIE-LES-BAINS

Carte région SUD-OUEST

La Ferme aux Grives

Les prés d'Eugénie, 40320.

Michel Guérard

☎ 05.58.51.19.08.

à l'entrée du village, lieu-dit les Charmilles.

Menu-carte : 40 €.
Vins : à partir de 15 € (3 € au verre).
Meilleures tables : près de la cheminée.
Fermeture : le mercredi.
+ le décor « potager » rustique.

Les jambons sèchent au plafond, le cochon de lait tourne doucement sur la broche de la cheminée, les barriques qui l'entourent ont le parfum d'autrefois. On est heureux dès que l'on s'assied ici. Et le pari est déjà gagné : retrouver le plaisir de savourer une cuisine simple (à ce niveau, le mot simple prend un sens tout particulier !) autour d'une table entre amis : pâté de jambon au four, brochette de grosses crevettes et d'ailerons de volaille cuits au charbon de bois, cochon de lait farci comme en Castille. Sûr que vous n'en avez jamais mangé un aussi bon ! En dessert : glace au lait caillé, crème brûlée à l'avoine grillée, tarte beurrée aux fruits de saison. Petit bémol côté accueil parfois. Au fait, on ne vous l'avait pas encore dit, mais vous êtes chez Michel Guérard, l'inventeur de la cuisine minceur, qui cherche ici à se faire (et à nous faire) plaisir ! Un grand moment à vivre.

La Maison Rose

Les prés d'Eugénie, 40320.

☎ 05.58.05.06.07. Fax : 05.58.51.10.10.

en arrivant de Grenade-sur-l'Adour, à droite.

Chambres : de 95 à 170 €.
Petit dej' : 17 €.
Meilleures chambres : celles du 1er étage.
Fermeture : du 1er décembre au 15 février.
+ les jardins, les potagers d'herbes et de roses anciennes.

Pas besoin de préciser l'adresse, elle fait partie du domaine enchanté des Guérard, auquel tout visiteur d'Eugénie ne peut décemment échapper. On n'est pas chez Disney, mais c'est véritablement un monde préservé dans un univers où la vie n'est pas rose tous les jours. Et le rose, justement, est de mise dans cette belle maison d'hôtes où tout incite à la détente, même dans les chambres les plus simples, qui sont celles que nous vous recommandons, à moins que vous n'ayez la possibilité de vous offrir les suites.

À voir : la Chalosse gourmande, notre région préférée dans les Landes.

GRENADE-SUR-L'ADOUR

Carte région SUD-OUEST

Pain, Adour et Fantaisie

Philippe Garret

14-16, pl. des Tilleuls, 40270.

☎ 05.58.45.18.80. Fax : 05.58.45.16.57. ● pain.adour.fantaisie@wanadoo.fr ● ♿

sur la place principale, près de l'Adour.

Menus : 27,40 € sauf les jours fériés ; et de 36,60 à 82,30 €.
Vins : à partir de 17 € la bouteille (5 € au verre).
Fermeture : le dimanche soir, le lundi et le mercredi ; de mi-juillet à mi-août, fermé les lundi et mercredi midi.
⊕ Apéritif maison offert sur présentation du *GDR*.

Un nom qui ne peut que vous faire craquer, et une vraie adresse au charme quasi hors du temps. En cuisine, Philippe Garret (un ancien de Guy Savoy), est ce qu'on peut appeler un artiste. S'il était peintre, il serait impressionniste. Il opère par petites touches, il invente comme on compose des poésies lorsqu'on est amoureux. Normal quand on met comme lui de l'Adour dans la vie de tous les jours. À l'arrivée, c'est une véritable symphonie qui se joue dans votre assiette, de la soupe froide de petits pois, noisettes et truffes d'été, jusqu'à la tarte au caramel de fenouil... Et que ce soit dans une salle au décor raffiné ou sur la terrasse au bord de l'Adour, le plaisir est là du début jusqu'à la fin. Service discret, raffiné sans être guindé. Menus au rapport qualité-charme-prix sans égal.

Pain, Adour et Fantaisie

14-16, pl. des Tilleuls, 40270.

☎ 05.58.45.18.80. Fax : 05.58.45.16.57. ● pain.adour.fantaisie@wanadoo.fr ● ♿

au cœur même du village.

Chambres : de 64 à 122 €.
Petit dej' : 11,40 € avec assortiment de viennoiseries, confitures, fruits.
Meilleures chambres : les trois chambres côté fleuve.
Fermeture : le dimanche soir, le lundi et le mercredi ; de mi-juillet à mi-août, fermé les lundi et mercredi midi.

Cette vieille maison de village plantée entre la place principale et l'Adour a vraiment tout pour plaire. Si vous avez prévu une étape par ici, venez vous lover dans l'une de ses 11 chambres. Elles sont confortables et décorées avec un goût sûr. On passe des arcades à la terrasse, de l'ombre au soleil en se disant que la vie est belle, décidément, quand on lui met un peu de cette fantaisie-là. Salles de bains confortables. Certaines chambres ont conservé leur parquet du XVIIIe siècle.

À voir : les bastides et les maisons capcazalières qui sont la fierté de la Chalosse.

LE TEMPLE-SUR-LOT

Carte région SUD-OUEST

Les Rives du Plantié

Route de Castelmoron, 47110.

Marc Chalmel

☎ 05.53.79.86.86. Fax : 05.53.79.86.85.

après Temple, en direction de Castelmoron, 900 m à droite après le rond-point.

Menus **:** plat du jour à 15 € ; menus à 26, 42 et 59 €.
Meilleures tables **:** au coin du feu ou près des fenêtres.
Fermeture **:** dimanche soir (sauf en été), lundi toute la journée et samedi midi, ainsi que pendant les vacances de la Toussaint et le mois de janvier.
Parking **:** gratuit dans le parc.

Une grande belle salle aménagée dans l'ancienne grange du domaine du Plantié, une imposante cheminée, des tables espacées, nappées et dressées avec grand classicisme. Ajoutons à cela de larges baies donnant sur le parc et les rives du Lot, au loin. Tout concourt à passer un beau moment de gastronomie. Et Marc Chalmel y veille personnellement, car souvent en cuisine. Il est également très présent en salle pour conseiller et satisfaire ses clients. Ses compositions, très personnelles, sont en harmonie avec le lieu, raffinées, proches de la nature, donc des saisons et des produits. Présentation léchée dans de belles assiettes souvent différentes. Service attentionné. Une adresse faite pour prendre son temps, égrainer quelques belles heures de gastronomie et savourer la vie. Attention, nombre de couverts limité ; réserver est impératif.

Les Rives du Plantié

Route de Castelmoron, 47110.

☎ 05.53.79.86.86. Fax : 05.53.79.86.85. • www.rivesduplantie.com •

dans le même domaine que le restaurant.

Chambres doubles **:** de 61 à 72 € selon leur taille et la saison.
Petit dej' **:** 9 €.
Meilleures chambres **:** côté parc.
Fermeture **:** vacances de la Toussaint et tout le mois de janvier.
Parking **:** gratuit dans le parc.

Dans la maison de maître, dix chambres vastes, bien équipées et scrupuleusement entretenues. Véritable havre de paix et de verdure sous les grands arbres centenaires. On loge aux *Rives du Plantié* pour mieux apprécier la cuisine de Marc Chalmel, sans se soucier du retour en voiture. L'occasion, pour les épicuriens, de s'offrir une bonne bouteille, un des nombreux whiskies ou armagnacs, pourquoi pas un cigare. Et puis pour découvrir, au matin, le grand parc et aller rêver, les yeux dans les eaux du Lot. Une adresse pour se faire du bien, se ressourcer.

À voir : la commanderie des templiers et la pépinière aquatique Latour-Marliac.

MARTILLAC

Carte région SUD-OUEST

Restaurant La Table du Lavoir

Franck Salein

Les sources de Caudalie, chemin de Smith-Haut Lafitte, 33650.

☎ 05.57.83.82.82. Fax : 05.57.83.82.81.

15 km SE de Bordeaux par A 62 (Toulouse), sortie 1, Martillac ou N 113.

Ouvert : tous les jours, toute l'année.
Menu-carte : 32 €. Formule entrée-plat à 26 € ou plat-dessert à 24 €.
Vins : à partir de 15 € la bouteille.
Meilleures tables : près de la grande cheminée en hiver.
⊕ profiter du site exceptionnel et de la vue sur des crus mythiques.

Dans cette région bordelaise qui s'ouvre de plus en plus au tourisme œnologique, la table qui console de ne pas pouvoir s'offrir celles des grandes maisons qui ont atteint, comme les vins des châteaux voisins, des prix assez fous. C'est en fait « l'auberge champêtre » du très chic complexe hôtelier des sources de Caudalie. Déco chic et rustique tout à la fois. Les menus-carte sont inscrits sur les battoirs du lavoir et varient au rythme des saisons : savoureux riz aux fruits de mer (on n'ose parler ici de paella), magnifique le saint-pierre aux artichauts et cèpes... Comme dit belle-maman, c'est simple et de bon goût. C'est même mieux qu'un restaurant huppé et bien moins cher. Et la terrasse sur les vignes, hein, c'est quand même quelque chose ! La carte des vins offre, comme il se doit, une incroyable palette, du simple bordeaux supérieur au prestigieux château Haut Lafitte son voisin.

Maison d'hôtes : Le Château Lantic

10, rte de Lartigue, 33650.

☎ 05.56.72.58.68. Fax : 05.56.72.58.67. • www.chateau-de-lantic.com •

au centre du village : le château est derrière l'église.

Chambres : de 65 à 120 €, location à la nuit ou à la semaine.
Petit dej' : compris.
Ouvert : toute l'année.

Dans le village de Martillac, à 2 km des sources de Caudalie, Murielle Ginebre met à votre disposition des chambres de charme au nom évocateur (« Cyrano », « Roxane »...) et une suite « Roméo et Juliette » pour réconcilier les belles-familles avant le mariage (nombreux fiancés venant du Japon !). Tout cela dans un très joli château du XVIIIe siècle, plus près du manoir de famille que d'une demeure pompeuse. Calme, confortable, accueillant, avec piscine au milieu du parc.

À voir : le Médoc et ses châteaux viticoles, maisons nobles ou manoirs d'opérette.

SARE

Carte région SUD-OUEST

Restaurant Lastiry

Place du Fronton, 64310.

Guillaume Fagoaga

☎ 05.59.54.20.07.

au centre du village.

Menus : de 17 à 26 €.
Vins : à partir de 13 € (2,50 € au verre).
Meilleure table : près de la cheminée, en hiver et sur la terrasse en été.
Fermeture : les lundi (juste le soir en été) et mardi, janvier, 1res quinzaines de juillet et novembre et la 3e semaine de septembre.
Digestif offert sur présentation du *GDR*.

Quand Guillaume et Jean Fagoaga ont ouvert leur resto, dans ce village d'opérette à une quinzaine de kilomètres de Saint-Jean-de-Luz, on a eu peur d'un effet de mode, car toute la côte ne parlait que d'eux. La qualité remettant les pendules à l'heure, Guillaume s'est imposé comme un vrai grand chef reconnu par ses pairs. Travaillant avec simplicité et attention les produits locaux de saison, soucieux de pratiquer des prix raisonnables, il offre un exceptionnel rapport qualité-prix. De Pâques à début septembre, il vous régalera d'agneau qu'il sait choisir fondant et goûteux. Amoureux du poisson frais et de ligne, il passe remarquablement *a la plancha chipirons* et merlu. Bref, c'est bon, pas cher, le service, assuré par Jean et Bernard (que tout le monde appelle Tonton) est attentif et l'ambiance sympa car le bar est resté le bar du village. Tout pour nous plaire.

Arraya

à Sare, 64310.

☎ 05.59.54.20.46. Fax : 05.59.54.27.04. • arraya@chateauxhotels.com •

place du fronton.

Chambres doubles : de 61à 92 €.
Petit dej' : 8 €.
Fermeture : mi-novembre à mi-mars.
Parking : privé de 10 places (gratuit).
⊕ au cœur du Pays basque.

La demeure familiale des Fagoaga, édifiée au XVIe siècle sur la place du village, face à l'église, est à l'origine du bel établissement composé aujourd'hui de trois maisons traditionnelles qui reflètent l'hospitalité du peuple basque. L'intérieur a conservé le caractère d'une maison de famille basque et l'escalier de chêne conduit à un jardin secret à l'ombre du saule pleureur. Chambres confortables, toutes différentes et agréablement décorées. Boutique de produits basques, terrasse sous les platanes, restaurant.

À voir : la maison d'Ostalapitz, le musée du Gâteau basque, la Rhune.

TERRASSON-LA-VILLEDIEU Carte région SUD-OUEST

L'Imaginaire

Éric Samson

Place du Foirail, 24120.
☎ 05.53.51.37.27. Fax : 05.53.51.60.37.
21 km O de Brive. Côté vieille ville, au pied des jardins de l'Imaginaire.

Menus : 24 et 35 €.
Vins : de 20 à 50 € (5,50 € au verre).
Carte : 35 €.
Meilleures tables : en terrasse aux beaux jours.
Fermeture : dimanche soir et lundi, 2 semaines en janvier et en novembre.
Parking : gratuit, en face.
⊕ le calme de la terrasse, en surplomb de la rue.

L'une des tables les plus prometteuses de tout le Sud-Ouest. Après avoir rejoint le club très sélect des étoilés, Éric Samson a fait très fort en quittant l'univers des *Relais & Châteaux* et la Picardie pour venir s'installer au petit bonheur la chance en Périgord. En l'accueillant, cette petite cité tranquille au bord de la Vézère n'imaginait pas qu'il allait changer son destin, à commencer par celui de cette bâtisse chargée d'histoire, placée désormais sous l'emblème de « l'imaginaire ». Belle évolution pour celle qui fut d'abord fondation hospitalière, puis hôpital royal et gendarmerie (jusqu'en 1966 !). Et pari gagné avec ces plats qui font rêver par la seule puissance du verbe, comme ce pigeonneau rôti au vin de noix, avec sa galette de millas et un chutney de figues dont les parfums flottent dans votre tête avant même que le plat n'arrive. Un rêve passe, ne le manquez pas.

Château-Hôtel de La Fleunie

24570, **Condat-sur-Vézère.**
☎ 05.53.51.32.74. Fax : 05.53.50.58.98. ● www.lafleunie.com ●
8 km O de Terrasson-la-Villedieu, en direction de Montignac.

Chambres doubles : de 60 à 153 € selon la situation.
Petit dej'-buffet : 10 €.
Meilleure chambre : dans l'une des tours.
Congés : janvier-février.
Parking privé gratuit.

Vous garderez un excellent souvenir de ce magnifique château des XIIe et du XVe siècles, construit aux confins du Périgord noir. Les 33 chambres, réparties en 3 catégories – selon qu'elles sont situées dans une tour, dans une aile ou dans l'annexe –, toutes très confortables, sont meublées avec goût. Un certain art de vivre règne dans ce domaine de 106 ha qui met à disposition des hôtes tout un ensemble sportif (tennis, piscine, salle de remise en forme, sauna, billard, golf). Le plaisir y est ici le maître mot !

À voir dans les environs : la vallée de la Vézère (les grottes préhistoriques : Lascaux, Les Eyzies...).

TOURNON-D'AGENAIS Carte région SUD-OUEST

Le Beffroi

Place de la Mairie, 47370. Cédric Fantin

05.53.01.20.59. Fax : 05.53.01.12.80.

en haut du village.

Menus : 21, 25 et 39 €.
Vins : à partir de 12 € la bouteille.
Meilleures tables : près des fenêtres.
Fermeture : dimanche soir, lundi toute la journée, sauf saison estivale, ainsi que de mi-novembre à mi-décembre.
Parking : sur la place du village.

Lorsqu'on découvre une adresse comme *Le Beffroi,* on se prend immédiatement pour un orpailleur qui découvre une belle pépite. Cédric Fantin est un tout jeune chef âgé d'un gros quart de siècle, et qui n'a visiblement pas perdu son temps devant les fourneaux parisiens des réputés *Plazza Athénée* et *Bristol*. Des leçons rapidement apprises, mais parfaitement assimilées. Talent, imagination, rigueur, le geste précis, ce fils du pays est la preuve vivante que le talent n'attend pas les années. Au fil des saisons, des plats à la mode mais jamais « gadgets », des compositions qui flattent pupilles et papilles. Présentation recherchée et personnelle, souvent aussi étonnante que ravissante. Aux murs, belles photos de musiciens de blues, passés à Tournon dans le cadre des *Blues Stations*.

Hôtel du Château de l'Hoste

82150, **Saint-Beauzeil.**

05.63.95.25.61. Fax : 05.63.95.25.50. • www.chateaudelhoste.com •

à 10 km au SO de Tournon-d'Agenais par la D 656.

Chambres doubles : de 72 à 150 € le selon le type et la saison.
Petit dej' : inclus dans le prix de la chambre.
Meilleure chambre : côté parc.
Fermeture : aucune.
Parking : gratuit dans le parc.
⊕ le charme du parc.
⊖ le prix des chambres monte trop vite.

Il y a des maisons de campagne qui se prennent pour des châteaux. Voici un château qui se prend pour une maison de campagne. Longue allée, immense parc planté d'arbres centenaires, splendide façade de pierre blanche, le *Château de l'Hoste* sait pourtant accueillir simplement et chaleureusement. Certaines chambres, les moins chères, donnent l'impression de séjourner chez une grand-tante de province. Un peu plus vastes (et beaucoup plus chères), elles sont plus décorées. Belle piscine au calme, avec vue sur un mignon pigeonnier.

À voir : Tournon-d'Agenais, Penne-d'Agenais.

CALVINET

Carte région SUD-EST

Restaurant Louis-Bernard Puech

Louis-Bernard Puech

Dans le bourg, 15340.

☎ 04.71.49.91.68. Fax : 04.71.49.98.63. • www.cantal-restaurant-puech.com •

34 km S d'Aurillac par D 920 puis 601. 15 km O de Montsalvy par D 19.

Menus : de 25 à 55 €.
Vins : à partir de 14 €.
Meilleure table : elles ont toutes leurs charmes.
Fermeture : le lundi et le mardi midi en saison ; le dimanche soir, lundi et mardi en basse saison et en janvier.
Parking : privé.
⊕ on est tout de suite l'ami(e) de la maison.

Louis-Bernard Puech croit dur comme fer en son pays et il a raison. Du coup, voilà une maison dans laquelle on se sent très vite à l'aise. Il faut dire que la simplicité et la jovialité de l'accueil y contribuent. Et puis bien sûr, la cuisine du chef dont le seul but est le bonheur de ses amis-clients. C'est plutôt réussi quand on goûte au pâté chaud aux cèpes et jus à l'ail doux, au petit chou farci « à ma façon » (avec des ris, des rognons de veau et des cèpes mais chut ! c'est un secret)... les goujonnettes de sole meunières de tétragone et chorizo permettent de patienter en attendant la tranche épaisse de veau de lait aux cèpes des Cévennes. Mais il faut vraiment garder un petit peu d'appétit pour le soufflé chaud au gruau de chocolat. Et si vous agrémentez tout cela d'un joli vin d'Entraygues et du Fel, vous nous remercierez de vous avoir fait faire tous ces kilomètres sur des petites routes.

Hôtel Beauséjour

Calvinet, 15340.

☎ 04.71.49.91.68. Fax : 04.71.49.98.63. • www.cantal-restaurant-puech.com •

au-dessus du restaurant.

Chambres doubles : à 46 €.
Petit dej' : 9 et 11 € pour le petit déjeuner auvergnat.
Fermeture : les dimanche soir, lundi et mardi en basse saison et en janvier.
Parking : privé.
⊕ toutes les chambres viennent d'être refaites.

Calvinet est une halte agréable surtout lorsqu'on vient dormir ici. On vient dans cette maison trouver un repos bien mérité dans des chambres simples et douillettes. Sûr que vous ne serez pas dérangé par le bruit. Peut-être les clarines des vaches et les oiseaux pourront vous réveiller un peu tôt les matins d'été, mais est-ce vraiment si désagréable ? Et puis cela permet d'être plus tôt au petit déjeuner. On vous en conseille la déclinaison auvergnate : soupe, charcuterie, boudin, gaufre et vin de rigueur. De quoi être en super forme pour partir randonner sur les chemins cantaliens.

À voir : **ce coin du Cantal, c'est la Châtaigneraie.**

CHAMALIÈRES

Carte région SUD-EST

Le Radio

Frédéric Coursol

43, av. Pierre-et-Marie-Curie, 63400.

☎ 04.73.30.87.83. Fax : 04.73.36.42.44. • www.hotel-radio.fr •

2,5 km SO de Clermont-Ferrand. Fléché depuis le viaduc du chemin de fer.

Menus : de 29 à 81 €.
Vins : à partir de 17 €.
Meilleure table : près de la porte Art déco.
Fermeture : samedi midi, dimanche et lundi midi ainsi que les 3 premières semaines de janvier, la 1re semaine de novembre et du 1er au 10 mai.
Parking : oui.
⊕ une équipe jeune et sympa.

Voilà 10 ans que Frédéric Coursol est arrivé dans cette maison vénérable et magnifique. Il avait tout juste 20 ans. Aujourd'hui *Le Radio* est une véritable bouilloire de création. Le chef surprend à chaque plat, étonne à chaque bouchée. Les produits sont nobles, sélectionnés, triés, choisis un peu comme une soie sauvage ou un organdi qui tomberaient dans les mains de Christian Lacroix ou de John Galliano. Au final, c'est de la haute couture. La Saint-Jacques en infusion végétale instantanée, laitue de mer, caviar osciètre, est géniale. Le veau de lait en tartare, noisettes grillées, crème de lait et foie gras de canard glacé, s'avère splendide. Les menus déclinés, menu de parfums, menu potager, menu mer sont inouïs. Pour ce qui est du menu mosaïque, il touche au sublime. Frédéric Coursol prouve que la cuisine française est pleine de créativité. Il fait d'ores et déjà partie des grands. Il faut que cela se sache !

Hôtel Le Radio

43, av. Pierre-et-Marie-Curie, 63400.

☎ 04.73.30.87.83. Fax : 04.73.36.42.44. • www.hotel-radio.fr •

dans le même bâtiment que le restaurant.

Chambres doubles : de 80 à 130 €.
Petit dej' : 12 €.
Meilleures chambres : les nos 1 et 28.
Parking : fermé.
⊕ le calme en pleine ville.

L'hôtel fut construit dans les années 1930 dans le plus pur style Art déco et sur le thème de la radio, symbole absolu du modernisme de l'époque. Les chambres sont pleines de charme et la plupart bénéficient d'une vue imprenable sur la ville et sur les puys voisins. On s'y sent tellement bien que certains clients américains ont pris une chambre à l'année et vivent ici, plusieurs semaines par mois. Imaginez des habitudes du XIXe siècle dans une maison du XXe vivant intégralement au XXIe siècle. Décidément *Le Radio* est une maison étonnante !

À voir : **le puy de Dôme, Riom, l'église de Mozac, Volvic et Châtel-Guyon.**

CLERMONT-FERRAND

Carte région SUD-EST

Le Comptoir des Saveurs

Philippe Laurent

5, rue Sainte-Claire, 63000.

et fax : 04.73.37.10.31.

depuis la place Gaillard, prendre la rue Sainte-Claire qui descend. À 20 m sur la gauche.

Menus : de 20 à 30 €.
Vins : à partir de 17 €.
Meilleure table : à côté de la cuisine sur la banquette.
Fermeture : ouvert du mardi au samedi de 12 h à 20 h 30.
Parking : souterrain « marché Saint-Pierre » depuis la place Gaillard.
⊖ dommage qu'on ne puisse pas y dîner.

Des murs blancs, ça et là des taches lumineuses oranges, bleues, jaunes ou rouges. À gauche, un grand comptoir acajou plein de produits qui donnent envie. Et quelques tables ! Philippe Laurent est passé chez Gagnaire, chez Arrambide à Saint-Jean-Pied-de-Port, chez Le Stanc au *Negresco*. Toutes ses parentés se sentent dans le thon mi-cuit sur chutney de courgettes ou dans la côte d'agneau sur écrasé de pommes de terre. Il joue avec les textures, les saveurs, avec le moelleux et le croquant, avec l'acide et le sucré, comme dans le saumon servi avec un peu de parmesan, d'artichauts et de tête de veau. Une alliance osée mais réussie. En dessert, la compotée de figues, orange confite et glace à la vanille est remarquable d'équilibre dans l'amertume. Au final, c'est une adresse surprenante, un lieu où il fait bon venir pour les menus qui laissent libre cours à l'inspiration du chef.

Hostellerie Saint-Martin

Allée de Bonneval, 63170, **Pérignat-lès-Sarliève.**

04.73.79.81.00. Fax : 04.73.79.81.01. ● www.hostellerie-st-martin.com ●

à 6 km de Clermont-Ferrand par la D 978 en direction de Montpellier.

Chambres doubles : de 82 à 135 €.
Petit dej' : 9 €.
Meilleure chambre : la n° 317.
Fermeture : dimanche soir de novembre à mars.
Parking : fermé.
⊖ l'hôtel organise parfois des séminaires.

Ce devait être idyllique quand il n'y avait rien autour. Propriété de Catherine de Médicis et de Louis XIII, il y a du charme et du romanesque dans ce lieu un peu perdu, totalement au calme, entouré d'un parc de 7 ha qui vous isolera du reste du monde. Vous allez dormir on ne peut mieux dans des chambres très printanières. Et avec le sauna, la piscine, le tennis, cet endroit est vraiment plus que charmant. D'autant que le restaurant mérite qu'on s'y arrête aussi.

À voir : **la cathédrale Notre-Dame de Clermont, le musée d'Art Roger-Quilliot.**

LE PUY-EN-VELAY

Carte région SUD-EST

Restaurant François Gagnaire

François Gagnaire

4, av. Clément-Charbonnier, 43000.

☎ 04.71.02.75.55. Fax : 04.71.02.18.72. ● www.francois-gagnaire-restaurant.com ●

près de la préfecture, en face du jardin Henri-Vinay.

Menus : 22 € (déjeuner en semaine), 27€ (sauf samedi soir et dimanche midi) et de 36 à 70 €.
Vins : à partir de 14 €.
Fermeture : dimanche soir, lundi et mardi midi ainsi que les 15 premiers jours de novembre et 1 semaine début janvier.
Parking : en face du restaurant, parking public.
⊕ la générosité du chef.

François a beaucoup appris chez son illustre homonyme. Mais, il impose sa propre griffe dès l'amuse-bouche : crème de chou-fleur, mousse d'avocat et pousse de luzerne. En bouche, on part en balade dans un champ bordé d'une rivière juste après une petite averse. Et tout cela en étant assis face aux baies vitrées qui ouvrent sur le parc voisin. La noix de Saint-Jacques avec coquillage, jus de courges iodées et tomates confites, c'est un départ sur les routes de la côte de Saint-Quay-Portrieux. Subtilité et fulgurance acide de la tomate. Que c'est bon ! Chaque assiette est travaillée graphiquement, c'est un tableau moderne qui arrive à chaque fois. Et les Ponots ne s'y trompent pas. Toutes les générations se retrouvent ici dans un seul but : se faire plaisir. Et ce jusqu'au bout du repas parce que les sucettes maison avec le café c'est vraiment une idée trop mignonne !

Hôtel du Parc

4, av. Clément-Charbonnier, 43000.

☎ 04.71.02.40.40. Fax : 04.71.02.18.72. ● www.hotel-du-parc-le-puy.com ●

au même endroit que le restaurant.

Chambres doubles : de 54 à 69 €.
Petit dej' : 6,50 €.
Meilleures chambres : les nos 14, 24, 44, 54.
Fermeture : 2 semaines début novembre et 1 semaine début janvier.
Parking : garage fermé payant.
⊖ vivement que toutes les chambres soient refaites !

La rénovation va bon train depuis que François Gagnaire s'est installé à la tête du restaurant. Les 22 chambres sont en train de subir des rafraîchissements dans des tons pastel. Il y a bien sûr tout le confort possible. Ce qui en fait un hôtel plein de charme vraiment agréable, en passe de devenir une des meilleures étapes de la ville. Préférez largement les chambres qui donnent sur le parc, ce serait dommage de ne pas en profiter ici. Accueil amical et serviable.

À voir : **la cathédrale Notre-Dame-de-France, le musée Crozatier, le rocher Corneille.**

MOULINS

Carte région SUD-EST

Restaurant de l'hôtel de Paris

Olivier Mazuelle

21, rue de Paris, 03000.

04.70.44.00.58. Fax : 04.70.34.05.39. • www.hoteldeparis-moulins.com •

près de la cathédrale, au pied du quartier historique.

Menus : de 25 (au déjeuner) à 52 €.
Vins : à partir de 19 €.
Meilleure table : près des fenêtres donnant sur la piscine.
Fermeture : samedi midi, dimanche soir et lundi ; ainsi que 2 semaines en janvier et 3 semaines en août.
Parking : parking privé.
⊕ une sommelière hors pair.

L'hôtel de Paris fait partie de ces maisons qui connurent leur heure de gloire au temps béni de la nationale 7, avant que l'autoroute ne vienne détourner les touristes attirés par le Sud. Olivier Mazuelle a relevé le défi. Il est revenu chez lui après un passage au *Ritz,* au *Crillon* et à la *Palme d'Or,* avec l'ambition de redonner ses lettres de noblesse à cet établissement. Avouons qu'il s'en sort remarquablement en laissant une large place aux produits de la région. Le cochon du Bourbonnais cuisiné de haut en bas, en gratin, poêlé, laqué en est une belle preuve. Et puis, il y a des surprises comme les langoustines bretonnes aux parfums des sous-bois citronnées et andouillette de campagne. Le cadre est très classe et les conseils œnologiques avisés de Yveline Gely, la maîtresse des lieux, valent vraiment que l'on sorte un peu de l'A 71.

Hôtel de Paris

21, rue de Paris, 03000.

04.70.44.00.58. Fax : 04.70.34.05.39. • www.hoteldeparis-moulins.com •

dans le même bâtiment.

Chambres doubles : de 54 à 122 €.
Petit dej' : 9 €.
Meilleure chambre : la nº 16.
Fermeture : 2 semaines en janvier et 3 semaines en août.
Parking : fermé.
⊕⊖ le côté luxe suranné de la maison.

Élégance du décor, mobilier raffiné et accueil d'une grande courtoisie font de cette maison une halte agréable au cœur d'une ville plaisante. On vient ici pour lézarder au bord de la piscine, pour profiter de la cuisine du chef, pour tout simplement se reposer ailleurs, dans un lieu qui vous propulse dans le temps et dans l'histoire. Les chambres sont confortables et spacieuses comme pouvaient l'être les pièces de ces bâtisses bourgeoises du XIXe siècle. On irait bien là-bas juste pour prendre le thé dans le salon.

À voir : **la vieille ville de Moulins, l'église prieurale de Souvigny.**

SAINT-JULIEN-CHAPTEUIL Carte région SUD-EST

Restaurant Vidal

Place du Marché, 43260. Jean-Pierre Vidal

☎ 04.71.08.70.50. Fax : 04.71.08.40.14. • www.restaurant-vidal.com •

20 km E du Puy-en-Velay par la D 15.

Menus : de 19 (sauf dimanche midi et jours fériés) à 60 €.
Vins : à partir de 15 €.
Fermeture : dimanche soir, lundi soir et mardi ainsi que de mi-janvier à fin février. En juillet et août, fermé le dimanche soir et le lundi soir.
Parking : public devant le restaurant.
⊕ un grand cuisinier à la campagne.

Il y a du bois, de la pierre et de la lauze dans cette salle conviviale et accueillante. On est vraiment à la campagne et pourtant Jean-Pierre Vidal, formé chez Troisgros, est l'un des chefs les plus imaginatifs du département. Il ne travaille que des produits qui proviennent des alentours, comme le stipule la liste de ses fournisseurs en exergue sur la carte. Et lui, il transforme de belle manière. L'agneau noir du Velay est servi en 3 façons : les épaules et le gigot en rôti de 7 heures, la côtelette panée et persillée, les abats en tourte feuilletée. La côte de veau de Haute-Loire épaisse rôtie, croquant de queue de bœuf, jus de veau aux mousserons, asperges et jeunes légumes, est d'une tendreté incomparable. C'est une cuisine simple mais aucunement ennuyeuse qui nous régale. Ambiance amicale qui colle bien à la maison. Un bon point pour le menu enfants à 11 € qui ravira les schtroumpfs gourmands.

Le Pré Bossu

À Moudeyres, 43150.

☎ 04.71.05.10.70. Fax : 04.71.05.10.21. • www.leprebossu.fr.fm •

à 20 km de Saint-Julien-Chapteuil par la D 15, sur 7 km, puis la D 36 pendant 13 km.

Chambres doubles : de 90 à 140 €.
Petit dej' : 11,50 €.
Fermeture : de novembre à Pâques.
⊕ 5 suites.
⊖ grosse augmentation des prix avec les travaux.

« C'est une grande maison basse qui s'enfonce à demi dans un creux de la lande, avec un long toit penchant qui rejoint le sol, et un seul arbre qui se répand sur le temps ». Jules Romains n'a jamais vu le *Pré Bossu*. Sinon il aurait parlé du soleil qui poudre la façade de pierre au levant. Le jardin de curé, les poutres, le toit de chaume, tout est propice à l'écriture, à la rêverie. Un peu comme les chambres toutes coquettes dans lesquelles vous goûterez un repos total dans des lits moelleux. Seulement 5 suites et 1 chambre.

À voir : **les sources de la Loire, le massif du Mézenc, le château de Rochelambert.**

VICHY

Carte région SUD-EST

Restaurant Jacques Decoret

Jacques Decoret

7, av. Gramont, 03200.
☎ et fax : 04.70.97.65.06. • jacques.decoret@wanadoo.fr •
à 100 m de la gare.

Menus : de 35 (au déjeuner) à 80 €.
Vins : à partir de 14 €.
Meilleure table : en fonction de l'agencement de la salle.
Fermeture : mardi et mercredi, vacances de février et 3 semaines après le 15 août.
⊕ cuisine avant-gardiste.

MOF, Meilleur Ouvrier de France. Jacques Decoret a travaillé chez Troisgros, chez Marcon et chez Passard. Alors on se précipite, on réserve et on arrive. L'accueil est vraiment charmant, le décor épuré, moderne presque mode. On est loin de la table traditionnelle de province. Le décor est à l'image de la cuisine. Donc vous avez compris, les assiettes vont vraiment être à la fête à travers cet escargot pris dans une coque de pain, jeunes pousses de cresson et trait de ricotta ou ce bar de ligne coupé épais, posé sur un jus de carottes, fruit à noyaux acide. L'artiste joue, il crée et c'est très réussi. C'est parfois même déstabilisant comme la pintade rôtie laquée, fines tranches d'ananas, un punch pour relever. Mais au final, c'est un grand moment et donc un beau souvenir. On a l'impression d'assister à la création d'un univers, celui d'un grand chef qui joue avec les produits pour faire une cuisine ardente, alerte.

Hôtel La Rigon

Route de Serbannes, 03700, **Bellerive-sur-Allier.**
☎ 04.70.59.86.46. Fax : 04.70.59.94.77. • www.hotel-château-la-rigon.com •
à 3 km de Vichy, par le pont de Bellerive et la D 984.

Chambres doubles : à 64 €.
Petit dej' : 7 €.
Meilleure chambre : la n° 16.
Fermeture : d'octobre à mars.
Parking : privé.

Avec toute la rigueur et les avantages d'un hôtel, c'est tout le charme d'une maison d'hôtes que propose le château de la Rigon. On arrive par un chemin de terre dans ce manoir d'un charme suranné. Les chambres sont joliment décorées et bucoliques. On a l'impression d'arriver chez sa cousine de l'Allier, sauf que toutes les cousines n'ont pas forcément une piscine chez elles. Un bassin impressionnant sous une grande serre datant du début du XXe siècle. Un vrai bonheur pour profiter du calme de la campagne environnante !

À voir : **la montagne bourbonnaise, Saint-Pourçain-sur-Sioule, Gannat.**

AUXERRE

Carte région NORD-EST

Le Jardin Gourmand

56, bd Vauban, 89000.

Pierre Boussereau

☎ 03.86.51.53.52. Fax : 03.86.52.33.82. ● le.jardin.gourmand.auxerre@wanadoo.fr ●

près du centre-ville, sur les promenades, à 50 m du carrefour de Paris.

Menus : formule déjeuner en semaine à 30 €. Menus « découverte » à 40 et 47 €. Menu dégustation à 72 €.
Vins : à partir de 25 € la bouteille.
Fermeture : les mardi et mercredi, 2e quinzaine de février, 15 jours mi-mars et de mi à fin octobre.
⊕ Cadre élégant et agréable patio en été.
⊖ Souvent complet.

Ici, le chef est un artiste : sa cuisine est particulièrement inventive (sanglier à la girofle, dorade au vin jaune...), parfois même aventureuse (filet de bœuf à la réglisse, poulet à la cardamome), mais toujours accompagnée de légumes exotiques et rares. Les amateurs d'épices apprécieront. Le service hors pair vous guidera volontiers dans une carte qui varie suivant l'humeur, la saison, et la récolte du jour provenant du potager personnel du chef. Merveilleux plateau de fromages qui accompagne une belle sélection de bourgognes, et en dessert, l'assortiment de sorbet maison en ravira plus d'un ! Le lieu est séduisant, la décoration moderne dans cette ancienne maison de vigneron, en retrait de la route. Agréable terrasse dans le jardin aux beaux jours. Réservation recommandée.

Le Parc des Maréchaux

6, av. Foch, 89000.

☎ 03.86.51.43.77. Fax : 03.86.51.31.72. ● www.hotel-parcmarechaux.com ●

proche du centre-ville, à l'angle des boulevards et de la route de Montargis. À 300 m du restaurant par le boulevard Vauban.

Chambres doubles : de 80 à 110 € (selon confort).
Petit dej' : 12 € (buffet ou continental).
Meilleure chambre : Bernadotte pour son style XIXe.
Ouverture : toute l'année.
Parking : gratuit.
⊕ cadre calme et élégant à deux pas du centre. Apéritif offert à nos lecteurs.
⊖ accueil irrégulier.

Luxe, calme et volupté dans cette vaste bâtisse édifiée sous Napoléon III. Pour les chambres, baptisées du nom des maréchaux de France, on a le choix entre Bernadotte, Lannes, Murat... Toutes différentes, elles sont décorées avec goût de belles étoffes et d'un mobilier soigné. L'un des plus agréable et insolites et bel hôtel d'Auxerre. Plaisant parc centenaire.

À voir : la cathédrale Saint-Étienne, l'abbaye Saint-Germain, le centre ancien et le quartier de l'Horloge.

CHALON-SUR-SAÔNE

Carte région NORD-EST

L'Air du Temps

Cyril Boulet

7, rue de Strasbourg, 71100.

☎ 03.85.93.39.01.

sur l'île Saint-Laurent, le long de la Saône.

Menu : (incroyable) au déjeuner à 14 €. Sinon, menus à 19 et 24 €.
Vins : à partir à 13 €.
Fermeture : les dimanche et lundi.

Un nom de restaurant qui donne le ton sans tricher, une cuisine de grand chef à prix doux : l'heureuse surprise de l'été 2003, sur l'île Saint-Laurent. Cyril Bouchet a acquis une technique irréprochable chez les plus grands (Meneau, Jung, Troisgros, Robuchon) avant de se lancer seul, en cuisine, dans une formule qui fait le bonheur des Chalonnais : on sent encore les petits moyens dans la déco, mais les couleurs, les saveurs éclatent dans les assiettes, et le bonheur se lit sur les visages. C'est frais, précis, subtil, avec juste ce qu'il faut d'épices pour vous dérouter un instant : bar rôti entier, jus de crustacés aux petits légumes ; pot-au-feu présenté en cassolette, parfaitement maîtrisé : soupe aux olives vertes et quenelles de fromage de chèvre épicé. Service drôle, chaleureux, efficace. Goûtez à *L'Air du Temps,* tant qu'il est temps !

Le Dracy

Route d'Autun, 71640, **Dracy-le-Fort.**

☎ 03.85.87.81.81. Fax : 03.85.87.77.49. ● www.charmehotels.com ●

à 4 km de Chalon (sortie Chalon-Nord), par la D 978.

Chambres doubles : de 62 à 90 €.
Demi-pension : de 62 à 76 €.
⊕ toujours ouvert, mais venez en été pour profiter de la piscine.

Mieux qu'un hôtel, une vraie maison de campagne un peu chic où l'on se sent accueilli par des hôtes qui vous considèrent un peu comme des amis de passage. Chambres lumineuses et agréables pour un séjour, entièrement refaites, atmosphère chaleureuse et emplacement idéal pour découvrir la route des vins et les villages charmants de la côte chalonnaise.

À voir : toute la côte chalonnaise (Givry, Mercurey...) en suivant la voie verte.

CLAMECY

Carte région NORD-EST

L'Angélus

11, pl. Saint-Jean, 58500.

Cyrille Girault

☎ 03.86.27.33.98.

au centre-ville, en montant vers la collégiale.

Menus : de 14,50 à 25 €.
Vins : à partir de 11 €.
Meilleure table : sur la terrasse face à la collégiale.
Fermeture : le dimanche soir et le lundi, ainsi qu'au mois de février et une semaine pour les fêtes de fin d'année.
⊕ site incroyable de la terrasse.

Dans une belle maison à pans de bois, au cœur du vieux Clamecy, à deux pas de l'hôtel de ville dominé par la belle silhouette de la collégiale Saint-Martin. Cette toque nivernaise est assurément le meilleur restaurant de la ville plébiscité d'ailleurs par tous les Clamecyçois. Présentation raffinée, plats finement accompagnés, service efficace et souriant. Les vins sont toujours un peu chers. Mais l'irancy, vin de l'Auxerrois, parmi les premiers prix de la carte est d'un très bon rapport. Et quand on a la chance d'être sur la terrasse : « Qu'il fait bon vivre en ce pays ! On en a les larmes aux yeux, on voudrait le manger le gueux ! » écrivait Romain Rolland. C'est fait.

Hôtel du Relais Fleuri

2, rue de Bèze, 58190, **Tannay.**

☎ 03.86.29.84.57. Fax : 03.86.29.33.88. • le.relais.fleuri.free •

de Clamecy, prendre la D 34 direction Tannay. Au centre du bourg.

Chambres doubles : de 43 à 50 €.
Petit dej' : 6 €.
Meilleures chambres : celles côté cour.
Fermeture : les dimanche soir et lundi (sauf en juillet-août), ainsi que deux semaines en février et deux semaines en septembre.
⊕ la piscine et la terrasse.
⊖ situé un peu trop près de la route.

Hôtel de bon confort, aménagé dans une imposante demeure d'antan. Les chambres, propres et claires, viennent d'être rénovées et donnent sur une cour fleurie agrémentée d'une piscine. La patronne, souriante et chaleureuse, se mettra en quatre pour vous faire passer un agréable moment. Ne pas oublier de goûter le vin local, le tannay, remis à l'honneur par un groupement de vignerons du village.

À voir : la collégiale Saint-Martin et le musée d'Art et d'Histoire Romain-Rolland

DIJON

Carte région NORD-EST

Le Bistrot des Halles

Jean-Pierre Billoux

10, rue Bannelier, 21000.
☎ 03.80.49.94.15.
en centre-ville, près du marché.

Menu : à 16 € le midi.
À la carte : environ 20 €.
Fermeture : le lundi et le dimanche.
⊕ la terrasse aux beaux jours.

Un bistrot à la mode d'aujourd'hui (le cadre est lui plutôt à la mode des années 1900) où se retrouve le Tout-Dijon, faisant mine parfois de ne pas se reconnaître. Un bistrot qui semble faire partie de longue date de l'environnement des Halles, nouveau centre de la vie dijonnaise, de jour comme de nuit, et qui a désormais plus d'admirateurs fervents, attirés par les bons petits plats de la rôtisserie, que de détracteurs, n'aimant pas le cadre, le bruit, l'ambiance. Mais on se régale toujours autant avec le pâté en croûte à l'ancienne, le jambon persillé ou les propositions du moment. Jean-Pierre Billoux, un des grands chefs de Bourgogne, veille attentivement sur cette annexe de son restaurant de la place de la Libération, aux prix sans comparaison. Et puis, il y a la terrasse, qui vous permet de profiter de l'animation du marché, aux beaux jours.

Hôtel Philippe-le-Bon

18, rue Sainte-Anne, 21000.
☎ 03.80.30.73.52. Fax : 03.80.30.95.51. • www.libertel-hotels.com • ♿
à 5 mn du centre dans le « Marais » dijonnais.

Chambres doubles : (avec bains, TV) de 96 à 103 € selon la saison.
Fermeture : le dimanche pour le restaurant.
⊕ garage privé.
⊖ l'absence de charme des chambres, elles-mêmes, très fonctionnelles.

Si vous cherchez votre chemin, demandez la CBDO (pour Compagnie bourguignonne des œnophiles) puisque c'est ainsi que les Dijonnais persistent à appeler l'endroit. Du néo-bourguignon de bon ton pour passer des nuits tranquilles au milieu des hôtels particuliers du XVIIe siècle dont vous pourrez admirer toits et cours depuis la fenêtre de votre chambre (demandez le dernier étage). Visite de la cour gothique intérieure et des musées du Vin et des Figurines.

À voir : le palais des ducs de Bourgogne. Les hôtels particuliers, entre cour et jardin.

LOUHANS

Carte région NORD-EST

Le Saint-Claude

Chemin des Toupes, 71500.

Philippe Canudas

☎ 03.85.75.47.64.

🚗 *à l'entrée de Louhans, direction Montpont.*

Menu : à 15 € en semaine.
Formules : entre 27 et 40 €.
Vins : à partir de 12 €.
Fermeture : les mercredi, samedi midi et dimanche soir (sauf veille et jours fériés).
⊕ en terrasse, pour la vue aux beaux jours.

C'est une table et un lieu surprenants. Perdue à la limite de la ville, une petite maison reprise par un chef qui s'offre le luxe de faire ici ce qui lui plaît, à savoir une cuisine aux saveurs... méditerranéennes ! Ne vous laissez pas avoir par le nom de l'établissement, ni par l'emplacement, vous êtes chez Philippe Canudas, un vrai créateur, passé faire ses classes chez les plus grands (Girardet en Suisse, Passédat à Marseille, entre autres) et qui fait ici, seul avec son épouse, des plats qui sentent bon le soleil du Midi ! Faites comme les habitués, réservez (c'est impératif) et laissez-vous surprendre. Agréable tonnelle avec pavés et vue reposante sur la campagne. Ne soyez pas pressés, et vous serez comblés. Une étonnante adresse, dans la Bresse bourguignonne. Réservation indispensable.

Le Moulin de Bourgchâteau

Chemin de Bourchâteau (route de Chalon), 71500.

☎ 03.85.75.37.12. Fax : 03.85.75.45.11. ● www.bourgchateau.com ●

🚗 *du centre-ville, D 978, direction Chalon ; à environ 500 m, tourner à droite (niveau Citroën).*

Chambres doubles : de 54 à 70 €.
Petits déj' : 9,50 €.
Fermeture : en janvier.
⊖ une restauration qui connaît plus de bas que de hauts.

Ancien moulin en bord de Seille, construit en 1778. Cadre très agréable, et chambres très cosy. Petit faible pour celles du dernier étage, mansardées, mais celles du premier, du n° 1 au n° 7, offrent une belle plongée dans l'eau. Restauration sur place pour qui ne voudrait plus ressortir.

À voir : le marché de Louhans chaque lundi et les différents musées de la Bresse bourguignonne.

MÂCON

Carte région NORD-EST

Au P'tit Pierre

M. Gaulin et M. Chantemesse

10, rue Gambetta, 71000.
03.85.39.48.84. • www.restaurant-pierre.com •
à deux pas du quai Lamartine, en centre-ville.

Menus : de 14 à 29,50 €.
Vins : à partir de 8 € en pichet et 10 € en bouteille.
Meilleure table : petit coin sous la voûte séparé par un paravent pour quatre personnes.
Fermeture : dimanche et lundi midi en été (le mardi soir et le mercredi de septembre à juin).
Parking : sur les quais et place Carnot (payant).

Entre la gare et le quai Lamartine, qui bat des records d'affluence le samedi matin, jour de marché, on s'arrête volontiers au *P'tit Pierre* pour profiter de la cuisine bistrot, très soignée, exécutée par l'ancien second de *Chez Pierre*, le grand resto mâconnais voisin (où *Christian Gaulin* poursuit dans la droite ligne de Ducloux, qui reste LA référence par ici). À l'annexe, cuisine de marché éloignée du rustique chic de *Chez Pierre*. Personnel très accueillant. Un lieu pour manger vite et bien. Beaucoup de viande charolaise, tartare minute coupé au couteau avec des frites. Et l'on se régale d'un millefeuille de caillé de chèvre et saumon fumé, d'un foie gras maison à la fleur de sel de Guérande et d'un magret de canard au miel, dans un cadre reposant, sans fatiguer son portefeuille. Au dessert, aumônière d'ananas confits aux amandes.

La Huchette

Route de Bourg-en-Bresse, 01750, **Replonges.**
03.85.31.03.55. Fax : 03.85.31.10.24. • www.chateauxhotels.com •
du centre-ville de Macon, N 79, direction Bourg.

Chambres doubles : de 72 à 107 €.
Demi-pension : à 165 € pour deux.
Petit dej' : 10 €
Fermeture : en novembre (sauf réservation).
⊕ le calme et la piscine, tout à côté de Mâcon.

Il suffit de passer le pont, à Mâcon, et nous voilà déjà côté Bresse, dans une campagne normalement verdoyante, les étés de canicule n'étant pas une référence par ici. Quoique... on est à la limite de la Bourgogne du Sud, là où les tuiles comme le caractère des habitants s'arrondissent. Belle maison de famille dans un joli grand parc. Piscine. Restauration classique. L'adresse idéale sur la route des vacances.

À voir dans les environs : les monts du Mâconnais et la Bresse, de chaque côté de la Saône.

NEVERS

Carte région NORD-EST

Restaurant Jean-Michel Couron

Jean-Michel Couron

21, rue Saint-Étienne, 58640.

☎ 03.86.61.19.28.

prendre la direction centre-ville et garer sa voiture près de l'église de Saint-Étienne.

Menus : en semaine à 19,80 €, puis à 27, 37,50 et 43 €.
Vins : à partir de 14 €.
Meilleure table : sous les voûtes.
Fermeture : le lundi, le mardi et le dimanche soir, ainsi que du 2 au 18 janvier et du 13 juillet au 6 août.

Qui ne connaît pas Jean-Michel Couron à Nevers ? L'étoilé neversois fait pourtant partie de ces chefs qui ont fait leur chemin sans se préoccuper trop des modes ni des médias. Il est resté abordable, dans tous les sens du terme. Et il continue de proposer, dans le cadre de 3 petites salles élégantes (dont une, de style gothique, ancienne dépendance de l'église Saint-Étienne, absolument charmante), une cuisine sincère, harmonieuse et fine. Et, qui plus est, dès l'irréprochable 1er menu. Des plats exécutés avec simplicité et précision, comme la tarte de tomates et pomme, la pièce de bœuf charolais rôtie aux carottes et infusion de vin rouge à l'anchois, le filet de carrelet étuvé et une compote de poivrons rouges à la sauge, ou encore, la soupe tiède de chocolat aux épices, un régal. Réservation recommandée.

Hôtel de La Rocherie

La Rocherie, 58640.

☎ 03.86.38.07.21. Fax : 03.86.38.23.01.

sortir de Nevers par la rue de Vauzelles, direction Varennes-Vauzelles, suivre la route sur 4 km.

Chambres doubles : entre 40 et 65 €, avec douche ou baignoire.
Petit dej' : 6,50 €.
Fermeture : le dimanche et la première quinzaine d'août.
⊕ le grand calme près de Nevers.

Un petit hôtel dans un grand château ! Au cœur d'un parc de 3 ha planté d'arbres centenaires, *La Rocherie* vous propose une dizaine de chambres avec parquet et lits confortables. Disposées à l'étage, après avoir gravi un bel escalier en bois, elles possèdent une très belle vue sur le parc. Une adresse idéale pour trouver repos et sérénité.

À voir : la ville haute et la cathédrale, la promenade des remparts à Nevers.

PERNAND-VERGELESSES

Carte région NORD-EST

Le Charlemagne

Laurent Peugeot

Route de Vergelesses, 21420.
☎ 03.80.21.51.45.
à l'entrée du village.

Menus : de 20 à 65 €.
Vins : à partir de 16 €.
Meilleures tables : près de la fenêtre, pour la vue sur les vignes.
Fermeture : les mardi et mercredi, et jours fériés.

D'abord, on ne voit que les vignes, le paysage, la maison années 1960 en Bourgogne (pas le meilleur cru), les tables alentour, mélange de costumes cravates et de vêtements dépareillés, de couples d'amoureux et de directeurs en goguette. Et puis, il y a la carte, une vraie mise en bouche, et les plats qu'on devine d'une beauté, d'un équilibre qui laissent augurer d'un repas digne des plus grands. Le chef est passé chez Lameloise, à Chagny, et Chanliaud, à Beaune, avant d'aller chercher femme et inspiration au Japon. Une double réussite. Marier le terroir bourguignon et la rigueur nippone, les escargots et les langoustines, la subtilité des épices et le velouté d'un vin de Pernand, le sourire de madame et l'humour des serveurs, fallait oser. Tant que les routards de passage et les amoureux pourront s'offrir cette table d'exception, ce sera tout bon !

Hötel Villa Louise

9, rue Franche, 21420, **Aloxe-Corton.**
☎ 03.80.26.46.70. Fax : 03.80.26.47.16. ● www.hotel-villa-louise.fr ●
à l'arrière du village, par la RN 74.

Chambres doubles : avec bains et TV de 75 à 130 €, en basse saison, et de 92 à 148 € en haute saison.
Petit dej' : 7 €.
Fermeture : du 15 janvier au 15 février.
⊕ la piscine au milieu des vignes.

À côté du château parfois sans vie, la vraie vie de château ! De jolies chambres pour se réveiller au milieu des vignes, dans un univers préservé, à 6 km de Beaune. Véronique Perrin est issue d'une famille de viticulteurs, elle connaît son métier et sa région, et saura vous conseiller pour vos sorties culturelles dans le vignoble. Une adresse très courue, même hors saison. Piscine. Sauna. Hammam. Beaux petits déjeuners. Mieux vaut réserver, évidemment.

À voir : la route des vins de Dijon à Beaune, mais aussi l'arrière-côte.

PRENOIS

Carte région NORD-EST

Auberge de la Charme

12, rue de la Charme, 21370.

David Zuddas

03.80.35.32.84.

de l'autre côté de la route nationale, avant l'aérodrome de Darois, une petite route mène à Prenois.

Menus : 1er menu à 16 €, servi le midi en semaine, puis 4 menus de 23 à 69 €.
Vins : à partir de 14 €.
Fermeture : les dimanche soir, lundi et mardi midi ; ainsi que pendant les vacances de février (zone B) et du 1er au 10 août.
+ des prix doux chez l'un des meilleurs chefs de Bourgogne.

Prenois, ce fut longtemps un circuit où les amateurs de vitesse se donnaient rendez-vous avant d'aller dans l'auberge du village se régaler de produits du Sud-Ouest servis avec profusion, dans une atmosphère des plus décontractées. Quand la maison changea de chef et de style, le petit David dut se poser des questions certains soirs, doutant non pas de son talent, célébré très vite par tous les gourmets côte-d'oriens, mais de sa capacité à tenir la durée. Plus que dans le décor et le service qui n'ont pas vraiment changé, la surprise est plus que jamais dans l'assiette et dans les prix, qui n'ont que peu augmenté alors même que la réputation du chef allait grandissant. Vous n'aurez aucune excuse si vous manquez ce rendez-vous avec une cuisine utilisant avec malice les produits du moment, des produits simples, quasiment plébéiens, travaillés et présentés avec une précision et un sens des nuances assez rare.

Hostellerie du Val-Suzon

Rue du Fourneau, 21121, **Val-Suzon.**

03.80.35.60.15. Fax : 03.80.35.61.36.

par la N 71, direction Châtillon, Troyes.

Chambres doubles : (avec douche et w.-c. ou bains, TV) de 68 à 95 € selon la saison.
Petit dej' : 7 €.
Demi-pension souhaitée le week-end, de 82 à 98 €.
Fermeture : le dimanche soir, le lundi, le mardi midi toute l'année ; ainsi que du 12 novembre au 20 décembre.

Nichée au creux d'un vallon, à 15 mn de Dijon, au milieu d'un parc et d'un jardin magnifiques, une adresse accueillante aussi bien en été, quand on peut profiter de la terrasse, qu'aux jours plus gris, avec le feu dans la cheminée. Chambres zen et spacieuses, idéales pour se ressourcer, disséminées dans trois bâtiments dont un rigolo chalet dominant le jardin. Cuisine de terroir et de parfum.

À voir : le lac Kir, le canal de Bourgogne et la montagne dijonnaise.

VILLENEUVE-L'ARCHEVÊQUE Carte région NORD-EST

Restaurant des Vieux Moulins Banaux

Nick Pyle et Guillaume Hamel

18, rte des Moulins-Banaux, 89190.

03.86.86.72.55. Fax : 03.86.86.78.94. • www.bourgognehotels.fr •

en sortie de la ville, route d'Arcès-Dilo.

Menus : à 15,75 € en semaine. Puis à 23,50 et 26,50 €.
Fermeture : ouvert tous les jours, sauf le lundi midi. Fermé en janvier.
Vins : à partir de 14,25 € la bouteille (4,25 € au verre).
⊕ lieu bucolique, au calme, et équipe charmante. Café offert à nos lecteurs.
⊖ souvent complet les week-ends

Depuis 2 ans, grâce à son équipe cosmopolite (ici on construit l'Europe avec des Chefs anglais et français, une hollandaise en salle, une allemande à l'accueil), cette adresse régale les visiteurs qui passent par là. Le cadre est intelligemment conçu avec une terrasse au bord de l'eau, un jardin paisible pour l'apéro et une grande salle avec le mécanisme du moulin, des boiseries et de l'espace. Tout est soigné, de la déco de la table au service joliment féminin, jusque dans l'assiette. Les plats élégants restent créatifs et vous transporteront dans une cuisine du pays d'Othe teintée de sucré-salé venu d'Orient ou d'Indonésie. Impressionnante carte des vins en provenance du monde entier. Mieux vaut réserver. Rapport qualité-prix unique, et si près de Paris.

Hôtel des Vieux Moulins Banaux

18, rte des Moulins-Banaux, 89190.

03.86.86.72.55. Fax : 03.86.86.78.94. • www.bourgognehotels.fr •

en sortie de la ville, route d'Arcès-Dilo.

Chambres doubles : 39 € avec douche, 48 € avec salle de bains. Formule VRP à 48 et 53 €.
Petit dej' : 6,75 €.
Meilleures chambres : celles à l'arrière.
Fermeture : ouvert tous les jours. Fermé en janvier.
Parking : gratuit.
⊕ lieu bucolique, au calme, et équipe charmante.
⊖ quelques chambres plus petites

Pour la petite histoire, cet ancien moulin au bord de la Vanne appartenait au seigneur du village qui louait ses services de meunerie à toute personne désirant moudre son grain. C'est ce qu'on appelle la « banalité ». La bâtisse est devenue par la suite fabrique de papier en 1801 et hôtel en 1966. Aujourd'hui, les chambres, fraîchement restaurées, possèdent tout le confort pour un prix défiant toute concurrence. Préférez tout de même celles sur l'arrière face à la campagne. Accueil des plus diligent, souriant et à l'accent d'Europe du Nord.

À voir : les villages de la vallée de la Vanne, le cœur du pays d'Othe pour des promenades ou son cidre.

BREST

Carte région NORD-OUEST

La Fleur de Sel

Yann Plassard

15 bis, rue de Lyon, 29200.
☎ 02.98.44.38.65. ● www.lafleurdesel.com ●
dans le centre, près de la place la Tour-d'Auvergne.

Menus : à 19 € le midi en semaine (entrée-plat ou plat-dessert, avec un verre de vin et thé ou café), à 25 et 35 €.
Vins : à partir de 18 €.
Meilleures tables : plutôt vers le fond de la salle.
Fermeture : le samedi midi et le dimanche ainsi que les 10 premiers jours de janvier et les 3 premières semaines d'août.

Voici une table qui s'améliore en permanence mais qui possède encore une certaine marge de manœuvre. Un vrai point fort : des prix démocratiques, accessibles même à une bordée de marins (sachant se tenir), permettant à tous de se faire un grand plaisir. On dégustera l'artichaut et les moules en trois préparations avec délectation, de même fera-t-on avec le goûteux tronçon de barbue cuit à l'étouffée, endives caramélisées à l'orange. À chaque plat, on sent la précision, la rigueur du travail. Un brin d'audace également. Et c'est là qu'on a envie de dire à Yann Plassard : « Poussez donc le bouchon plus loin, soyez plus fou, laissez-vous embarquer par votre talent. » Une inventivité maîtrisée (ou un classicisme épuré, c'est selon), encore un rien bridée donc, mais un excellent repas, sans faille, conjugaison de produits irréprochables et d'un incontestable savoir-faire. Service un rien guindé.

Hôtel Continental

Square de la Tour-d'Auvergne, 29200.
☎ 02.98.80.50.40. Fax : 02.98.43.17.47. ● www.continental-brest@hotel-sofibra.com ●
en plein centre-ville à quelques mètres de la Fleur de Sel.

Chambres doubles : de 109 à 124 €.
Petit dej' : 10 €.
Meilleures chambres : celles du haut.
⊕ la taille des chambres.
⊖ la froideur du hall, le manque de personnel.

Le *Conti,* comme on l'appelle ici, ne passe pas inaperçu. Édifié en 1913, détruit par la guerre et reconstruit dans les années 1950 dans son style initial Art déco, comme en témoigne le vaste hall. Ne vous laissez pas impressionner par le côté froid, presque soviétique de l'entrée justement, car les spacieuses chambres ont toutes été refaites dans un style inspiré des années 1930 avec de l'authentique mobilier Art déco. Excellent confort. Ce qui pêche, c'est la façade un rien décrépie. Reste une adresse de caractère.

À voir : le port et le plus bel aquarium de Bretagne, et même de France, Océanopolis.

CARNAC

Carte région NORD-OUEST

Restaurant La Côte

Pierre Michaud

Kermario, 56340.

☎ 02.97.52.02.80.

de Carnac-Ville, route d'Auray sur 2 km, puis au rond-point la direction des Alignements de Kermario. C'est à 800 m sur la droite, en contre-bas.

Menus : beau premier menu à 21 €, autres menus à 31, 40 et 52 €, et carte.
Fermeture : le lundi toute l'année et le mardi midi en été (le samedi midi et le dimanche soir hors saison).
Congés : de début janvier à mi-février ; 1 semaine début octobre ; 5 jours après le 11 nov. et 5 jours début décembre

Notre coup de cœur à Carnac. Pierre Michaud a transformé la vieille maison familiale pour en faire la meilleure table du pays. Goûtez donc la rare subtilité de ce que vous avez dans votre assiette, ce télescopage de saveurs, de couleurs qui vous fera voyager, deux heures durant. Une entrée terre-mer qui donne le ton, pour vous mettre en appétit : une terrine de foie gras au poivre de Chine, au ris de veau et aux sardines, et comme plat, le filet de daurade à la rillette de gingembre, galette de blé noir à l'oignon rouge, chorizo et tomates. Surprenant et éblouissant en bouche. Les menus changent tous les 3 mois. Accueil et service très agréables. Cadre à l'image de la cuisine : du terroir modernisé au goût du jour.

Le Logis du Parc Er Gréo

9, rue Mane-Guen, lieu-dit Le Gréo, près du Moustoir, 56610, **Arradon**.

☎ 02.97.44.73.03. Fax : 02.97.44.80.48. • www.parcergreo.com •

à 28 km de Carnac par la D 28 direction Auray, et la D 101 direction Arradon.

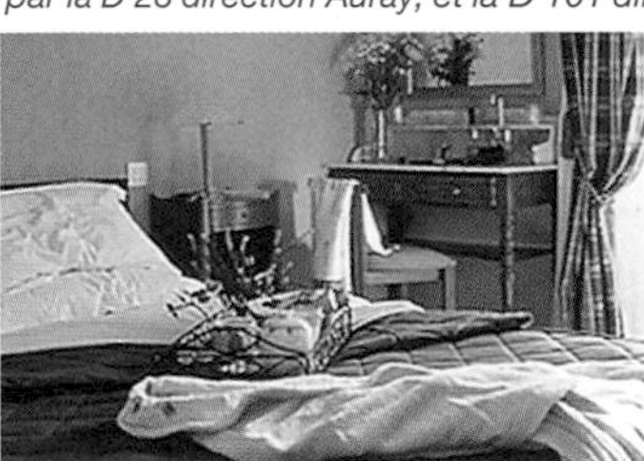

Chambres doubles : de 70 à 130 € suivant le confort et la saison.
Petit dej' : 10 €.
Fermeture : du 12 novembre au 12 mars.

Des chambres charmantes, toutes personnalisées et exposées plein sud. Petit déjeuner servi au rez-de-chaussée, dans une salle tapissée de peintures réalisées par le père du propriétaire (pour les amateurs, il possède une galerie non loin de là). Un hôtel qu'on qualifierait d'intime, tant l'accueil est charmant et la maison admirablement meublée. Beau jardin et piscine chauffée en service de Pâques à la Toussaint. Une belle adresse de charme.

À voir : le site mégalithique de Carnac et le golfe du Morbihan.

JOSSELIN

Carte région NORD-OUEST

La Table d'O

9, rue Glatinier, 56120.
☎ 02.97.70.61.39.
en plein centre-ville.

Olivier Buffard

Menus : de 21 à 39 €.
Vins : à partir de 13 €.
Meilleures tables : près des baies vitrées pour une vue sur le château.
Fermeture : mardi soir et mercredi.

La nouvelle belle adresse gastronomique de la ville, aux couleurs du temps, sur les murs comme dans l'assiette. Olivier Buffard fait partie de ces chefs inspirés que les mélanges terre-mer rassurent. Ses menus changent selon son humeur autant que selon la saison. Une fleur de courgette farcie d'une mousseline de poisson, quelques pétoncles poêlés, un peu d'huile au pistil de safran, aussitôt dit, aussitôt fait : le menu reflète l'assiette, on est si bien, dans cette salle, à la vue plongeante sur la vallée de l'Oust, qu'on regarde attendri le château de Rohan en se disant qu'on cuisinait peut-être moins bien dans ses vieux murs. Quand arrive la homardine de pintade, c'est le bonheur ! Jolis bouquets de fleurs sur les tables, et accueil dynamique d'une jeune patronne qui sait recevoir. Belle balade apéritive dans la ville ancienne et animation assurée les jours de marché !

Hôtel le Cobh

10, rue des Forges, 56800, **Ploërmel.**
☎ 02.97.74.00.49. Fax : 02.97.74.07.36. • le.cobh@wanadoo.fr • ♿ (resto seulement).
en centre-ville. À 12 km de Josselin.

Chambres doubles : de 48 à 78 €.
Menus : de 15 à 35 €.
Petit dej' : 7,50 €.
Apéritif maison offert et 10 % de remise sur la note du repas (avec boisson) pris au restaurant.
⊕ garage sur place.

Un hôtel joliment rénové sur lequel s'est penchée la bonne fée Celtia, qui vient en aide aux hôtels désireux de renaître sous d'autres couleurs. Ici, les auteurs se sont inspirés des mythes et légendes de Brocéliande pour créer trois sortes de chambres, les unes autour de l'écriture et du sacré (fond bleu), les autres de la forêt (fond vert), les autres de l'opalescence (fond rouge). Dit comme ça, c'est assez rébarbatif, mais la nuit, c'est doux à vivre, et à rêver. Accueil en or et service très agréable. Coin salon, bar.

À voir : le château médiéval, propriété de la famille de Rohan depuis le XVe siècle.

LANNION

Carte région NORD-OUEST

La Ville Blanche

Lieu-dit La Ville-Blanche, 22300.

les frères Jaguin

☎ 02.96.37.04.28.

à 5 km de Lannion, sur la route de Tréguier, à hauteur de Rospez.

Menus : à 28 € en semaine, puis de 42 à 70 €.
Vins : à partir de 16 €.
Meilleures tables : dans la petite salle avec vue sur la terrasse, la fontaine et le jardin.
Fermeture : le lundi toute l'année, le mercredi et le dimanche soir hors juillet et août ; une semaine fin juin-début juillet et du 22 décembre au 30 janvier.
⊕ 1er menu honorable pour un prix très raisonnable.

Les frères Jaguin ont vraiment fait en quelques années de l'ex-bistrot-épicerie-routier de la grand-mère une étape gastronomique incontournable sur la route de Tréguier à Lannion. Décor assez chicos et plutôt conventionnel. En revanche, la vue de l'assiette réjouit littéralement le cœur. Une cuisine pleine de fraîcheur, qui emprunte au jardin aromatique à côté (on peut désormais le visiter, avant de boire un verre, en terrasse) et à une mer proche, pour aboutir à un équilibre viande-poisson dans la tradition intelligemment revisitée. Un travail à quatre mains, l'aîné s'occupant des entrées et des desserts, magnifiques dans le genre régional épuré, le cadet, formé chez les grands, soignant ses plats « aux petits oignons », les légumes atteignant la perfection côté cuisson et saveur. Vins proposés avec discernement. Réservation indispensable.

Chambres d'hôtes Manoir du Launay

Chemin de Ker-ar-Faout, 22300.

☎ 02.96.47.21.24. Fax : 02.96.47.26.04. ● www.manoirdulaunay.com ●

du centre-ville, suivre directions Pleumeur-Bodou et Trébeurden ; prendre le petit chemin juste à droite à l'intersection des D 21-D 65.

Chambres doubles : de 75 à 105 € selon l'exposition et la taille.
Petit dej' : inclus.
Meilleures chambres : « Morgane », « La Nordique » (familiale).
Ouverture : toute l'année (sur réservation uniquement de novembre à fin avril).
Parking : gratuit.
⊕ le calme et le charme aux portes de la ville.

Un ravissant manoir, en pleine nature, qui se cache presque secrètement au bout d'une longue allée plantée de charmes. Cinq chambres superbes, de grand confort, avec parquet, qui invitent au voyage en déclinant des thèmes différents : il y a la nordique, la marine, la mauresque, etc. La salle des petits déjeuners assure un réveil tout en douceur. Pour couronner le tout, l'accueil de Florence est absolument charmant... et ses petits déjeuners, mémorables (pas la peine de déjeuner par la suite) !

À voir : la vieille ville, son marché et l'arrière-pays à redécouvrir.

QUIMPERLÉ

Carte région NORD-OUEST

Le Bistro de la Tour

Arnaud Stanquic

2, rue Dom-Morice, 29300.

☎ 02.98.39.29.58.

dans la ville basse, par la place des Halles, face à l'église Sainte-Croix.

Menus : à 19 € (servi tous les midis sauf jours fériés), 27, 39 et 55 €, ce dernier étant servi avec les vins.
Vins : à partir de 16 €.
Meilleure table : près du bar.
Fermeture : le samedi midi et le dimanche soir (sauf en août).

Deux ambiances : une salle bistrot années 1930 au rez-de-chaussée, une autre à l'étage façon « un dimanche chez grand-tante », avec ce qu'il faut de napperons, de vieux lustres et mobilier ancien pour se sentir à l'aise. On travaille ici l'accord entre mets et vins. Côté table, les produits de la mer sont à l'honneur, mais le cassoulet breton à l'andouille de Baye est en bonne place, tout comme le jambon de sanglier fumé. Jérôme, le jeune patron-sommelier, vous conseillera l'une de ses découvertes, adaptée à votre bourse. Plus de 800 références de vins vous attendent en cave (et 400 whiskies), dont quelques merveilles. À noter, tous les premiers vendredis du mois (sauf en juillet et août) une soirée dîner-dégustation avec un viticulteur (attention, vite complet). Tiens, possibilité d'acheter les vins proposés à prix compétitifs.

Le Vintage Hôtel

20, rue de Brémond-d'Ars, 29300.

☎ 02.98.35.09.10. Fax : 02.98.35.09.29. • bistrodelatour@wanadoo.fr •

dans la ville basse, à côté du cinéma La Bobine.

Chambres doubles : quelques chambres à 55 €, la plupart à 77 € et deux vraiment grandes à 107 €.
Petit dej' : 9 €.
Ouvert : toute l'année.
⊕ déco moderne et simple.
⊖ la taille de certaines chambres.

Au cœur du quartier historique, un bel hôtel moderne et original, où on a laissé parler le design. Une dizaine de chambres seulement, au style contemporain, chacune décorée d'une fresque reprenant les grands thèmes traités par les peintres bretons. Les plus vastes possèdent un vrai mobilier de style (divan Le Corbusier, chaise Mac Intosh...), mais toutes ont profité d'un vrai effort de confort et d'agencement. L'accueil, souriant et pro, ainsi que le vrai petit déjeuner breton nous ont largement convaincus.

À voir : la basse ville, ses maisons anciennes et les petits ports des environs.

CESSON-SÉVIGNÉ
Carte région NORD-OUEST

Restaurant La Fontaine aux Perles

Rachel Gesbert

Le Manoir de la Poterie, 96, rue de la Poterie, 35200.
☎ 02.99.53.90.90. Fax : 02.99.53.47.77. • lafontaineauxperles@dial-oleane.com •
dans le quartier de la poterie, à 10 mn, à l'est, du centre de Rennes.

Menus : 25 € (midi) 32, 38, 50 et 68 €.
Vins : à partir de 17 €.
Fermeture : dimanche soir et lundi ; 3 semaines en août.
☺ le calme et l'accueil.

Une adresse perdue dans les faubourgs de Rennes : la *Fontaine aux Perles*. La perle, c'est Rachel Gesbert qui officie dans ce Manoir de la Poterie. Et qui n'apprécierait pas que vous parliez de lui au féminin, car ce chef qui « décoiffe » est un pur produit breton, plus passionné que patient. Sa cuisine est à son image : enthousiaste et dynamique. Il le dit lui-même, il a tout sous la main, les trésors de la mer comme ceux de la terre, et va se ravitailler chez les petits producteurs du pays pour obtenir de vrais produits à la fraîcheur inégalable. Vous n'en apprécierez que plus cette chair de tourteaux aux Saint-Jacques crues marinées, ce filet de saint-pierre à l'andouille et son risotto ; quant à la galette de blanc de barbue au tartare d'andouille et le ris de veau à la crème de moule, c'est digne des très grandes tables. Viandes extra qui viennent de l'entreprise familiale.

Le Coq-Gadby

156, rue d'Antrain, 35700, **Rennes.**
☎ 02.99.38.05.55. Fax : 02.99.38.53.40. • www.lecoq-gadby.com •
à 10 mn du centre-ville en direction du Mont-Saint-Michel.

Chambres doubles : 145 ou 165 €.
Petit dej' : buffet à 18 €, pris en terrasse aux beaux jours.
Meilleures chambres : « Louis XV » et « Olympe ».
Ouvert toute l'année.
Parking : il y en a 2 : un ouvert, l'autre fermé ; gratuits.

Un bel hôtel qui fait depuis cent ans le bonheur de ceux qui viennent y chercher une atmosphère feutrée et un cadre très « grande famille » : parquets cirés, belles armoires anciennes... Les chambres « Olympe », « Louis XV », « Anglaise », entièrement refaites, donnent le ton de la maison : vastes, confortables et pour certaines, avec balcon sur le jardin. Espace bien-être.

À voir : le marché, bien sûr, mythique et tout le centre ancien.

ROSCOFF

Carte région NORD-OUEST

Le Temps de Vivre

Place de l'Église, 29680.

Jean-Yves Crenn

☎ 02.98.61.27.28. • www.letempsdevivre.net •

à 2 mn à pied du centre.

Menus : 36 € (sauf samedi soir et dimanche), 50 et 75 €.
Vins : à partir de 23 €.
Meilleures tables : celles à proximité de la baie vitrée.
Fermeture : le lundi et le mardi midi, le dimanche soir en hiver ainsi que 3 semaines en octobre et 3 semaines en mars.

Le Temps de Vivre ou comment un boucher-charcutier, tel un autodidacte éclairé, s'en vient sur le tard à produire l'une des plus fines cuisines qu'il s'entend de goûter sur cette fin de terre. Jean-Yves Crenn propose un moment rare, presqu'incertain, comme cet espace-temps situé entre marée basse et haute. Les vastes baies vitrées de la salle vous offrent le large et le chef vous tend les bras. Car l'homme est généreux et aime à tirer le meilleur de ses produits. L'assiette est belle, sans esbroufe. On s'étonne à chaque bouchée, curieux et séduit tout à la fois. On sent bien que si les produits sont d'ici, les saveurs viennent parfois de loin, s'additionnant sans se heurter. Les Loiseau, Ducasse, Bardet et Robuchon ont certes canalisé cette ferveur créatrice, mais on perçoit une forte personnalité dans ces réalisations géniales. Tiens, la mer est montée ! Notre plaisir aussi, sans crier gare.

Hôtel du Centre

5, rue Gambetta, 29680.

☎ 02.98.61.24.25. Fax : 02.98.61.15.43.

sur le port.

Chambres doubles : de 45 à 65 € en basse saison et de 79 à 94 € en haute saison (du 10 juillet au 20 septembre, ainsi que les week-ends et les jours fériés, toute l'année).
Meilleures chambres : celles côté port.
Fermeture : de mi-novembre à mi-mars.
Parking : public sur le port.
⊕ astuces de déco.
⊖ petites fenêtres.

Bel établissement, contemporain et chaleureux à la fois. Le jeune propriétaire n'a pas touché à la façade, par respect de la tradition, mais les chambres arborent une déco au goût du jour : des tons gris, rouges et ivoirines harmonieux, quelques citations à méditer avant le dodo, et une sobriété relaxante. Côté mer, vue imprenable sur les bateaux de pêche. Pour le côté popu, un bar rustico-tendance au rez-de-chaussée avec pierres apparentes et luminaires design, prolongé par une terrasse. Accueil du tonnerre !

À voir : le port et le bourg, avant de prendre le ferry pour les îles.

SAINTE-MARINE

Carte région NORD-OUEST

L'Agape

Patrick Le Guen

52, rue de la Plage, 29120.
☎ 02.98.56.32.70.
sur la route de la plage. Bien fléché depuis le village.

Menus : formule à 30 € (plat et dessert) à midi en semaine ; autres menus à 44, 55 et 64 €.
Vins : à partir de 25 €.
Fermeture : le lundi, le mardi midi et le dimanche soir (sauf en juillet et août) ; de janvier à mi-février.
⊕ côté maison d'hôtes.

À l'écart du centre du village, un cadre bourgeois aux allures maritimes. Patrick Le Guen est l'homme de la situation et la mer son univers. Il a tourné chez bien des étoilés avant d'être couronné lui-même, mais c'est à lui seul qu'il doit son mérite. La galette de turbot, les agapes de poissons marinés à l'instant se révèlent d'une rare finesse. Dans un autre genre, le kouign aman de pommes de terre à l'andouille mérite une attention particulière. C'est pourtant à l'ensemble de son œuvre qu'on a envie de rendre hommage, car sa cuisine est un tout. Grand technicien des fourneaux, il est aussi homme de cœur, et ce mélange de quête du parfait et du profondément humain se retrouve dans l'assiette, pour le plaisir des yeux, des narines et des papilles. Un moment de paix et de bonheur, soutenu par une belle carte des vins, savamment éclectique.

Villa Tri Men

16, rue du Phare, 29120.
☎ 02.98.51.94.94. Fax : 02.98.51.95.50. • www.trimen.fr •
du port, prendre la direction du phare. Bien fléché en arrivant à Sainte-Marine.

Chambres doubles : de 95 à 145 € et quelques *junior suites* plus chères
Petit déj' : 10 €.
Fermeture : du 5 janvier au 5 février et du 15 novembre au 15 décembre.
⊕ la vue imprenable des chambres.

Cette grande villa 1900, idéalement située au milieu d'un jardin face à la mer, a été transformée en un hôtel résolument contemporain. Dix-sept chambres, toutes différentes, lumineuses et confortables, avec comme point commun une décoration sobre et raffinée. Le hall d'entrée, le salon, le bar, tout est accueillant et chaleureux. Ici, ce qui prime, c'est le panorama : à tribord sur Bénodet, à bâbord, sur le petit port de Sainte-Marine. Une adresse rare, luxueuse mais sans ostentation, idéale pour un vrai moment de détente.

À voir : le petit port de Sainte-Marine et tout le pays bigouden.

SAINT-MÉLOIR-DES-ONDES Carte région NORD-OUEST

Château Richeux — Le Coquillage

Olivier Roellinger

Le Point-du-Jour, 35350.

☎ 02.99.89.25.25. Fax : 02.99.89.88.47. • www.maisons-de-bricourt.com •

à la sortie de la ville, en surplomb de la baie.

Menus : de 26 à 47 €, menu enfants à 15,30 €. Pas de carte.
Fermeture : le lundi et les mardi et jeudi midi ; en hiver, également fermé le vendredi midi.
⊕ la gentillesse et la simplicité du service.

Ce ravissant manoir balnéaire des années 1920, perché au-dessus de la baie du Mont-Saint-Michel, abrite l'annexe de charme de la *Maison de Bricourt*. C'est, on peut le dire, le comble du raffinement et du bon goût sans ostentation. Ambiance maison de campagne à tous les étages, tissus à carreaux et plaids en tweed, fauteuils en cuir pour se lover et surtout une vue époustouflante sur la baie. Olivier Roellinger, l'enfant chéri de la cuisine bretonne, a placé à la tête des cuisines un de ses disciples, Christophe Gestin, et les heures passées ici feront partie de vos grands souvenirs de Bretagne. Accueil classe sans être impressionnant, carte proposant le meilleur de la mer et de la terre réconciliés : plateaux magnifiques, petit farci de crabe sous le feu, friture d'encornets à la fleur de sel et autres plats déjà fondants en bouche à la seule lecture.

Hôtel Beaufort

25, chaussée du Sillon, 35400, **Saint-Malo.**

☎ 02.99.40.99.99. Fax : 02.99.40.99.62. • www.hotel-beaufort.com •

extra-muros, près du centre de thalassothérapie.

Chambres doubles : de 130 à 200 € en haute saison (70 à 140 € en basse saison).
Petit dej' : 12 € par personne.
Meilleures chambres : la n° 4 (la plus grande) ou la n° 16 pour leur vue.
Fermeture : fin novembre-début décembre.
Parking : possible sur demande (8 €).

Ce charmant hôtel, à 10 mn de la vieille ville, est situé sur la digue piétonne. Ces 22 chambres, avec vue sur la mer pour la moitié, sont décorées harmonieusement dans des tons blanc-beige, un subtil camaïeu assorti à la plage (par ailleurs en accès direct depuis l'hôtel) en un fondu enchaîné. Le paysage est ici à l'honneur : certaines chambres possèdent une terrasse privée et le *bow-window* du salon détente en bois exotique foncé permet la meilleure des... détentes. Également un coin piano-bar.

À voir : les remparts, les rochers sculptés de Rothéneuf.

TRÉBEURDEN

Carte région NORD-OUEST

Le Goéland

Louis Le Roy

14, rue de Trozoul, 22560.
☎ 02.96.23.53.78.
🚗 *depuis l'office de tourisme, prendre la rue qui descend vers le port de plaisance.*

Menus : à 15 € le midi en semaine, puis de 20 à 30 € (25 et 38 € le dimanche).
Vins : à partir de 15 €.
Meilleures tables : celles situées dans la salle de bar.
Ouverture : du jeudi midi au dimanche soir.
Fermeture : de mi-janvier à mi-février et 15 jours fin juin.
⊕ apéritif maison offert à nos lecteurs.
⊖ service parfois long.

Certains, à Trébeurden, en parlaient comme d'un bistrot sympa où les pêcheurs venaient de bon matin s'accrocher au bar, pour refaire le monde ; d'autres préféraient le resto le plus tendance du moment où l'on pouvait se régaler, de plats de grand-mère... Qui avait raison ? Les deux, mon capitaine ! Louis Le Roy, l'un des meilleurs restaurateurs des Côtes-d'Armor, après plusieurs décennies passées dans les grandes maisons, s'est fait plaisir en ouvrant ce bar à son image : vraie toile de lin, échelle et meubles de bateau, bancs d'écolier. Ce fils et petit-fils de pêcheurs régale son monde comme jamais, débitant 15 kg d'ormeaux, le week-end, avec des cocos de Paimpol, ou servant le homard en papillote d'algues avec des « galettes à grand-mère ». Souvenir d'une enfance qui revient, en cuisine comme ailleurs, pour redonner des couleurs à la Bretagne éternelle.

Le Manoir de Lan Kerellec

Allée centrale de Lan Kerellec, 22560.
☎ 02.96.15.00.00. Fax : 02.96.23.66.88. ● Lankerellec@relaischateaux.com ●
🚗 *depuis le centre, direction du port/les plages. Dès qu'on aperçoit la mer, prendre à droite puis ensuite la 1re rue à gauche et au bout à gauche de l'allée centrale.*

Chambres doubles : de 90 à 310 € suivant le confort et la saison.
Petit dej' : de 14 à 20 €.
Meilleures chambres : celles avec terrasse et vue sur la mer.
Fermeture : de mi-novembre à mi-mars.
Parking : privé, gardé.
⊕ des chambres, à premiers prix, très confortables

On s'y sent si à l'aise qu'on en oublierait presque que ce havre de paix est aussi un prestigieux Relais & Châteaux. Accueil direct et souriant, les chambres du 1er étage sont spatieuses, mais on peut très bien se contenter d'une des plus petites, en rez-de-chaussée, ne serait-ce que pour profiter des prix adoucis, pour un confort semblable. Petit dej' servi dans une salle avec vue sur le grand large. Adresse charmante, tenue par un couple qui sait recevoir sans se prendre au sérieux, Luce et Gilles Daubé.

À voir : le port de plaisance, les petites îles et la côte de granit rose.

BLOIS

Carte région NORD-OUEST

Au Rendez-Vous des Pêcheurs

Christophe Cosme

27, rue du Foix, 41000.

☎ 02.54.74.67.48. Fax : 02.54.74.47.67.

dans le vieux Blois, à proximité de l'église Saint-Nicolas.

Menus : à 26 (sauf samedi soir) et 64 €.
Vins : à partir de 19 €.
Meilleure table : la n° 1 à côté du bar si l'on vient dîner en amoureux
Fermeture : dimanche et lundi midi, du 1er au 15 janvier et 3 semaines en août.
Parking : public à 150 m (bords de Loire).
+ service et accueil jeune et amical.

C'est un endroit raffiné que ce rendez-vous dans un cadre qui n'a pas oublié que des générations de pêcheurs sont venus se rafraîchir au comptoir de l'épicerie d'antan. Déco sobre, service jeune, alerte et classe. Dès le début le ton est donné. Cette huître en gelée joue à merveille son rôle de « metteur-en-bouche ». C'est bon ! Comme une mélopée, on entend les poêles qui « fristouillent », les casseroles qui dansent et le chef qui orchestre tout cela. À croire que l'absence de musique soit calculée. Quand les langoustines rôties arrivent, on rentre dans le registre de la subtilité des saveurs qui se fondent et se marient. Le dessert c'est le point d'orgue : tomates grappes confites à l'huile d'olive et citron aux saveurs balsamique, glace gingembre. Décidément Christophe Cosme est un grand.

Hôtel Le Médicis

2, allée François-Ier, 41000.

☎ 02.54.43.94.04. Fax : 02.54.42.04.05. • www.le-medicis.com •

à 800 m du château en direction d'Angers.

Chambres doubles : de 85 à 115 €.
Petit dej' : 11 €.
Meilleure chambre : la n° 210.
Fermeture : le dimanche de mi-octobre à Pâques, et en janvier.
Parking : non gardé, attenant.
− alentours pas vraiment avenants.

Les chambres de cette maison de tradition sont décorées avec goût et toutes ont été personnalisées par Annick Garanger. Fleurs bleues et moquette brune, décor champêtre ou citadin, vous serez dans un cocon douillet pour dormir tranquillement à quelques pas du château de Blois et de la Loire douce et aimable qui coule nonchalamment. Accueil charmant et familial.

À voir : **le château, la maison de la Magie Robert-Houdin, Chambord.**

CHAUMONT-SUR-THARONNE Carte région NORD-OUEST

Restaurant La Grenouillère

Jean-Charles Dartigues

À Chaumont-sur-Tharonne, 41600.

☎ 02.54.88.50.71. Fax : 02.54.88.53.49.

à 1 km de Chaumont en direction de La Ferté-Saint-Aubin.

Menus : de 21 € (au déjeuner en semaine) à 49 €.
Vins : à partir de 13 €.
Meilleure table : s'il fait beau sous la véranda, en hiver sous l'escalier.
Fermeture : lundi et mardi ainsi que 3 semaines en janvier.
Parking : à côté du restaurant.
+ cuisine ludique et savoureuse.

Briques et colombages à l'extérieur, poutres, casseroles en cuivre et quelques animaux naturalisés à l'intérieur pour la touche charme et le cachet rétro. Pour le reste, depuis que Jean-Charles Dartigues (même pas 30 ans) est arrivé, c'est un grand coup de jeune. Maître d'hôtel, sommelier, serveurs, ils ont tous la vingtaine. Le chef, fort de ses passages chez Meneau, Troisgros et chez Édouard Loubet à Lourmarin, joue dans un registre subtil et équilibré. Sa cuisine n'est pas un jeu compulsif et ostentatoire. La poêlée d'escargots sur polenta est une association de textures et de saveurs très réussie. Le carré d'agneau fumé à la bruyère de Sologne l'est subtilement. Pour le dessert, le soufflé à la mirabelle fut plus que convaincant, comme ce moelleux au chocolat chaud au jasmin, glace au poivre de Sechouan. Et bien sûr, partout de-ci de-là, il y a les grenouilles, partout sauf dans les assiettes...

Hostellerie du Château les Muids

N 20, 45240, **La Ferté-Saint-Aubin.**

☎ 02.38.64.65.14. Fax : 02.38.76.50.08. • www.chateau-les-muids.com •

Prendre la D 922 vers La Ferté-Saint-Aubin puis la N 20 vers Lamotte-Beuvron.

Chambres doubles : de 65 à 145 €.
Petit dej' : compris.
Meilleures chambres : les nos 3 et 7.
Fermeture : février.
Parking : fermé.
+ un vrai château.

On doit ce ravissant château de la fin du XVIIIe siècle à un capitaine irlandais fait prisonnier à la bataille de Fontenoy et tombé amoureux de la Sologne. Les chambres sont vraiment spacieuses décorées avec goût de meubles d'époque. Les sols parfois en tommettes ajoutent au côté authentique. Et puis il y a le salon en boiseries, le bar cosy à souhait, la piscine, les douves et un parc de 30 ha où se promènent des biches. Le restaurant vaut aussi la peine d'être essayé. Accueil jovial.

À voir : **château de la Ferté, le domaine du Ciran, l'écomusée de Ligny-le-Ribault.**

LE POINÇONNET

Carte région NORD-OUEST

Le Fin Gourmet

Franck Gatefin

73, av. de la Forêt, 36330.
☎ 02.54.35.40.17. Fax : 02.54.35.47.20.
autoroute, sortie n° 14 ; à 7 km S de Châteauroux par la D 990.

Menus : à partir de 12 €.
Vins : servis au verre.
Fermeture : les samedi midi, dimanche soir et lundi.
⊕ le rapport qualité-quantité des plats et service impeccable.

Le gros bourg du Poinçonnet se termine là où la forêt de Châteauroux commence. Au bord de la route départementale, voici un ancien restaurant de routiers qui a été repris et entièrement refait par le chef Franck Gatefin. La façade claire et nette annonce un intérieur élégant avec des touches très contemporaines comme le bar à l'entrée. Voici le chic-choc nouvelle génération ! Le chef est catégorique : il ne veut pas faire que de la « cuisine aérienne » d'où ces plats de bistrot, inspirés du terroir mais tous copieux, travaillés dans un souci d'équilibre entre la qualité et la quantité, l'imagination et la tradition. Carte des vins épatante.

Château de la Vallée Bleue

Route de Verneuil, 36400, **Saint-Chartier.**
☎ et fax : 02.54.31.01.91. • www.chateauvalleebleue.com •
une trentaine de km SE du Poinçonnet.

Chambres : de 85 (dans la tour et les annexes) à 115 € (dans le château).
Petit dej' : 11 €.
Fermeture : les dimanche soir et lundi en mars-avril et octobre-novembre ainsi que de novembre à mars.
Parking : gratuit.
Demi-pension : *souhaitée* à partir de 2 nuits.
⊕ le jardin aux légumes rares.

Entouré d'un parc ombragé (4 ha), ce château du XIXe siècle fut la demeure du médecin de George Sand. Meublées avec goût, calmes et claires, les chambres portent des noms d'artistes. Certaines ont une vue sur le village de Saint-Chartier D'autres ouvrent sur les arbres du jardin et la petite piscine à l'arrière. Un ancien pigeonnier a été aménagé en mezzanine (idéal pour un couple avec des enfants) qui se loue à la semaine. Le maître des lieux, Gérard Gasquet, bon vivant et jovial, cultive son jardin avec passion et collectionne les vieux armagnacs.

À voir : **le Berry dans les pas de George Sand.**

LE BLANC

Carte région NORD-OUEST

Le Cygne

8, av. Gambetta, 36300.
☎ 02.54.28.71.63.
à 150 m de la place centrale.

Patrice et Céline Moënne-Loccoz

Menus : de 15 à 45 €.
Vins : à partir de 8 €.
Meilleure table : au rez-de-chaussée le midi et à l'étage le soir.
Fermeture : les dimanche soir, lundi et mardi (sauf en juillet) ainsi que début janvier, 15 jours en juin, et quelques jours fin août.
⊕ le rapport qualité-prix des plats et la constance de la cuisine.

Les murs ont déjà 400 ans. Le chef, Patrice Moënne-Loccoz, qui a travaillé dans plusieurs grandes maisons aux quatre coins de la France, leur a redonné depuis 1997 une nouvelle jeunesse. Céline, sa jeune épouse, veille sur la bonne marche du service. La salle du rez-de-chaussée est coquette, celle du premier étage plus rustique avec ses vieilles poutres et ses murs jaunes. Dès le premier menu, on remarque le travail soigné, la recherche des saveurs et des goûts. C'est net, c'est fin et ça tourne. Des quenelles de brochet aux lentilles du Berry, en passant par les carpes d'étang de la Brenne ou le sanglier en automne, chaque plat a sa particularité. Un étonnant rapport qualité-prix qui fait du *Cygne* une très bonne table à prix doux.

Manoir de Boisvillers

11, rue du Moulin-de-Bord, 36200, **Argenton-sur-Creuse.**
☎ 02.54.24.13.88. Fax : 02.54.24.27.83. • www.manoir-de-boisvillers.com •
à 36 km E du Blanc par la N 151.

Chambres : de 52 à 100 €.
Petit dej' : 7,30 €.
Meilleure chambre : la nº 5.
⊕ le charme XVIIIe siècle de la maison.

Située à 150 m de la Creuse, élégante demeure du XVIIIe siècle à la façade couverte de vigne vierge et prolongée par un jardin avec une petite piscine, sous une allée de tilleuls. La décoration soignée des chambres en fait un petit hôtel de charme à prix sages. L'annexe, côté cour, n'est pas moins charmante mais les chambres y sont plus petites. Accueil avenant de M. Fournal.

À voir : **la vallée de la Creuse.**

MONTBAZON

Carte région NORD-OUEST

La Chancelière — Le Jeu de Cartes

1, pl. des Marronniers, 37250. Michel Gangneux
☎ 02.47.26.00.67. Fax : 02.47.73.14.82.
route de Monts-Azay-le-Rideau (D 17).

Menus : à partir de 25 €.
Fermeture : dimanche et lundi, 3 semaines en février et la quatrième semaine d'août.
⊕ la déco très recherchée et la bonne humeur des patrons.

Après avoir fait leurs armes en salle au château d'Artigny, Jean-Luc Hatet et Jacques de Pous ont tenu un restaurant gastronomique *(La Chancelière)*. Puis, ils ont ouvert ce « restaurant-bistrot du nouveau millénaire », plus dans l'air du temps : une délicieuse bonbonnière à la décoration recherchée. Le joli mobilier contemporain, les boiseries, les rideaux, les peintures, une foule de détails rendent cette petite maison attachante. En cuisine, le chef Michel Gangneux, ancien du *Cheval Rouge* à Montoire, a l'envergure d'un grand. Ici, pourtant il officie dans la discrétion, élaborant une cuisine d'une grande finesse et toujours à la recherche d'idées nouvelles (filet de sandre au vinaigre de truffe, petits rougets au lard). On est surpris qu'une telle qualité ne coûte pas plus cher. Voilà le tour de magie que nos trois as de Montbazon ont si bien réussi sans dévoiler toutes leurs cartes !

Hôtel du Bon Laboureur et du Château

6, rue du Docteur-Bretonneau, 37150, **Chenonceaux.**
☎ 02.47.23.90.02. Fax : 02.47.23.82.01. • www.bonlaboureur.com •
à une trentaine de km E de Montbazon, par Comery et Bléré.

Chambres doubles : de 55 à 120 €.
Meilleures chambres : dans l'ancienne école.
Fermeture : les mercredi soir et jeudi de novembre à Pâques, ainsi que de mi-novembre au 20 décembre et du 8 janvier à fin février.
Parking : gratuit.
⊕ l'espace et la proximité du château.

Dans l'un des villages les plus visités du monde, à 200 m de l'entrée du château. Vers 1900, Antoine Jeudi acheta cet hôtel qui est resté, depuis quatre générations, dans la même famille. Il est composé de 5 maisons de taille différente, couvertes de vigne vierge. Les chambres sont gaies et bien décorées, avec climatisation. Elles donnent sur la cour intérieure, sur les jardins, ou sur la rue du village, très calme à la nuit tombée. De l'autre côté de la rue, une petite piscine dans un enclos verdoyant.

À voir : **la route royale des châteaux, à votre guise (comme on dit ici).**

OISLY

Carte région NORD-OUEST

Restaurant Le Saint-Vincent

Christophe Picard

Le Bourg, 41700.
☎ et fax : 02.54.79.50.04.
à 15 km NE de Montrichard par la D 764 et la D 30.

Menus : de 22 à 48 €.
Vins : à partir de 14 €.
Meilleure table : près de la baie vitrée dans la salle du fond.
Fermeture : mardi, mercredi et de mi-décembre à mi-janvier.
Parking : en face du restaurant.
⊕ une grande cuisine de routard.

Voilà 6 ans que Christophe Picard a posé ses valises à Oisly. Après avoir voyagé des Antilles à la Polynésie en passant par les États-Unis. Un temps d'apprentissage chez Taillevent, au *Bristol*, à la *Crémaillère* à Orléans... Et voilà notre chef dans ce *Saint-Vincent,* tout naturellement ouvert sur le monde. Il travaille des produits provenant des meilleurs producteurs et les relève avec une épice, une saveur, une cuisson à sa façon : ravioles de langoustines au saté, bouillon de crustacés au lait de coco, œufs de hareng ; tajine de pigeonneau cuit au four, légumes aux olives noires, girolles ; figues au miel au poivre de sarawak, crème de violette, sorbet cassis. C'est plein de subtilité et de trouvailles. Et le voyage se poursuit, au fil des mois, au gré des saisons. Accueil convivial et service précis.

Chambres d'hôtes le Petit Bois-Martin

Le Petit Bois-Martin-Favras, 41120, **Feings.**
☎ 02.54.20.27.31. Fax : 02.54.33.20.98.
à 7 km N de Oisly.

Chambres doubles : de 45 à 50 €.
Petit dej' : compris.
Fermeture : de mi-novembre à fin février.
Parking : oui.
⊕ la maison de campagne de rêve !

C'est un peu la maison de famille que l'on a tous rêvé d'avoir un jour. On se retrouve instantanément dans *Les Enfants du marais* de Jean Becker ou dans *Milou en mai* de Louis Malle. C'est une superbe demeure du XVIIIe siècle, en pleine nature, avec une grande cour où se dresse un cèdre du Liban séculaire. Au 1er étage, 3 chambres d'hôtes vastes, calmes, sereines et décorées avec un goût exquis. Denise Papineau est une hôtesse hors pair ; elle vous recevra avec beaucoup d'attention et de gentillesse.

À voir : **le château de Cheverny, le château de Troussay, le château du Gué-Péan et la Sologne.**

ORLÉANS

Carte région NORD-OUEST

Restaurant Redina

1, av. Jean-Zay, 45000.

Cyrille Vincent

☎ 02.38.77.72.51. Fax : 02.38.81.01.14.

juste en face du théâtre d'Orléans.

Menus : de 25 (sauf week-end) à 43 €.
Vins : à partir de 20 €.
Fermeture : dimanche soir et lundi.
Parking : à côté de la maison.
⊖ accueil et service un peu compassés.

La maison est classe et peut impressionner : tentures pourpres, lourds rideaux, serveurs en smoking... Mais nous sommes à Orléans. Du coup tout se relativise ! Et voilà que l'acteur principal entre en scène. Cyrille Vincent a fréquenté Robuchon, Meneau, Boyer et à 32 ans, il a bien appris. Il cuisine dans un registre classique. Ici pas d'abstraction lyrique ni d'envolées délirantes. C'est une cuisine gourmande et sensuelle faite de produits d'une qualité irréprochable. L'escabèche de petits calamars, langoustines, jambon serrano et œuf mollet jouent dans l'acide et la douceur, dans le croustillant et le moelleux. Le merlan de ligne est magnifiquement frit, entier, sans être gras. C'est le produit qui compte et tout le produit a l'image du saint-pierre rôti aux girolles, déglacé au balsamique. Cyrille maîtrise la mémoire de la tradition pour asseoir sa créativité. Et la réussite est là.

Hôtel de l'Abeille

64, rue Alsace-Lorraine, 45000.

☎ 02.38.53.54.87. Fax : 02.38.62.65.84. • hotel-de-labeille@wanadoo.fr •

à proximité de la gare.

Chambres doubles : de 45 à 65 €.
Petit dej' : 6 et 9 €.
Meilleures chambres : les n°s 210, 309 et 403.
Ouvert : toute l'année.
Parking : payant à proximité.
⊕ les prix doux.

Il y a quelque chose dans l'atmosphère de cet hôtel, dans la même famille depuis 1919, qui nous a séduits. Le salon-réception dans lequel on prend le thé en se demandant si, un jour, il y a eu un orchestre qui a joué sur la mezzanine, y fait beaucoup. Et puis il y a l'escalier qui sent l'encaustique, les photos noir et blanc de la maison, l'accueil souriant et dévoué, le charme désuet mais délicieux des chambres toutes différentes, mais toutes avec un double vitrage. Si l'on doit résumer cela en un mot, ce doit être le moment pour en utiliser un : charme !

À voir : **la cathédrale Sainte-Croix, le musée des Beaux-Arts, la maison de Jeanne d'Arc.**

SOUVIGNY-EN-SOLOGNE

Carte région NORD-OUEST

Auberge de la Grange aux Oies

Simon Le Bras

2, rue Gâtinais, 41600.
02.54.88.40.08. Fax : 02.54.88.91.06. • la-grange-aux-oies@wanadoo.fr •
à 45 km NO de Tours par la D 959.

Menus : de 23 (sauf week-end) à 45 €.
Vins : à partir de 14 €.
Meilleures tables : à côté de la cheminée.
Fermeture : lundi soir, mardi et mercredi, une semaine entre Noël et le Nouvel An, une semaine en avril et 10 jours fin août-début septembre.
Parking : autour de l'église.
+ charme de la salle.

Posés dans ce ravissant village dont Eugène Labiche fut longtemps le maire, juste en face d'une église à caquetoir (un petit préau pour papoter), les colombages de cette petite maison du XVIIe siècle vous inviteront à pousser la porte. Vous allez vous installer dans une jolie salle rustique au décor soigné jusque dans les moindres détails. Mais pas d'inquiétude, ça sent le vrai, car tout cela reste simple et de bon goût. Voilà d'ailleurs bien résumée la cuisine de Simon le Bras. Même s'il y a dans cette belle cuisine de saison un peu plus. On s'en rend compte en découvrant le lapereau cuit dans sa gelée de sancerre blanc avec une petite salade croquante à l'huile de noix, le gâteau de homard breton au coulis de cerfeuil, ou le cochon de lait rôti à la broche et farci au foin ou la soupe de poires au vin de Cheverny parfumé à la menthe fraîche. Accueil et service qui prouvent que la valeur n'attend pas le nombre des années.

Chambres d'hôtes Ferme des Foucault

45240, **Ménestreau-en-Villette.**
et fax : 02.38.76.94.41 et 06.83.39.70.94. • france-bonjour.com/ferme-des-foucault/ •
à 12 km de Souvigny : D 26 Sennely, D 17 et D 64. Suivre le fléchage (côté gauche de la route).

Chambres doubles : de 65 à 75 €.
Petit dej' : compris.
Parking : à côté de la maison.
+ une maison au bout du monde.

En pleine forêt, dans une grande clairière, cette ancienne ferme, toute de brique vêtue, vous donnera l'impression d'être ailleurs qu'en Sologne. Les trois chambres sont immenses avec des lits douillets et de superbes salles de bains. Celle du rez-de-chaussée permet de se réfugier près de la cheminée, s'il fait un peu frais. Les deux chambres à l'étage sont superbes, décorées de toiles exécutées par la fille de Rosemary. C'est chaleureux, décontracté. Une vraie adresse nature. D'ailleurs si ça vous dit, la forêt vous tend les bras.

À voir : **Lamotte-Beuvron, pays de la tarte Tatin et le château de La Ferté-Saint-Aubin.**

TOURS

Carte région NORD-OUEST

Bistrot de la Tranchée

Hervé Lussault

103, av. de la Tranchée, 37100.

☎ 02.47.41.09.08. Fax : 02.47.41.80.95.

dans le prolongement de la rue Nationale puis du pont Wilson.

Menus : à partir de 8,50 € en semaine, 11,90 et 22,50 €, et à la carte.
Vins : à partir de 6 € (1/2 bouteille) et vins au verre.
Ouverture : du mardi au samedi jusqu'à 23 h.
Fermeture : dimanche et lundi, et en août.
+ l'atmosphère bistrot et l'étonnante aventure d'Hervé Lussault.

La Tranchée est le nom de cette route creusée en 1755 dans l'axe du nouveau pont, à l'époque où la route de Paris vers l'Espagne se déplaça d'Amboise à Tours. Le chef Hervé Lussault ne construit pas des châteaux en Espagne, mais il réalise une excellente cuisine de bistrot, fine, fraîche, raffinée et à des prix sages. Une cuisine qui louche vers le Sud (bonne brandade de morue) mais renoue aussi avec le meilleur du terroir (suprême de pintade fermière). D'origine laotienne, adopté par une famille de Touraine, il a travaillé chez Alain Senderens (Lucas Carton) et au château d'Artigny. Puis il a aménagé ce grand bistrot parisien au décor chaleureux, dans les tons bordeaux. C'est l'annexe conviviale de la très chic *maison Barrier* (restaurant gastronomique) juste à côté. Le chef est dans son élément. À midi, c'est plein. On comprend pourquoi. Et même le pain est fait maison par le chef : un régal.

Hostellerie du Château de l'Isle

1, rue de l'Écluse, Civray-de-Touraine, 37150, **Chenonceaux.**

☎ 02.47.23.63.60. Fax : 02.47.23.63.62.

de Chenonceaux, par la D 40, tourner à gauche dans Civray-de-Touraine, et direction Bléré.

Chambres : de 53 à 105 €, suite à 150 €.
Petit dej' : 8 €.
Fermeture : du 15 novembre au 15 février.
+ le jardin, la rivière et l'esprit pétillant du propriétaire.

Cette belle demeure tourangelle de 1737 est entourée d'un parc de 14 ha aux arbres centenaires, traversé par le Cher. Les chambres ouvrent sur ce paysage reposant. Chacune a son style comme celle avec les rayures vertes, ou la grande suite dans les tons rouges. Denis Gandon, le propriétaire champenois a été séduit par la Touraine. Restaurateur, il a aménagé à l'arrière une verrière où les hôtes prennent leur repas en été. En hiver, un feu de cheminée crépite dans le salon au décor ancien et chaleureux.

À voir : **le « jardin de la France » dans toute sa majesté et les châteaux.**

VIERZON

Carte région NORD-OUEST

La Maison de Célestin

Pascal Chaupitre

20, av. Pierre-Sémard, 18100.

☎ 02.48.83.01.63. Fax : 02.48.71.63.41. ● www.lamaisondecelestin.com ●

à proximité de la gare SNCF.

Menus : de 22 (déjeuner) à 58 €.
Vins : à partir de 13 €.
Meilleures tables : celles en verrière ou sous l'escalier si vous êtes deux.
Fermeture : samedi midi, dimanche soir et lundi ; les 3 premières semaines d'août et les 2 premières semaines de janvier.
Parking : celui de la gare juste en face.

Si l'on vous dit que ce restaurant est à côté d'une friche industrielle de 6 ha, vous risquez de fuir. Erreur grave. Pascal Chaupitre est resté 3 ans chez Loiseau. Ce ne fut pas vain, loin de là ; il manipule avec un talent fou la fraîcheur des produits, l'inventivité, l'esthétisme et les saveurs surprenantes. Il navigue de terroirs en pays pour nous offrir ce millefeuille de sardines au poivron doux, chantilly d'anchois et huile arabica, ce velouté de petits pois écrevisses pochées, glace au foie gras de canard, ce filet de saint-pierre grillé, crème de haricots tarbais au chorizo et salade d'herbes ou la canette fermière rôtie en deux cuissons, jus au vin de pousses d'épines. C'est un voyage jubilatoire dans un cadre moderne, habillement décoré avec l'aide d'une des plus grandes galeries d'art de France. La gastronomie et l'art enfin réunis, ce n'est pas pour nous déplaire. Et voilà Vierzon promue destination gourmande !

Château de la Beuvrière

18100, **Saint-Hilaire-de-Court**.

☎ 02.48.75.14.63. Fax : 02.48.75.47.62.

5 km S de Vierzon par la D 320. Dans le village suivre la pancarte sur 1,5 km.

Chambres doubles : de 60 à 130 €.
Petit dej' : 8 €.
Meilleures chambres : dans la tour du XIe siècle.
Fermeture : fin novembre à Pâques.
Parking : fermé.
⊕ l'accueil hors pair.

Le château fut construit au XIe siècle, à proximité des carrières d'ocre. Largement endommagé par les guerres de Religion, le bâtiment fut restauré au XVIe siècle par un conseiller de Louis XIV, avant de passer dans la famille de l'actuel châtelain. Vous allez, sans nul doute, tomber sous le charme de cette demeure. Le mobilier, les tableaux, les salons : tout n'est qu'élégance et prestige. Sans compter le calme absolu du parc. La piscine est la bienvenue pour des après-midis de *farniente*.

À voir : **le musée du Fil à soie, l'église-fresque de Brinay, le vignoble de Quincy.**

BAR-SUR-AUBE
Carte région NORD-EST

La Toque Baralbine

18, rue Nationale, 10200. Daniel Phelizot
☎ et fax : 03.25.27.20.34.
en centre-ville, à côté de la chapelle Saint-Jean.

Menus : 17 et 45 €, 10 € (enfants).
Carte : 45-60 €.
Vins : à partir de 13 € ; quelques vins au verre.
Meilleures tables : la 1, la 8 et la 9 près de l'entrée.
Fermeture : les dimanche soir et lundi, et en janvier.
+ la poésie dans l'intitulé des plats et la terrasse en été.

Daniel Phelizot a travaillé auprès de Jacques Chibois. Il a fait partie, un peu plus tôt, de la brigade du *Crillon* de Christian Constant. De cet apprentissage il a tiré toutes les leçons, et comme il a de l'imagination, sa cuisine possède un ton à elle, frotté aux meilleures recettes régionales. La déclinaison d'aiguillettes de canard et foie gras au ratafia, la matelote de sandre aux coteaux champenois et pommes fondantes, l'assiette du pêcheur servie à l'instant aux asperges avec son jus émulsionné au champagne, l'émincé de rognon de veau en aigre-doux, avec sa moutarde au moût de raisin sont quelques-uns de ses morceaux de bravoure. Le soufflé chaud aux pruneaux et ratafia de champagne et la dacquoise aux pommes, marc de champagne et quenelle de mascarpone mettent un point final à des repas musclés que l'on accompagne agréablement avec l'un des vins de Champagne sélectionnés avec grand soin. Charmant accueil d'Isabelle Phelizot.

Hôtel Le Saint Nicolas

2, rue du Général-de-Gaulle, 10200.
☎ 03.25.27.08.65. Fax : 03.25.27.60.31. • www.lesaintnicolas.com •
sur la côte des bars, à deux pas du centre par la N 19.

Chambres doubles : de 49 à 86 €.
Petit dej'-buffet : 7 €.
Ouvert : toute l'année.
Parking : quelques places dans la cour ; parking en face.
+ l'espace sauna et la piscine en plein air.

Un hôtel rassurant, avec sa statue de saint Nicolas sur la façade, où il fait bon poser ses bagages, en plein cœur du vignoble aubois. Une demeure paisible tout en pierre et pans de bois, avec 27 chambres confortables où l'on peut prendre ses aises. Toutes les chambres sont insonorisées. La déco est sobre ce qui n'empêche pas de se retrouver au bar, bien sûr (!), pour prolonger la soirée jusqu'à l'aube comme on dit par ici !

À voir : l'abbaye de Clairvaux et la forêt d'Orient, ou encore Nigloland pour les plus jeunes.

ÉPERNAY

Carte région NORD-EST

La Table Kobus

Thierry Sidan

3, rue du Dr-Rousseau, 51200.

☎ 03.26.51.53.53. Fax : 03.26.58.42.68. ● http://site.voila.fr/latablekobus ●

en centre-ville en face de l'église Notre-Dame et à 50 m de la gare.

Menus : 16 et 38 €.
Carte : 38 €.
Vins : à partir de 16 €.
Meilleure table : la Kobus (ovale).
Fermeture : dimanche soir, lundi, jeudi soir, à Pâques, 15 jours en août et 15 jours en fin d'année.
Parking : public en face.
⊕ l'atmosphère guillerette.

Ce bistrot chic et fin de siècle, à la façade refaite, est le domaine de Serge Herrscher. Ce joyeux drille, jadis formé en salle chez Boyer, à Reims, crée un événement de chaque jour passé dans cette demeure sage où chacun peut apporter sa bouteille, sans payer de droit de bouchon. En cuisine, Thierry Sidan, franc-comtois, ancien du *Crillon* à Paris, s'affaire à faire plaisir à tous sans provoquer la ruine. On aime la terrine de pigeon aux noisettes, le cabillaud en écaille de chorizo, l'entrecôte de Salers et son feuilleté aux champignons, sans omettre le fondant au chocolat noir avec compote de pommes au pain d'épice, à retomber en enfance. Les menus sont bien balancés et les cuvées de champagne vendues à prix cadeaux. Enfin presque...

Le Clos Raymi

3, rue Joseph-de-Venoge, 51200.

☎ 03.26.51.00.58. Fax : 03.26.51.18.98. ● www.closraymi-hotel.com ●

en centre-ville, dans une rue parallèle à celle des grandes caves de champagne.

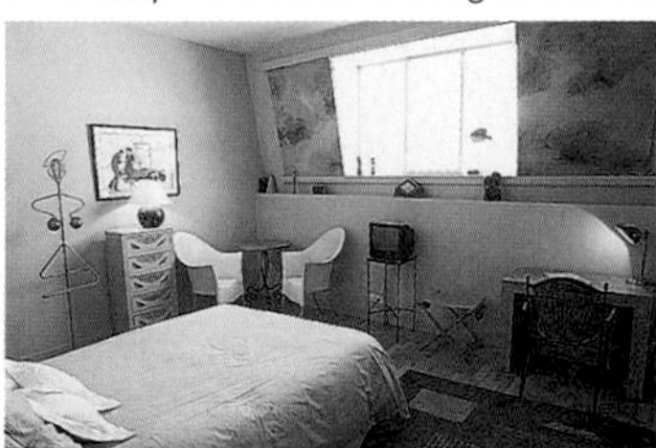

Chambres doubles : 130 et 150 €.
Petit dej' : 14 €.
Meilleure chambre : le « loft » (dans gamme de prix inférieure).
Ouverture : toute l'année sur réservation.
Parking : oui.
⊕ petits dej' exquis.

Alors là, c'est le coup de foudre ! Bon, bien sûr, il faut y mettre le prix, mais si vous voyez les choses en grand, alors c'est à cette porte qu'il faut frapper. Une belle maison de briques, du XIXᵉ siècle, ayant appartenu à M. Chandon (vous êtes au pays de l'élixir des dieux !). Dans les 7 chambres baignées de lumière, le blanc est roi, et la déco, aussi raffinée que personnalisée par Mme Raymi, est résolument contemporaine. Une étape mémorable, affirmation qui n'est pas démentie par les hôtes qui vous ont précédé.

À voir : les maisons de champagne voisines, car vous êtes là pour ça, non ?

Resto Le 7

Patrick Michelon

13, rue des Berceaux, 51200, **Épernay.**
03.26.55.28.84. Fax : 03.26.55.10.36. ● lesberceaux@wanadoo.fr ●
à côté de la place de la République.

Menus : de 16 à 22 €.
Vins : à partir de 18 € (3,80 € au verre).
Ouvert : tous les jours.
Parkings : publics à proximité.

Naguère, le *Wine Bar* fermait ses portes pour subir un lifting complet, en prélude à un heureux événement mijoté par Lydie et Patrick Michelon, des familiers des belles étapes gourmandes (voir hôtel ci-dessous). Bois clair, verre, murs ocre orangé, la nouvelle table de ce grand chef a vu le jour dans un décor moderne, chaleureux, complément direct de son restaurant étoilé, situé à l'autre extrémité de la maison. Simple et soignée, sa cuisine du moment s'accorde de légères notes épicées, souvenir de son passage au Pays basque. Allongés derrière leur vaste vitrine, les vins aguichent les hôtes qui ont bien du mal à choisir entre les bulles ou le nectar des dieux. Service aimable, efficace, ambiance détendue, petits prix séduisent une clientèle bigarrée qui peut profiter, tous les jours, de cette nouvelle adresse sans prétention mais non dénuée de séduction.

Hôtel Les Berceaux

13, rue des Berceaux, 51200, **Épernay.**
03.26.55.28.84. Fax : 03.26.55.10.36.
en plein centre à proximité des maisons de champagne.

Chambres doubles : 66 à 75 €.
Petit dej'-buffet : 11 €.
Meilleures chambres : les nos 33 et 36.
Ouvert : toute l'année.
Parking : non.

Un hôtel traditionnel de 29 chambres avec douche ou bains, récemment rénovées pour certaines. Déco des chambres un peu passe-partout, mais l'ensemble est confortable et bien tenu. Toutes donnent sur la rue, mais comme tout a été prévu pour les hypersensibles du tympan, elles sont dotées de double vitrage. Certaines sont équipées de lits *king size* pour les amateurs. Pour l'anecdote, le nom de Bersaults – qui donnera ensuite Berceaux – a pour origine le nom des cibles sur lesquelles les bourgeois s'entraînaient au tir.

À voir : toutes les maisons de champagne que vous n'avez pu voir la veille ou lors de votre premier séjour.

REIMS

carte région NORD-EST

Au Petit Comptoir

Fabrice Maillot

17, rue de Mars, 51100.

03.26.40.58.58. Fax : 03.26.47.26.19. • au.petit.comptoir@wanadoo.fr •

près de l'Hôtel de Ville, dans le centre.

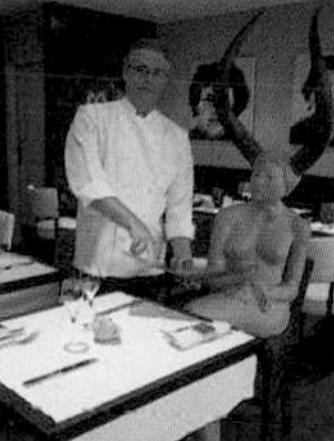

Menus : 26 et 39 € (vin compris), 8 € (enfants).
Vins : à partir de 15 €.
Meilleure table : la ronde (nº 15) qui donne sur la rue.
Fermeture : samedi midi, dimanche, lundi midi, du 23 décembre au 6 janvier ainsi que 2 semaines en août.
+ les menus « cadeaux ».

Franc-Comtois passé chez Robuchon et Gérard Boyer, Fabrice Maillot a racheté au maître des Crayères ce qui fut son annexe de charme. Il aurait pu continuer de surfer sur la vague bistrot. Il a, au contraire, imposé sa marque. La déco design dans les tons gris, avec ses fauteuils élégants, l'ambiance conviviale mais feutrée, la cuisine brillante et innovante ont séduit le Tout-Reims qui en a fait sa table d'élection. L'escalope de foie gras poêlée au chutney de raisins et gingembre avec pommes gaufrettes, comme le tartare de tomates confites à l'huile vanillée et tuiles aux épices jouent l'exotisme avec subtilité. Côté sucré, la surprenante glace au parmesan comme l'onctueuse tarte au chocolat flanquée d'une glace vanille turbinée sont des modèles du genre. On ajoutera les champagnes à prix de raison et les menus cadeaux qui offrent la coupe du mois, le vin au verre, l'eau minérale, le café et le sourire compris.

Hôtel Kyriad

7-9, rue du Général-Sarrail, 51100.

03.26.47.50.80. Fax : 03.26.47.24.20. • www.kyriad.fr •

entre la place de la République et celle de l'Hôtel de Ville.

Chambres doubles : de 57 à 69 €.
Petit dej'-buffet : 7,50 €.
Ouverture : toute l'année.
Parking : public derrière l'Hôtel de Ville.

Un hôtel, dans un immeuble de caractère, ayant abrité le consulat de Belgique, entre la porte de Mars et l'hôtel de ville. Un peu à l'écart de l'animation des rues piétonnes, il propose une trentaine de chambres bien confortables et chaleureuses, malgré une déco standardisée. Une étape reposante pour parfaire votre séjour gastronomique !

À voir : **la cathédrale, bien sûr, mais aussi les boutiques (gourmandes), de la place du Forum à celle du Boulingrin.**

La Vigneraie

14, rue de Thillois, 51100, **Reims.** Hervé Badier
☎ 03.26.88.67.27. Fax : 03.26.40.26.67.
en centre-ville, à côté de la place d'Erlon.

Menus : 15 € (déjeuner), 28 et 48 €, 10 € (enfants).
Carte : 50 €.
Vins : à partir de 14 €.
Meilleures tables : les n°s 5 et 6.
Fermeture : dimanche soir, lundi, mercredi midi, pendant les vacances scolaires en février et août.
⊕ les petits menus.

Le modeste Hervé Badier, qui travailla jadis avec Gérard Boyer, a fait de cette petite adresse discrète (au milieu de ses voisines !), l'une des bonnes tables, sans chichi, du centre ancien. Les menus sont tout frais pondus, l'accueil de Marie-Agnès est adorable et les préparations qui varient selon le marché emballent sans mal : trilogie de carpaccio marin, avec sa vinaigrette de homard, vol au vent de rognons de coq, sot-l'y-laisse et suprême de caille aux asperges sauce financière, gigot de lotte au gâteau de courgettes et cuisse de canette désossée avec son filet aux fruits rôtis ne sont pas mal du tout. Joli craquant au caramel, parfum de lavande, fruits de saison et glace vanille. Service prompt.

Hôtel Azur

9, rue des Écrevées, 51100, **Reims.**
☎ 03.26.47.43.39. Fax : 03.26.88.57.19.
près du centre, à proximité de l'Hôtel de Ville.

Chambres doubles : 44 et 50 €.
Petit dej' : 6 €.
Meilleure chambre : la n° 35, claire (cf. photo).
Fermeture : 2 semaines début janvier
Parking : garage fermé à 6 €.
⊕ un petit dej' offert pour 2 pris, à nos lecteurs.

Un hôtel charmant dans une rue calme. Les 18 chambres, très agréables, viennent d'être rénovées : tons bleu et jaune au 3e étage, ocre et jaune au 2e, à vous de choisir ! Véronique a chiné cafetières et moulins à café qui décorent la salle des petit dej', et c'est toute la famille en photos noir et blanc qui vous accueille à l'entrée. L'atmosphère se rapproche de celle d'une chambre d'hôtes. Curieux de linguistique, demandez donc l'origine du nom de la rue !

À voir : les musées, s'il vous reste du temps, avant la visite des caves Pommery.

SAINTE-MÉNEHOULD

Carte région NORD-EST

Le Cheval Rouge

Jean-Robert Lafois

1, rue de Chanzy, 51800.

☎ 03.26.60.81.04. Fax : 03.26.60.93.11. ● www.lechevalrouge.com ●

sur la place de l'Hôtel-de-Ville.

Menus : 16 et 25 €.
Vins : à partir de 16 €.
Meilleure table : près de la cheminée.
Fermeture : entre Noël et le jour de l'An.
⊕ parking public de l'Hôtel de Ville.

François Fourreau reçoit avec le sourire dans cette bonne auberge où le chef Jean-Robert Lafois, en technicien aguerri, formé chez *Lenôtre* à Paris, sait mettre les produits locaux en valeur. Sainte-Ménehould la gourmande est aussi fière d'avoir donné naissance à Dom Pérignon, que d'avoir gardé secrète (!) sa fameuse recette du pied de porc fondant !... La galette de pied de porc au jus de truffe, les lasagnes d'écrevisses, le filet de sandre comme le pigeonneau rôti à l'argonnaise sont autant d'hommages aux vertueuses traditions régionales. La tarte fine aux pommes, jus de Bouzy, glace cannelle fait un dessert de choix. Les prix sont doux, et la situation sur la place de l'Hôtel-de-Ville, point de départ pour découvrir Valmy et Verdun ou l'Argonne, est bien pratique.

Le Cheval Rouge

1, rue de Chanzy, 51800.

☎ 03.26.60.81.04. Fax : 03.26.60.93.11. ● www.lechevalrouge.com ●

sur la place de l'hôtel de Ville.

Chambres doubles : 42 à 44 €.
Petit dej' : 5,50 €.
Meilleures chambres : les n°s 212 et 214.
Fermeture : du 18 novembre au 8 décembre.
Parking : fermé 5 €.
⊕ parking public de l'Hôtel de Ville.

À quelques pas de votre assiette, une vingtaine de chambres avec douche ou bains assez standard, mais qui ont l'avantage d'avoir été récemment rénovées. Alors pourquoi donc aller voir plus loin ? Faites comme Louis XVI (en route pour Varennes), arrêtez-vous ici...

À voir : l'Argonne, dont Sainte-Ménehould reste la « capitale gourmande ».

BONIFACIO

Carte région SUD-EST

Marina di Cavu

Habib Khtira

Route de Cala-Longa, 20169.

☎ 04.95.73.14.13. Fax : 04.95.73.04.82. ● www.marinadicavu.com ●

à 7 km de Bonifacio. En ville, prendre la D 58 vers Santa-Manza, puis la D 258 à droite vers Cala-Longa.

Menus : du marché à 44 €, du terroir et de la mer à 62 €.
À la carte : compter 60 €.
Vins : à partir de 27 €.
Meilleures tables : en terrasse avec vue sur la mer et l'hiver autour de la grande cheminée incrustée dans la roche.
Fermeture : de début novembre à fin mars.

Cet hôtel cache une table trop méconnue. Une pergola de luxe perchée sur une colline et un panorama grandiose : le maquis en avant-scène, la mer pour spectacle et les îles Lavezzi et Cavallo en toile de fond. Alors on est prêt à accueillir cette cuisine fraîche et méditerranéenne au sens large, légère et subtile. Le chef, Habib Khtira, est un autodidacte, à qui les Bertin, les patrons, ont su faire confiance. Il est là depuis plus de 10 ans et a gravi tous les échelons à force de passion et de travail. Bravo. Laissant libre cours à son imagination, cornaqué par les plus grands (Ducasse), voici un élève sachant s'élever à la cuisine en équilibre entre l'audace et le classique. Superbes salades gourmandes pour le midi, bien belle pastilla de pigeonneau fermier ou merveilleux saint-pierre braisé. Le menu du marché change tous les jours, au gré des humeurs. C'est ça aussi le plaisir.

Hôtel A Trama

Route de Santa-Manza, 20169.

☎ 04.95.73.17.17. Fax : 04.95.73.17.19. ● www.a-trama.com ●

de Bonifacio, prendre la route de Santa-Manza, c'est à 1,5 km, sur la droite.

Chambres doubles : à 176 € en août, 128 € en juillet et septembre, 88 € en avril, mai, juin et octobre, et 71,50 € le reste de l'année.
Petit dej' : 8 €.
Resto : fermé de fin octobre à mi-mars.
Parking : privé à l'hôtel.
⊖ la taille des chambres.

Dans un beau cadre de verdure, à trois minutes en voiture de Bonifacio, parfaitement au calme, voici un petit ensemble de maisonnettes, disposées autour d'une vaste pelouse arborée. Toutes les chambres sont en rez-de-jardin, tournées vers la piscine, et chacune possède sa terrasse privative. Bon confort : TV satellite, minibar, clim'... Une bien agréable villégiature, où l'accueil se révèle courtois et professionnel.

À voir : **la ville haute, balades sur les falaises.**

SARTÈNE

Carte région SUD-EST

Auberge Santa Barbara

Gisèle Lovichi

Route de Propriano, 20100.

☎ 04.95.77.09.06.

à 1 km de Sartène, sur la route de Propriano, fléché sur la droite.

Menu : à 27 €.
Carte : compter 50 €.
Vins : à partir 19 €.
Meilleures tables : en terrasse devant le jardin.
Fermeture : le lundi midi en saison et le lundi toute la journée hors saison ; du 15 octobre jusque 3 semaines avant Pâques.

La superbe pelouse et le jardin fleuri donnent l'esprit du lieu. Ici on apporte beaucoup de soin aux choses de la vie. Le papa entretient les fleurs, et Gisèle, sa fille, mitonne une généreuse cuisine. Les produits sont choisis avec amour et travaillés avec la plus grande délicatesse. Certes, sur le fond, il s'agit d'un travail traditionnel, mais essayez donc ce gigot d'agneau farci ou ce pigeon aux myrtes pour comprendre toute la puissance du maquis, toute la finesse de ses parfums que la chef a su concentrer dans les assiettes et qui ressurgissent en un bouquet magique. Dans son enclave sartenaise, Mme Lovichi régale, depuis un quart de siècle, les fines gueules. Et à la fin du repas, c'est toujours avec une extrême gentillesse et une pointe de doute qu'elle vient vous demander si tout s'est bien passé. Oui, madame, tout s'est bien passé, et sûr, on reviendra très vite.

Hôtel le Lido

Avenue Napoléon, 20110, **Propriano.**

☎ 04.95.76.06.37. Fax : 04.95.76.31.18.

passer le port de plaisance et poursuivre tout droit, jusqu'au bout.

Chambres doubles : de 97 à 192 € en haute saison et de 74 à 128 €.
Petit dej' : 10 €.
Meilleures chambres : celles avec terrasse et accès à la plage.
Fermeture : de fin novembre à fin mars.
Parking : à l'hôtel.

Belle situation en bout de jetée pour cet hôtel les pieds dans l'eau tenu, depuis 1932, par la même famille et cerné par deux plages. Quatorze chambres qui s'organisent autour d'un petit patio. Quelques-unes disposent même d'une petite terrasse privative sur l'arrière, avec accès direct à la plage. On aime bien la déco méditerranéenne, aux accents marocains. Certaines sont patinées de couleurs chaleureuses, d'autres plus sobres, mais toutes ont du caractère et proposent un vrai confort. Bon accueil.

À voir : **un arrière-pays fabuleux et de belles plages de sable blanc.**

ARBOIS

Carte région NORD-EST

La Balance — Mets et vins

47, rue de Courcelles, 39600.

Thierry Moine

☎ 03.84.37.45.00. Fax : 03.84.66.14.55. ♿

au centre du bourg.

Menus : de 14,20 à 36,80 €.
Vins : à partir de 13,80 la bouteille (3,50 € au verre).
Meilleures tables : les rondes.
Fermeture : les mardi soir, mercredi et dimanche soir ; le lundi uniquement en juillet-août.
Congés : de début décembre à début janvier.
⊕ le service en terrasse.

À la fin des années 1990, un jeune chef décidait de redonner vie à cette adresse presque mythique mais un peu tombée d'Arbois. Marchera ? Marchera pas ? Le débat a bien dû animer les rues de la petite capitale des vins du Jura. Une poignée d'années plus tard, la réponse s'impose d'elle-même : il est souvent difficile d'y trouver une table sans avoir réservé. *La Balance* a trouvé le bon équilibre ! Une salle à la déco au goût du jour, une jolie terrasse, un service charmant et compétent, des prix justes. Mais aussi et surtout, des plats « *made in* terroir » mais d'une facture résolument moderne, subtils sous leur apparente simplicité. Une cuisine qui (l'enseigne annonce la couleur) privilégie les accords mets et vins ; ceux du Jura étant bien évidemment privilégiés (et servis au verre pour la plupart), les copains vignerons ayant investi quelque argent dans l'affaire.

Hôtellerie la Vallée Heureuse

Route de Genève (N 5), 39800, **Poligny.**

☎ 03.84.37.12.13. Fax : 03.84.37.08.75. ● www.hotelvalleeheureuse.com ● ♿

12 km SO de la Balance par la N 83, direction Lons-le-Saunier, puis N 5 direction Champagnole.

Chambres doubles : de 90 à 213 €.
Petit dej' : 13 €.
Meilleure chambre : n° 27.
Fermeture : du 4 novembre au 4 décembre.
Parking : privé, gratuit. Garage payant.
⊕ le jardin et les piscines.

Ancien moulin du XVIIIe siècle, au cœur d'un grand jardin d'un sage romantisme, traversé par une petite rivière à truites. Vaste terrasse pour profiter du gracieux paysage de cette (heureuse !) vallée. Chambres remaniées avec beaucoup de goût. Mêlant bois clair, corde et lin, ambiance d'hier et confort d'aujourd'hui, elles invitent à la détente et à la paresse. Deux jolies piscines dont une intérieure, avec vue sur la rivière, sauna, jacuzzi, bains à remous.

À voir : Arbois, Château-Chalon, Baume-les-Messieurs.

BESANÇON

Carte région NORD-EST

La Table des Halles

Roland Surdol et Jean-Pierre Billoux

22, rue Gustave-Courbet, 25000.
03.81.50.62.74.
tout près des halles, comme son nom l'indique.

Menu : 15 € à midi.
À la carte : compter 25 à 30 €.
Vins : à partir de 16 €.
Meilleure table : au 1er étage sous la voûte.
Fermeture : les dimanche et lundi.

Un lieu très « tendance » où la déco colle magnifiquement à la cuisine réalisée ici. Un ancien couvent de carmélites, qui avait viré boutique Vespa puis maison du Caoutchouc avant de se transformer en loft new-yorkais revisité par Daniel Humair, un décorateur qui connaît la musique : lumières et tableaux contemporains, spots au plafond et sur rail, mobilier confortable. Les belles voûtes, les piliers imposants rassurent. Comme la vue sur la cour intérieure, à l'étage. Comme la présence, en salle, d'un Emmanuel Dumont formé à l'école Billoux, grand chef bourguignon qui, avec son compère Roland Surdol, originaire du Haut-Doubs, propose ici une cuisine goûteuse qui s'amuse avec le terroir (saucisse de Morteau au court-bouillon, nage d'escargots à l'absinthe, volaille au savagnin...). Des assiettes épurées, allant à l'essentiel. Un vrai bonheur pour les yeux et le palais.

Château-hôtel de la Dame Blanche

1, chemin de la Goulotte, 25870, **Geneuille.**
03.81.57.64.64. Fax : 03.81.57.65.70. • www.chateaudeladameblanche.com •
à 7 mn de Besançon au nord par la N 57 puis la D 1.

Chambres doubles : de 70 à 130 € selon la taille.
Petit dej'-buffet : 10 €.
Fermeture : de mi-janvier à mi-février.
Parking : privé et gratuit.

Le château, qui tire son nom d'une légende comtoise, est caché dans un parc arboré de 7 ha. Construit à la fin du XIXe siècle (1870), il comporte 10 chambres et 3 suites personnalisées, chacune autour d'un thème différent : Afrique, Chambord, Venise... Toutes sont très bien équipées et de grand confort (certaines ont même un Spa). Les propriétaires, Nathalie et Michel Bitard, se chargeront d'organiser pour vous la visite d'un vignoble ou une balade en calèche si vous vous y mariez !

À voir : la citadelle et le centre ancien de Besançon.

MALBUISSON

Carte région NORD-EST

Le Bon Accueil

Rue de la Source, 25160. Marc Faivre

☎ 03.81.69.30.58. Fax : 03.81.69.37.60. • lebonaccueilfaivre@wanadoo.fr • ♿ (au resto).

dans le centre du village.

Menus : intéressante formule à 21 € en semaine et menu-tradition à 25 €. Autres menus à 35 et 45 €.
Fermeture : le dimanche soir, le lundi et le mardi midi, ainsi que de mi-décembre à mi-janvier, une semaine en avril et une semaine à la Toussaint.
⊕ chambres doubles sur place.

Qui a dit que l'accueil pouvait être rude dans le Haut-Doubs ? À Malbuisson, pour vous prouver le contraire, allez au *Bon Accueil*. Une belle maison de pays entièrement rénovée, dans un style contemporain qui change agréablement et qui colle bien à l'assiette. Tradition et terroir sont ici très joliment revisités et modernisés par Marc Faivre, un chef-patron qui a du caractère, comme sa cuisine, mais ça, personne ne s'en plaindra : gaudes façon gnocchi, tarte fine à la Morteau, sur une étuvée de poireaux ; poisson du lac à l'absinthe, râble de lapin au savagnin, etc. Très bons desserts : bricelet aux fruits rouges, poêlée de cerises déglacées au macvin, sorbet à la gentiane et macaronade aux pamplemousses... Une des tables les plus inventives du Haut-Doubs, à prix fort raisonnables. Et bon service de Catherine Faivre, femme de caractère, elle aussi !

Hôtel-restaurant Le Lac

31, Grande-Rue, 25160.

☎ 03.81.69.34.80. Fax : 03.81.69.35.44. • www.lelac-hotel.com • ♿

entre la Grande-Rue et le lac.

Chambres : de 40 à 122 € la double selon le confort.
Demi-pension : de 41 à 48,50 € par personne.
Menus : de 17 à 40 €.
Fermeture : de mi-novembre à mi-décembre (sauf le week-end).
⊕ des petits dej'-buffet de rêve !

Le grand hôtel à la mode d'autrefois. Élégante et imposante bâtisse années 1930, qu'on jurerait sortie d'une opérette viennoise. Chambres joliment refaites, demandez-en une avec balcon et vue sur le lac. Piscine. Bar des années 1960. Atmosphère faussement guindée qui vous surprendra agréablement et superbe buffet au petit déjeuner. L'accueil est parfois un peu rude au téléphone, mais c'est le pays qui veut ça...

À voir : le Haut-Doubs forestier, du lac de Saint-Point jusqu'à Mouthe.

VILLERS-LE-LAC

Carte région NORD-EST

Restaurant Le France

Hugues Droz

8, pl. Cupillard, 25130.
03.81.68.00.06. Fax : 03.81.68.09.22. • www.hotel-restaurant-lefrance.com •
au centre du village.

Menus : 1er menu à 19 € tous les jours à midi. Autre menu à 25 €.
Fermeture : les dimanche soir et lundi (et le mardi midi hors saison), ainsi qu'en janvier et une semaine en novembre.
⊕ la découverte des vins du Jura... et du Monde.

On vient ici pour la cuisine époustouflante du premier vrai routard étoilé de France, un chef qui réussit à glisser dans chaque plat un peu de ses souvenirs de voyage. Cela donne une cuisine fine et inventive, tout en contrastes mais qui sait rester simple : Hugues Droz a son propre jardin d'herbes et une riche collection d'épices rapportées du monde entier. Son credo : épurer au maximum, pour arriver à l'essentiel, dans le décor de la salle, où dominent le blanc et le bois, et dans l'assiette. L'important, c'est de personnaliser les produits : escargots du Jura à l'infusion d'absinthe, filets de perche à la tétragone (épinard sauvage) et épines vinettes (petites baies rouges de la région), lapin laqué au miel et gingembre, un plat simple, spontané. Et toujours un granité surprise (hibiscus, fleur de trèfle), pour se poser des questions. Carte des vins intéressante. Petit musée de la gastronomie à l'étage, à ne pas manquer.

Hôtel Le France

8, pl. Cupillard, 25130.
03.81.68.00.06. Fax : 03.81.68.09.22. • www.hotel-restaurant-lefrance.com •
dans le centre.

Chambres doubles : joliment refaites, avec salle de bains, à 65 €.
Fermeture : les dimanche soir et lundi (et le mardi midi hors saison), ainsi qu'en janvier et une semaine en novembre.
⊕ le charme d'un vieil hôtel entièrement rénové.

Dans les chambres, toutes refaites, teintes bleues pour passer des nuits paisibles et espace bien pensé. Photos signées Hugues Droz pour la vivacité. Regard du chef, toujours, ici comme en salle ou en cuisine. Travail sur la lumière, également, pour l'aspect cocooning. Si vous passez la nuit dans leur hôtel, rénové aux couleurs du temps, vous aurez peut-être la chance de découvrir le reste de la famille Droz. Le père s'occupe du musée, les frères des bateaux qui vous mèneront au Saut du Doubs.

À voir : le Saut du Doubs et tout le Haut-Doubs horloger, jusqu'à Morteau.

PARIS

Carte région PARIS

L'Atelier Berger

49, rue Berger, 75001.

Jean Christiansen

☎ 01.40.28.00.00.

M. : Louvre, Les Halles.

Menu-carte : 34 €.
Formule plat du jour : 14 €, servie au bar.
Menu dégustation : 55 €.
Fermeture : samedi midi et dimanche.
⊕ formule à 25 € vin et café compris, en salle. Le prix du verre de vin à partir de 5 €.

Jean Christiansen s'est créé un décor à l'image de sa cuisine, moelleux, feutré. Cet ancien de Rostang, Cagna et Vié, pour ne citer que ses maîtres parisiens, n'oublie pas ses origines norvégiennes, comme en témoignent, sur la carte, ses délicieux harengs marinés aux épices et aux aromates. Mais ce jeune chef ne se contente pas de cuisiner ses souvenirs : son style est singulier, à mi-chemin entre la simplicité d'une grosse côte de bœuf à partager entre deux copains et la créativité d'un tartare de thon rouge accompagné d'une glace à l'encre de seiche. Les gastronomes audacieux n'hésiteront pas à réserver leur table deux jours à l'avance, en prenant soin de commander le menu thématique à 43 € (autour du cigare et ses parfums) ou ce dessert au nom rigolo comme tout, « Tu sais ce qu'elle te dit, la tomate ? ». Carte des vins parmi les plus sérieuses qui soient, mais hélas très chère.

Le Dauphin

167, rue Saint-Honoré, 75001.

Didier Oudill et Gary Duhr

☎ 01.42.60.40.11.

M. : Palais-Royal.

Menus : 23 € (déjeuner), 34 €.
Carte : environ 40 €.
Ouvert : tous les jours.
⊕ la cuisine *a la plancha* et les vins classés par prix.

Décor et ambiance de brasserie, mais la cuisine emmenée par Didier Oudill et Gary Duhr, deux brillants anciens du trois-étoiles landais *Michel Guérard*, à Eugénie-les-bains, est plus fine et personnelle. Leur style : le grand Sud-Ouest revisité. En témoignent les généreuses *parilladas*, ces grandes assiettes de poissons, légumes ou viandes (canard, boudin à l'Espelette, bœuf...) cuites *a la plancha,* les belles terrines en verrine qu'on se partage à l'apéritif avec un coup de blanc, la cocotte de joues de cochon au vieil armagnac. Service sympathique, féminin et souriant. Face à la Comédie Française, un cadre hors du temps où l'on a justement envie de le prendre, son temps.

Pinxo

Alain Dutournier

Hôtel Paris Plaza Vendôme, 9, rue d'Alger, 75001.
☎ 01.40.20.72.00.
M. : Tuileries.

Carte : environ 50 €.
Ouvert : tous les jours.
⊕ la sélection des vins à partir de 28 €.
⊖ les prix qui ne sont pas en « pro-portion ».

Les tapas, c'est décidément la grande tendance du moment. Voici la version qu'en livre le chef étoilé Alain Dutournier, du *Carré des Feuillants*, dans un décor épuré noir et blanc, très apaisant. Les meilleures places au comptoir, face aux cuisines et aux chefs qui s'activent pour préparer de bien belles assiettes. Si les portions sont effectivement dans l'esprit tapas, on ne peut que regretter que les prix n'aient pas, eux aussi, tendance à suivre ce régime minceur. Reste qu'il n'y a rien à dire, sinon du bien, de la piperade aux œufs pochés, des anguilles aux blancs de poireau, des gambas à la vinaigrette de soja ou des amusantes croquettes de camembert. Belle sélection de vins classée par prix. Clientèle chic comme tout, service irréprochable. Tapas... cent euros ? Si tu les as, pour un dîner en amoureux, c'est dans la poche !

Aux Lyonnais

Alain Ducasse

32, rue Saint-Marc, 75002.
☎ 01.42.96.65.04.
M. : Quatre-Septembre ou Richelieu-Drouot.

Menu : 28 € avec entrée, plat et dessert.
Carte : compter au minimum 35 € sans les vins.
Service : de 12 h à 14 h et de 19 h 30 à 23 h.
Fermeture : les samedi midi, dimanche et lundi.
⊕ le menu du déjeuner et le beaujolais en pot remis à l'honneur.

Ce restaurant est encore un défi que se lance Alain Ducasse et qu'il réussit. Une bonne occasion de se faire plaisir, dans ce bouchon historique des années 1960, en goûtant, à bon prix, cette délicieuse cuisine de grand chef qui laissera un excellent souvenir à vos papilles. Le menu du déjeuner est sans concurrence, les produits sont frais et les prix à notre portée. En revanche, la carte des vins fait la part belle aux cépages de Bourgogne et de la vallée du Rhône, mais pas aux prix, qui augmentent bougrement l'addition ! Ducasse... mais pas encore les prix !!! Un bouchon revisité avec malice.

La Baracane

38, rue des Tournelles, 75003.
☎ 01.42.71.43.33.
M. : *Chemin-Vert, Bastille.*

Marcel Baudis

Formules : 10 et 15 € (vin et café compris, déjeuner seulement).
Menu : 22 (en semaine) et 27 €.
Menu-carte : 37 € (vin compris).
Fermeture : samedi midi et dimanche.
⊕ vins à partir de 16 €.

Côté pile, il y a l'*Oulette*, la chic maison mère du 12e. Côté face, il y a *La Baracane*, sa petite annexe canaille. Dans les deux cas, la cuisine met le cap vers le Sud-Ouest, mais ici, c'est dans un esprit plus bon enfant et « brut de décoffrage ». Au coude à coude, chacun peut jeter un œil dans l'assiette du voisin, s'exclamer « ail, ail, ail ! » quand arrive l'excellent magret, demander du sel de Bayonne, réviser son *english* ou son *deutsch* avec les touristes, aider les petits appétits à finir leur cassoulet ou leur suavissime crème catalane. Compte tenu de la bonne tenue des prix, il y a matière à clore ces agapes par un armagnac 1975. Et se garder dans un coin de la mémoire l'envie de retourner dans la drôle d'auberge de campagne poussée à l'ombre de Notre-Dame-de-Bercy, où Marcel Baudis travaille des produits encore plus élaborés.

Hôtel Paris France

72, rue de Turbigo, 75003.
☎ 01.42.78.00.04. Fax : 01.42.71.99.43. • www.paris-francehotel.com •
M. : *Temple ou République.*

Chambres doubles : de 72 à 86 € selon le confort.
Petit dej' : 6 €.
Meilleures chambres : celles du dernier étage.
Ouverture : toute l'année.
Parking : public et payant à proximité.
⊕ un bar dans le style anglais, pour se donner rendez-vous.

Belle réception, avec ses mosaïques au sol et ses fauteuils club. Les chambres, à la déco simple et chaleureuse, sont spacieuses et dotées de très belles salles de bains. Certaines ont même un petit balcon avec vue sur l'église Sainte-Élisabeth, mais nous, on craque pour celles du dernier étage, légèrement mansardées et avec vue sur les toits de Paris.

Mon Vieil Ami

Anthony Clémot

69, rue Saint-Louis en l'Ile, 75004.
☎ 01.40.46.01.35.
M. : Pont-Marie.

Menus : menu-carte à 38 € servi midi et soir. Plat du jour le midi à 15 €.
Vins : à partir de 4,20 € le verre.
Meilleures tables : à droite de la porte pour un tête-à-tête ; ou la grande table d'hôtes à gauche.
Fermeture : lundi et mardi midi. Service jusqu'à 22 h 30/ 23 h.
⊕ le plat du jour à 15 € le midi.
⊖ stationnement difficile.

Quoi de plus emballant que de découvrir une nouvelle adresse, dans un quartier unique au monde. Antoine Westermann, le chef strasbourgeois aux 3 étoiles, s'est lancé le défi d'ouvrir ce resto, avec un de ses seconds, Anthony Clémot, en cuisine. C'est d'abord un beau lieu, agréable, confortable, aux belles dimensions. Rien d'ostentatoire, le cadre vous invite tout de suite aux faveurs du plaisir et des curiosités impatientes. En apéro, le verre de pinot blanc d'Alsace, et c'est parti !... Un menu comme celui-là va vous transporter. Un plat du jour au déjeuner et quelques coups de cœur du marché bien sentis. Le baeckeofe d'agneau au riesling et la choucroute caramélisée sont là pour rappeler les origines alsaciennes de la maison, mais le chef nous réserve de belles surprises. Un point d'honneur aux vins au verre bien choisi. Ce Vieil Ami va vite le devenir !

Hôtel Caron de Beaumarchais

12, rue Vieille-du-Temple, 75004.
☎ 01.42.72.34.12. Fax : 01.42.72.34.63. • www.carondebeaumarchais.com •
M. : Hôtel-de-Ville ou Saint-Paul-le-Marais.

Chambres doubles : de 137 à 152 € (selon la saison et le confort).
Petit dej' : 9,50 €.
Meilleures chambres : celles avec un petit balcon.
Ouverture : toute l'année.
⊖ stationnement difficile dans le quartier.

Ici, l'hôtellerie est une affaire de famille. Le bâtiment a été rénové et joliment décoré sur des modèles du XVIIIe siècle. Dès la réception, la harpe, l'ancien piano, le lustre, le cadre tout entier nous renvoie quelques siècles en arrière. Les chambres sont finement décorées, avec un mobilier d'époque pour certaines. Les salles de bains sont raffinées, avec des peignoirs brodés à l'effigie de Beaumarchais. Une petite adresse de charme à l'ambiance calfeutrée. Du balcon du 6e étage, chouette vue sur les toits.

La Rôtisserie du Beaujolais

Claude Terrail

19, quai de la Tournelle, 75005.
☎ 01.43.54.17.47.
M. : Pont-Marie, Maubert-Mutualité.

Carte : environ 35-40 €.
Vins : en pot à partir de 12 €.
Meilleures tables : avec la banquette, près de la véranda.
Fermeture : lundi.
⊕ en soirée, mais réservation impérative.

Le saviez-vous ? La célébrissime *Tour d'Argent* a, elle aussi, son annexe ! Le registre y est nettement moins guindé et les additions sont divisées par quatre ou cinq. Si le célébrissime canard au sang (le millionième a été fêté avec panache !) n'est pas au programme, ça ne dérange pas les habitués qui aiment à retrouver leur demi-poulet à la broche et sa purée maison, à moins qu'ils ne choisissent l'imposante côte de bœuf de Salers servie avec un énorme bol de moelle. Sans compter la succulente canette rôtie (même élevage que la *Tour d'Argent*). Avant ? L'incontournable gratin d'écrevisses au mâcon. Après ? La mousse au chocolat, tout simplement parfaite. Mais attention : *La Rôtisserie* cultive l'ambiance et le brouhaha des bouchons lyonnais ; ce n'est peut-être pas l'adresse idéale pour un tête-à-tête d'amoureux... mais pour épater la belle famille, c'est l'idéal.

Le Pré Verre

Philippe Delacourcelle

8, rue Thénard, 75005.
☎ 01.43.54.59.47.
M. : Maubert-Mutualité.

Formule déjeuner : à 12 € (vin et café compris).
Menu-carte : à 24 €.
Meilleure table : avec la banquette au fond de la salle.
Fermeture : les dimanche et lundi midi.
⊕ vins à partir de 18 €.
⊖ peu d'intimité.

Salade d'encornets au sésame grillé et lentilles, quenelles de crabe au pavot, onglet de veau avec sa petite purée d'amandes et son échalote confite au gingembre, fraises étonnantes au persil plat : voilà un chef qui aime les saveurs épicées, métissées, audacieuses ! Le tout présenté simplement. Philippe Delacourcelle, un ancien de chez Loiseau, a abandonné le resto chic *(Le Clos des Morillons)* au profit du bistrot rigolo, décontracté et bien décoré (des pochettes d'albums de jazz un peu partout). Comme c'est bon et pas cher, les places sont prises d'assaut. Carte des vins bien équilibrée. Le frangin est en salle.

L'Atelier Maître Albert

Guy Savoy

1, rue Maître-Albert, 75005.
☎ 01.56.81.30.01.
M. : *Maubert-Mutualité.*

Carte : environ 50 €.
Vins : à partir de 24 €.
Ouvert : tous les soirs sauf dimanche (jusqu'à 1 h du matin, du jeudi au samedi).
⊕ voiturier ; cheminée en hiver ; air conditionné en été.
⊖ fermé le midi.

On connaît Guy Savoy pour son célèbre trois-étoiles de la rue Troyon et sa galaxie de « bistrots de chef », les *Bouquinistes*, le *Cap Vernet*, la *Butte Chaillot*... *L'Atelier Maître Albert*, qu'il vient de reprendre, joue cependant dans une autre catégorie : plus resto que bistrot, avec un décor superbe signé Jean-Michel Wilmotte, qui a réussi à préserver les pierres, les poutres et la grande cheminée tout en saupoudrant l'ensemble de touches design du meilleur goût. Le bar est sans doute l'espace le plus réussi, avec ses tabourets face aux dizaines de bouteilles de (très bons) vins : chic, très chic. La cuisine joue le contraste de la simplicité, dans un esprit rôtisserie : magrets, pièces de bœuf, poulets sont servis avec des gratins (de potiron, dauphinois...) dans de petits caquelons en fonte noire. Et le chariot de desserts permet de finir sur des parfums d'enfance.

Hôtel des Grandes Écoles

75, rue du Cardinal-Lemoine, 75005.
☎ 01.43.26.79.23. Fax : 01.43.25.28.15. • www.hotel-grandes-ecoles.com • ♿
M. : *Cardinal-Lemoine ou Monge.*

Chambres doubles : de 100 à 125 € selon le confort et la taille.
Petit dej' : 8 €.
Meilleures chambres : en rez-de-jardin.
Parking : payant.

N'hésitez pas à réserver longtemps à l'avance, cette adresse étant très prisée des Américains amoureux de Paris (Hemingway a vécu en face). Les chambres sont soigneusement tenues et arrangées avec goût. La campagne à Paris, tout simplement... Incroyable ! Cet hôtel de charme est situé dans une ruelle privée, à deux pas de la Contrescarpe, dans une maison de caractère avec jardin verdoyant et courette pavée où l'on peut prendre le thé.

Le Café des Délices

Gilles Choukroun

87, rue d'Assas, 75006.
☎ 01.43.54.70.00.
RER B : Port-Royal, Luxembourg.

Menu-carte : 34 €.
Formule plat du jour : 14 € (vin et café compris).
Vins : du Maghreb et d'Espagne à partir de 18 €.
Fermeture : samedi et dimanche.
+ air conditionné en été.
− salle petite.

Gilles Choukroun est le leader de la jeune garde parisienne de la *fusion food*. Terme qu'il n'aime pas, d'ailleurs, préférant parler « d'esprit de cuisine ». Dans un décor sombre, tamisé et pas du tout guindé, il livre quelques-unes des assiettes les plus décomplexées du moment, puisant ses idées dans tous les terroirs du monde, de l'Afrique du Nord à la Thaïlande, tout en cultivant les classiques (lapin chasseur à l'estragon et ses tagliatelles) dans une très abordable formule de plats du jour servie au déjeuner. Mais c'est bien à la carte qu'il faut tenter l'aventure, avec le foie gras au caramel de menthe, le canard aux pommes de terre parfumées de cacahuètes et d'olives ou encore le milk-shake ananas et noix de coco, flanqué d'un sorbet au thé à la menthe. Les places sont comptées, la réservation s'impose.

Hôtel des Marronniers

21, rue Jacob, 75006.
☎ 01.43.25.30.60. Fax : 01.40.46.83.56. • www.hotel-marronniers.com •
M. : Saint-Germain-des-Prés.

Chambres doubles : de 150 à 170 €.
Petit dej' : 10 €.
Meilleures chambres : celles finissant par 1 ou 2 avec vue sur le clocher de Saint-Germain ou encore la nº 54 avec sa toile de Jouy.
Parking : public à proximité.

Il faut réserver longtemps à l'avance. Un endroit au charme fou, de style Napoléon III, caché au fond d'une cour. Derrière un jardinet avec sa petite verrière lumineuse et confortable où l'on prendra le petit déjeuner. On adore. Idéal pour un week-end romantique, à deux pas de la si discrète et charmante place de Fürstemberg et des célèbres *cafés de Flore* et des *Deux Magots*.

Le Salon d'Hélène

Hélène Darroze

4, rue d'Assas, 75006.
☎ 01.42.22.00.11.
M. : *Sèvres-Babylone.*

Formules (déjeuner) : 26-33 €.
Menu dégustation : 10 € les tapas, 53 € (73 € avec une sélection de vins au verre à partir de 8 €).
Fermeture : dimanche et lundi.
+ climatisation.
− parking difficile (voiturier sur place).

C'est dans un décor totalement repensé qu'Hélène Darroze, la jeune *passionaria* du Sud-Ouest, quatrième d'une famille de restaurateurs et d'éleveurs d'Armagnac, a décidé de lancer une très originale formule de tapas. Au rez-de-chaussée de sa maison, dans une ambiance cosy (couleurs flashantes, cuisine ouverte, vaisselle design), elle livre une longue carte de petites bouchées, classées par thème (garde-manger, poissonnier, grillardin, fromager, pâtissier), qui permet de découvrir tout son talent : velouté de haricots du Béarn au homard, *chipirons* à l'encre, boudin basque aux quetsches caramélisées, foie gras des Landes au chutney de figues, crème catalane au piment d'Espelette et baba à l'armagnac. Si l'on s'en tient aux bonnes formules du déjeuner et si l'on arrive à résister aux excellentes propositions de vins au verre, on peut maintenir l'addition à un niveau raisonnable.

Hôtel du Quai Voltaire

19, quai Voltaire, 75007.
☎ 01.42.61.50.91. Fax : 01.42.61.62.26. • www.quaivoltaire.com •
RER : Musée d'Orsay ou M. : Bac.

Chambres doubles : 118 et 125 €.
Petit dej' : 8 € (continental).
Ouvert : toute l'année.
Parking : 3 publics aux alentours.
+ régulièrement des offres promotionnelles ; cf. site Internet.

Au cœur du Paris historique, une ancienne abbaye du XIXe siècle qui abrite aujourd'hui un hôtel au charme hors du temps. Chambres lumineuses, avec vue sur les bouquinistes et les péniches de la Seine, au look gentiment rétro. Salles de bains plutôt kitsch. Ne cherchez pas la télévision, il n'y en a pas ! Un comble dans un lieu autrefois fréquenté par Baudelaire, Wilde, Sibelius et tant d'autres, venus chercher ici l'inspiration. Une étape reposante qui complètera parfaitement votre halte gastronomique.

Les Bouquinistes

Guy Savoy

53, quai des Grands-Augustins, 75006.
☎ 01.43.25.45.94. ♿
M. : *Pont-Neuf ou Odéon.*

Menus : à 24 et 27 € au déjeuner.
Carte : environ 45 € sans le vin.
Meilleure table : la ronde au fond de la salle.
Ouvert : de 12 h à 14 h 30 et de 19 h à 23 h.
Fermeture : les samedi midi et dimanche.
⊕ déco originale.

Les annexes de grand chef font souvent saliver et déçoivent parfois. Celle-ci, propriété de Guy Savoy, reste d'une belle régularité, même si l'addition payée pour un repas n'est guère clémente. Loin de nous l'idée de vous gâcher la fête, car vous passerez sans aucun doute un excellent moment dans l'atmosphère enjouée de ce restaurant bondé chaque soir, qui fait partie du circuit. Plats bien ficelés dans l'air du temps, du style *tempura* de gambas, et desserts d'une sublime légèreté, sont là pour prouver que l'on est bien dans l'arrière-cour d'un grand. Pour dénicher par contre une curiosité intéressante dans la carte des vins, prenez bien le temps de la lire. Après tout, prendre le temps de lire, aux *Bouquinistes*, ne devrait choquer personne.

La Rôtisserie d'En Face

Jacques Cagna

2, rue Christine, 75006.
☎ 01.43.26.40.98.
M. : *Saint-Michel ou Odéon.*

Menus : de 16,60 à 26 € le midi ; menu-carte à 39 €.
Carte : environ 53 €.
Service : de 12 h à 14 h et de 19 h à 23 h.
Fermeture : le samedi midi et le dimanche.
Apéritif maison offert à nos lecteurs sur présentation de ce guide.
⊖ niveau sonore assez bruyant.

Jacques Cagna, éminent toqué, dont le restaurant gastronomique est juste en face, dans une des plus anciennes maisons de Paris, peut afficher un sourire satisfait : il a réussi à faire de sa *Rôtisserie d'En Face* une institution de la rive gauche. Pintade en pastilla, oignons confits au miel et aubergines, joue de cochon aux carottes et pommes fondantes (recette de Mme Cagna mère), etc. La rôtissoire tourne à plein. C'est en général enlevé, à l'exception de quelques ratés, mais bon, parfois ça peut arriver.

Ze Kitchen Galerie

William Ledeuil

4, rue des Grands-Augustins, 75006.
☎ 01.44.32.00.32.
M. : *Saint-Michel ou Odéon.*

Menus : de 21 à 32 € (au déjeuner).
Carte : environ 45 €.
Vins : à partir de 14,10 €.
Service : de 12 h à 14 h et de 19 h à 23 h.
Fermeture : le samedi midi et le dimanche.
Apéritif maison offert à nos lecteurs sur présentation de ce guide.

Tout près des quais, une cuisine aux alliances raffinées en accord avec la jolie simplicité des lieux. Daniel Humair, un peintre qu'on aime bien et qui connaît la musique, a inspiré cette décoration qu'on ose qualifier de branchée. Une galerie qui n'a vraiment rien de kitsch, faut-il encore le préciser à ceux qui lisent trop vite. Et surtout une cuisine qui ne cherche pas à amuser la galerie, mais va à l'essentiel. Après quinze ans passés chez Guy Savoy, William Ledeuil est passé maître à son tour, dans la recherche des alliances distinguées, privilégiant les beaux produits de toutes provenances. Poissons et viandes, tous cuits *a la plancha,* deviennent des mets savoureux et audacieux, la carte jouant les reporters sans frontière, à la recherche de scoops inédits et insolites, mais jamais racoleurs. Comme pour une galerie de peintures, il y a des thèmes d'actualité. À vous de voir.

Hôtel du Lys

23, rue Serpente, 75006.
☎ 01.43.26.97.57. Fax : 01.44.07.34.90. ● www.hoteldulys.com ●
M. : *Saint-Michel ou Odéon.*

Chambres doubles : de 95 à 110 €.
Petit dej' : offert.
Meilleures chambres : celles qui donnent sur des terrasses fleuries.
Parking : public à proximité.

Rose, bleue, à fleurs, à carreaux... grande ou petite, il y en a décidément pour tous les goûts. Certaines chambres ont même un petit balcon. Avec ses colombages aux murs et aux plafonds, cet hôtel de charme, installé dans une maison datant du XIIe siècle, a des airs de campagne. Un vrai nid douillet pour les amoureux. Il est préférable de réserver.

Au Gourmand

Christophe Courgeau et Hervé de Libouton

22, rue de Vaugirard, 75006.
☎ et fax : 01.43.26.26.45.
RER B : Luxembourg. M. : Odéon.

Menus : 22 et 29 € le midi ; 33 € le soir.
Carte : compter 80 € pour un repas complet.
Vins : à partir de 18 €.
Fermeture : samedi et dimanche ; du 20 décembre au 4 janvier, une semaine en février, du 15 au 24 mai et 3 semaines en août.
⊕ service stylé et attentionné.

Exercer chaque jour l'art du bien manger et du bien recevoir, tel est le leitmotiv de ces deux compères (anciens directeur financier et journaliste) que rien ne prédestinait à la restauration. Formations accélérées et stages (à la *Tour d'Argent* et *L'Arpège,* on a vu pire !) ont eu raison de leur passion. Produits exclusivement de saison, alliances de parfums et saveurs justes pour des plats raffinés : fricassée de champignons à la farine brûlée, daurade royale aux écrevisses, cocos fondants au vinaigre de cidre ou encore suprême de poulet jaune des Landes au beurre d'herbes et gnocchi de pomme de terre. Du beau travail, même si on aurait souhaité des parfums d'épices plus marqués. Cadre contemporain très classe, doté d'un insolite abécédaire gourmand. Vins à prix doux et servis au verre. Et, pour la digestion, rien de tel qu'une balade dans les jardins du Luxembourg !

L'Ami Jean

Stéphane Jego

27, rue Malar, 75007.
☎ 01.47.05.86.89.
M. : La Tour-Maubourg ou École-Militaire.

Menu : 15 €.
Carte : de 27 à 31 € pour un repas complet.
Fermeture : le dimanche et au mois d'août.
Apéritif maison offert à nos lecteurs sur présentation de ce guide.

Cuisine essentiellement du Sud-Ouest pour ce resto basque qui continue sur sa brillante lancée. Stéphane Jego a été suffisamment malin pour ne rien changer au décor. On se régale d'avance à la lecture de plats revenus plus que jamais à la mode : pressé de queue de bœuf en gelée avec une pointe de raifort, foie gras rôti aux fruits secs et pommes au beurre demi-sel, gigot d'agneau à l'ail et au thym... D'autres, mine de rien, donnent un petit coup de jeune à la cuisine de terroir. Le tout accompagné de ces vins du pays qui interpellent plus les sens que le portefeuille, si on en abuse.

L'Atelier Joël Robuchon

Joël Robuchon

7, rue Montalembert, 75007.
☎ 01.42.22.56.56.
M. : *rue du Bac.*

Question prix : compter entre 50 et 100 € si vous vous lâchez sur les assiettes de dégustation.
Ouvert : tous les jours de 11 h 30 à 15 h 30 et de 18 h à 23 h.
⊖ conversation difficile si + de 2.

Oui, il faut faire la queue ou venir à des heures pas forcément conventionnelles. Mais Robuchon ça se mérite et Il faut le prendre comme tel. Un secret : il est en fait possible de réserver pour le 1er service (à 11 h 30 et 18 h 30). Il aime le travail bien fait – réminiscence de son passage au petit séminaire – et il s'attache au produit avant tout. Dieu que cela est vrai ! Tout est beau, tout est bon. Du suave gaspacho de tomates aux croûtons dorés, au soufflé à la chartreuse crème glacée à la pistache totalement exquis, en passant par les ris de veau clouté de laurier à la feuille de blette. Quant à la célébrissime purée, elle est bien là, cachée au détour d'une côte d'agneau. Le tout est accompagné d'une sélection de vins plus que judicieuse. On est assis sur de confortables tabourets dans un décor sombre et l'on peut à loisir observer le ballet quasiment théâtral des cuisiniers et des serveurs.

Hôtel de Varenne

44, rue de Bourgogne, 75007.
☎ 01.45.51.45.55. Fax : 01.45.51.86.53. • www.hoteldevarenne.com •
M. : *Varenne.*

Chambres doubles : de 117 à 127 €.
Petit dej' : 9 €.
Meilleure chambre : la n° 41 (pour la vue).

Tout proche des Invalides et du musée Rodin, dans un quartier où les hôtels particuliers ne se comptent plus. Les amoureux apprécieront la verdure et le calme du jardin intérieur où l'on peut prendre son petit déjeuner, aux beaux jours. Toutes les chambres viennent d'être redécorées (et rénovées) dans un style classique-cosy pas très jeune mais élégant et confortable. Le bonus, c'est la chambre n° 41 du 4e et dernier étage, d'où on aperçoit la tour Eiffel. Bon accueil. Excellent rapport qualité-prix vu le standing.

Le Chamarré

Jérôme Bordereau et Antoine Heerah

13, bd de La Tour-Maubourg, 75007.
☎ 01.47.05.50.18. Fax : 01.47.05.91.21.
M. : La Tour-Maubourg.

Menus : 28 et 40 € le midi ; 80 et 100 € le soir. Compter 80 € à la carte pour un repas complet.
Vins : à partir de 35 €.
Fermeture : samedi midi et dimanche.
Services : de 11 h 45 à 14 h 30 et de 19 h 30 à 22 h 30.

Métissage de couleurs, senteurs, terroirs, c'est toute la philosophie du *Chamarré,* né de la rencontre de deux passionnés de gastronomie, dans les cuisines de l'*Arpège,* auprès d'Alain Passard. L'un est mauricien, l'autre originaire de Mayenne. Un choc des cultures pour une cuisine sous double influence aux mélanges toniques et subtils sur fond d'épices et condiments : le jus de moutarde titille l'huître, la banane caramélisée agrémente le foie gras, la vanille cajole le poulet fermier des Landes, et l'étuvée de gombos au gingembre relève subtilement l'agneau de lait. Les desserts jouent aussi un double jeu : macaronade de coings et marmelade épicée de kumquats, mangue et longane en infusion pimentée à l'eau de rose. Belle carte de vins privilégiant le terroir et le caractère plutôt que l'étiquette. Qui s'en plaindrait ? Travail rigoureux, cuissons précises. *Le Chamarré* frise l'excellence.

La Table du Lancaster

Fabrice Salvador

7, rue de Berri, 75008.
☎ 01.40.76.40.18.
M. : George V.

Menu : 45 € (au déjeuner).
Carte : 70 €.
Vins : à partir de 6 € au verre.
Meilleures tables : celles côté jardin.
Ouverture : midi et soir, tous les jours de l'année. Service jusqu'à 14 h 30 et 22 h 30.
⊕ déjeuner ou dîner dans le jardin japonnais à la belle saison, en plein cœur de Paris.
⊖ tout reste relativement cher...

Difficile de ne pas parler de la reprise du restaurant du magnifique hôtel *Lancaster* par Michel Troisgros ! Trois fois étoilé à Roanne, comme tout le monde le sait, issu d'une famille qui s'inscrit dans la gastronomie française comme valeur du patrimoine culturel. Avec Fabrice Salvador, un de ses fidèles seconds, aux commandes, il inaugure la *Table du Lancaster,* en plein cœur du 8e. La carte s'organise par thèmes, autour des produits favoris de Michel Troisgros. On trouve « L'esprit de la tomate », « l'éclat des citrons et agrumes », « la vivacité du vin et le mordant des vinaigres », etc. Autour de chaque thème, un choix d'une ou deux entrées et 2 ou 3 plats sont présentés. À vos papilles.

Spoon, Food & Wine

Alain Ducasse

14, rue de Marignan, 75008.
☎ 01.40.76.34.44.
M. : Franklin-D.-Roosevelt.

Formules : déjeuner à 37 € ; formule tapas à environ 35-40 €.
Carte : environ 80 €.
Fermeture : samedi et dimanche.
⊕ le « Spoon Sum », dont on ne fait qu'une bouchée ! Le voiturier.

La cuisine fusion d'Alain Ducasse n'est certes pas donnée, mais c'est toujours elle qui donne le *la* du genre. Raison de plus pour se rendre au cœur du Triangle d'or, dans un décor chic et épuré, où la cuisine, en prise directe sur la salle, assure une large partie du spectacle. Quelques plats déjà « classiques », sous influence américaine, thaïe ou italienne : le calamar *a la plancha* sauce saté et ses divins légumes sautés au wok, les « simples » pâtes à la marmelade de trois tomates, le ceviche à la grenobloise (qui n'a rien d'une torture), entre autres passionnantes compositions qu'on accompagne d'une sélection de vins du monde unique à Paris (dommage, quand même, qu'elle soit si sévèrement tarifée). Sans oublier les desserts ludiques comme la glace au malabar ou à la fraise Tagada, un peu trop « tsoin-tsoin » pour certains !

Chez Jean

Benoît Bordier

8, rue Saint-Lazare, 75009.
☎ 01.48.78.62.73.
M. : Notre-Dame-de-Lorette.

Menu : 34 € (déjeuner).
Carte : environ 50-60 €.
Vins : à partir de 19 €.
Fermeture : samedi, dimanche et août.
⊕ parking facile autour du square.

Ce chic resto aux allures de brasserie boisée a enfin su trouver son cap. Il a fallu, pour cela, l'arrivée de Jean-Frédéric Guidoni, le directeur ancien maître d'hôtel au *Taillevent,* et Benoît Bordier, le chef, passé au *Bristol* et à la *Cantine des Gourmets*. Service tout en élégance et en finesse, avec des vins au verre très originaux. Cuisine emballante, riche en clins d'œil : ravioles de chèvre et céleri accompagnées d'escargots dans un bouillon aux herbes, coquilles Saint-Jacques au vinaigre de cidre, amandine moelleuse accompagnée d'une glace à la bière de garde. Réservation souhaitée.

Chez Michel

Thierry Breton

10, rue de Belzunce, 75010.
☎ 01.44.53.06.20.
M. : *Gare-du-Nord.*

Menu-carte : 30 €.
Vins : à partir de 18 €.
Ouvert : de 12 h à 14 h et de 19 h à minuit.
Fermeture : les samedi et dimanche et les lundi midi ainsi qu'en août.
Parking : payant.
⊕ la terrasse aux beaux jours.

Thierry Breton vous régale d'une cuisine de qualité, qui ne cache pas ses origines (non, son nom n'est pas un pseudo !), mais qui est surtout faite avec des produits éclatants de vérité. Terrine d'andouille aux baies de poivre (un vrai bonheur !) et galette de beurre demi-sel ou filet de hareng fraîchement mariné, émincé de roseval mettent en joie, au point que l'on desserre la ceinture d'un cran pour faire de la place au *kig ha farz* de joues de cochon et lard paysan, ou encore au moelleux de homard breton, légèrement gratiné au parmesan. En dessert, paris-brest au beurre frais ou kouign aman du pays servi tiède valent leur pesant de beurre. Originaire de Bretagne, le chef, vous l'aurez compris, après avoir travaillé au *Ritz* et au *Crillon,* n'en fait qu'à sa tête et ne renie aucun des poissons, des légumes oubliés de son terroir, ni même des viandes. *Breizh atao !*

PARIS

Hôtel Langlois – Hôtel des Croisés

63, rue Saint-Lazare, 75009.
☎ 01.48.74.78.24. Fax : 01.49.95.04.43. • www.hotel-langlois.com •
M. : *Trinité.*

Chambres doubles : de 88 à 98 € selon la taille et le confort.
Petit dej' : 7,60 €.
Meilleures chambres : celles du 6e étage.
Parking : à proximité.

Magnifique ! Superbe réception, ascenseur délicieusement rétro, tout en bois et fer forgé. Cet hôtel possède des chambres impressionnantes, spacieuses et d'un charme fou : boiseries Art déco, cheminées en marbre, meubles anciens, alcôves, plafonds moulurés, salles de bains somptueuses... Chacune a son petit cachet. Deux étoiles au rapport qualité-prix exceptionnel... Réserver !

Le Villaret

Olivier Gaslain et Joël Homel

13, rue Ternaux, 75011.
☎ 01.43.57.89.76.
M. : *Parmentier.*

Menus : à 20 et 25 € comprenant plat + entrée ou dessert, servis le midi.
Carte : de 40 à 45 €.
Service : de 12 h à 15 h et de 19 h 30 à minuit (1 h les vendredi et samedi).
Formeture : le dimanche ainsi que 10 jours début mai, tout le mois d'août et 10 jours en fin d'année.

Joël Homel en salle et Olivier Gaslain en cuisine tiennent la barre de ce bistrot épatant, au cadre rustique, qui fait salle comble à chaque service (réservez, malheureux !). Les plats choisis selon le marché et une longue carte de grands crus venus du monde entier (Argentine, Afrique du Sud, États-Unis) à prix câlins, donnent du bonheur à toutes les tables. On se régalera d'un petit coulis au rouget, puis d'une papillote de palourdes au thym, ou d'une tranche de foie de veau au vinaigre de Banyuls. Le cadre, fait de poutres et vieilles pierres apparentes, reste simple et agréable. Belles assiettes carrées et cloche pour annoncer un plat prêt à servir. Parfait pour un repas d'affaires ou entre amis de bon goût, de préférence. Sans aucun doute, l'une des meilleures tables de Paris, à l'accueil toujours au beau fixe. Ici on sait jouer avec l'art des saveurs, sans se prendre la tête.

Les Amognes

Jean-Louis Thuillier

243, rue du Faubourg-Saint-Antoine, 75011.
☎ 01.43.72.73.05.
M. : *Faidherbe-Chaligny.*

Menu-carte : 33 € (midi et soir). Plat à 19 € le midi.
Meilleures tables : celles dans la partie basse du restaurant.
Ouvert : de 12 h à 14 h et de 20 h à 23 h.
Fermeture : samedi midi, dimanche toute la journée et lundi midi.
⊕ la gentillesse du service.

Jean-Louis Thuillier, nouveau propriétaire ayant fait ses classes notamment chez Robuchon, période *Jamin,* propose des saveurs saisonnières salées sucrées, teintées de soleil des îles. Les cuissons sont justes, les sauces audacieuses. Lotte rotie à la vanille avec son riz curcuma ; pavé de cabillaud rôti sur feuille de banane et jus de coco. La carte des vins propose quelques bonnes trouvailles tant pour le palais que pour les prix. Le bouche à oreille fonctionne, nul doute que cette adresse devienne incontournable dans ce coin perdu du 11e arrondissement, resté authentiquement parisien.

L'Avant-Goût

Christophe Beaufront

26, rue Bobillot, 75013.
☎ 01.53.80.24.00.
M. : *Place d'Italie.*

Menus : du marché à 11 € le midi, menu-carte à 27 €.
Carte : environ 30 €.
Ouvert : jusqu'à 23 h.
Fermeture : les dimanche et lundi ; la 1re semaine de janvier, la 1re semaine de mai et les 3 dernières semaines d'août.
⊕ la boutique traiteur en face.
⊖ tables serrées.

La spécialité de *L'Avant-Goût,* le pot-au-feu de cochon aux épices, allie rusticité et finesse. Un plat épatant ! Autre option, le menu-carte, renouvelé tous les 15 jours par Christophe Beaufront, un ancien de Savoy et Guérard, aussi discret qu'efficace. Vichyssoise de fèves aux crevettes marinées, ou brick d'agneau confit aux épices, pour se mettre en bouche, tête de veau croustillante et pois chiches au sésame, ou mijotée de lapin de garenne et risotto de champignons font partie de ces plats que nous vous souhaitons de trouver un jour à l'ardoise, mais l'inventivité du chef n'étant jamais prise en défaut, préparez-vous à d'autres surprises. Le midi, formule plus classique à prix doux... Rayon flacons, le gamay Château-Gaillard ou le domaine Gramenon, un côtes-du-rhône, sont de bons compagnons de table ; sans oublier le vin du mois.

De Bouche à Oreille

Benoît Chagny

34, rue Gassendi, 75014.
☎ 01.43.27.73.14.
M. : *Denfert-Rochereau ou Mouton-Duvernet.*

Formule : 15 € le midi.
Le soir : compter environ 25 €.
Fermeture : samedi midi et dimanche.
⊕ la gentillesse du service et sa simplicité.

Et le bouche à oreille a bien fonctionné. Ce petit resto, qui ne risquait guère d'attirer par sa déco les journaux de mode, a vite fait le plein de familiers, heureux de pouvoir goûter, à petits prix, la cuisine d'un jeune chef formé chez les grands, mais qui n'en est pas plus fier pour autant. Benoît Chagny a choisi d'être seul en cuisine, ou presque, et de faire les plats qu'il aime, à son goût, qui est le nôtre : carpaccio d'aubergines mariné au citron confit, savoureuse joue de bœuf braisée servie avec une vinaigrette moutarde. Des plats du moment qui font passer un bon moment. Le soir, réservation indispensable. Ambiance bistrot qui ne se la pète pas.

La Régalade

Bruno Doucet

49, av. Jean-Moulin, 75014.
☎ 01.45.45.68.58.
M. : *Alésia ou Porte-d'Orléans.*

Menu-carte : unique à 30 €.
Ouvert : midi et soir jusqu'à 23 h.
Fermeture : les samedi, dimanche et lundi midi ainsi qu'en août et une semaine à Noël.
Réservation : impérative au minimum 10 jours avant (surtout pour le samedi soir).

Aux marches du 14e, une petite adresse magique. Dans une salle rétro, tout juste reprise par Bruno Doucet, un ancien de chez Barrier à Tours, et ex-second de Jean-Pierre Vigato, il sert une cuisine béarnaise fraîche à base d'excellents produits : panier de charcutailles extra en provenance de Pau, estouffade de marcassin aux pâtes fraîches, paleron de bœuf braisé à la lie de vin de Morgon, etc. Tous les grands classiques de l'ancien chef, Yves Camdeborde, restent présents sur la carte. D'autres créations plus personnelles complètent la carte. Consultez l'étonnante carte de vins à prix d'amis. Quelque six cents références parmi lesquelles vous devriez trouver votre bonheur. Vous verrez qu'au moment de partir, vous aurez du mal à vous arracher de votre chaise, tellement vous vous sentirez bien ici...

Hôtel Delambre

35, rue Delambre, 75014.
☎ 01.43.20.66.31. Fax : 01.45.38.91.76. • www.hoteldelambre.com •
M. : *Edgar-Quinet ou Vavin.*

Chambres doubles : de 80 à 95 €.
Petit dej'-buffet : 8 €.
Meilleure chambre : la nº 7.
Ouvert : toute l'année.
Parking : souterrain, bd du Montparnasse, en allant bd Port-Royal.

Charme, tranquillité, efficacité, telle est la devise de l'*hôtel Delambre,* qui a bien changé depuis l'époque où il abritait André Breton et quelques autres personnages de l'ancien Montparnasse. Des prix raisonnables pour cet hôtel 3 étoiles qui joue les couleurs du temps. Sympathique petit déjeuner-buffet. Pour les amoureux recherchant la tranquillité d'une douce alcôve, on conseille particulièrement la « fameuse » chambre nº 7, véritable petit nid d'amour, dotée d'une grande terrasse privée.

Pavillon Montsouris

Jérôme Mazur

20, rue Gazan, 75014.

☎ 01.43.13.29.00.

M. : Glacière ou RER : Cité Universitaire.

Menu-carte : 45, 49 et 83 €.
Ouvert : midi et soir jusqu'à 22 h 30.
Fermeture : le dimanche soir de septembre à Pâques et pendant les vacances scolaires de février.
⊕ voiturier (prix très raisonnable). Service stylé.

Installé dans le plus grand parc parisien (après les Buttes-Chaumont), un pavillon qui accueillit nombre de personnalités des lettres, des arts et de la politique. Lénine y jouait aux échecs, Sartre y déjeunait le samedi midi et Mata Hari recevait de beaux officiers au premier étage. Intérieur élégant et lumineux (grande verrière), tables bien séparées. Vue sur le parc, bien sûr, magnifique, avec accès réservé aux clients les soirs d'été... Terrasse très prisée dès les premières chaleurs, et clientèle plutôt chic, genre grandes familles bourgeoises, hommes d'affaires ou couples distingués. Carte-menu offrant un choix intéressant de viandes ou poissons. Cuisine de grande tenue (foie gras maison, souris d'agneau, coq au vin, faisan en saison), mais concoctée avec doigté par le chef sous l'œil malicieux du taulier, le sympathique Yvan.

Le Beurre Noisette

Thierry Blanqui

68, rue Vasco-de-Gama, 75015.

☎ 01.48.56.82.49.

M. : Lourmel, Balard ou Porte-de-Versailles.

Menus : 20 € au déjeuner, 29 € le soir.
Carte : compter 30 €.
Vins : à partir de 21 €.
Service : de 12 h à 14 h 30 et de 19 h 15 à 23 h.
Meilleure table : la 102, près de la fenêtre.
Fermeture : les dimanche et lundi et 3 semaines en août.

Le *Beurre Noisette* fait partie de ces bistrots d'une simplicité réjouissante, comme disent les connaisseurs, où le chef suit les saisons, le marché, sans tricher avec les saveurs. Le succès n'a pas monté à la tête de Thierry Blanqui, qui conjugue toujours aussi habilement quelques spécialités du terroir (à notre passage, boudin noir, poitrine fermière et choux braisés par exemple) et une cuisine plus inventive, mais sans exagération, dans les prix comme dans l'assiette. En dessert, on s'est autant régalé des quenelles au chocolat, que des madeleines au miel qui les accompagnent. Accueil bien sympathique.

De La Garde

Yohann Marracini

83, av. de Ségur, 75015.
☎ 01.40.65.99.10.
M. : Ségur, Cambronne.

Formule : 25 € (déjeuner).
Menu-carte : 29 (déjeuner) et 35 €.
Vins : à partir de 22 €.
Meilleure table : la 9.
Fermeture : samedi midi, dimanche et lundi midi.
⊕ la terrasse en été.

Il faut du courage pour s'installer dans un quartier aussi calme, en lisière du 7e et du 15e. Mais visiblement, Yohann Marracini, un jeune ancien de l'écurie Alain Passard, n'en manque pas, lui qui a su drainer une clientèle élégante grâce à une cuisine qui s'efforce de sortir des sentiers battus. Si l'ensemble manque encore parfois d'un rien de maturité, les idées sont déjà là, avec le croustillant de haddock au curcuma, le rognon au jus de beaume-de-venise et gnocchi de ricotta, le lieu au jambon fumé flanqué d'un risotto aux oignons doux (un peu trop cuit) ou encore le baba au rhum et fruits de la passion. Dommage que l'ambiance soit souvent assez guindée : peut-être que le service pourrait se décoincer un peu ? Quant au nom, pour vous éviter de poser la question, il vient du village de La Garde, où a été élevé le chef, originaire du Cantal, comme vous l'aviez deviné !

L'Os à Moelle

Thierry Faucher

3, rue de Vasco-de-Gama, 75015.
☎ 01.45.57.27.27.
M. : Lourmel.

Menus : carte à 27 € le midi et menu-dégustation à 32 € le soir.
Vins : à partir de 14 €.
Ouvert : jusqu'à 23 h 30 (minuit les vendredi et samedi).
Fermeture : les dimanche et lundi, 1 mois l'été, 1 semaine l'hiver.
Parking : payant.

Thierry Faucher, ancien du *Crillon,* joue à merveille une partition bistrotière façon grand chef. Son menu-dégustation, à 4 services, offre un bel os à ronger. Selon ses achats au marché de Rungis, on pourra peut-être choisir la crème de langoustines au chorizo, parmi les nombreuses soupes proposées selon la saison, des produits qui n'ont rien de noble comme le foie de veau poêlé au vinaigre de Banyuls. Carte des vins bien choisie, à des prix qui ne surchauffent pas l'addition. Quant à la *Cave de l'Os à Moelle,* juste en face, elle ravira les amateurs de table d'hôtes.

Restaurant Thierry Burlot

8, rue Nicolas-Charlet, 75015.
☎ 01.42.19.08.59.
M. : *Pasteur.*

Thierry Burlot

Formule : 26 € (déjeuner).
Menu-carte : 37 €.
Carte : environ 45-50 €.
Fermeture : samedi midi et dimanche.
+ la sélection des vins à prix correct.

Thierry Burlot est un vrai jeune chef qui mérite d'être découvert, dans une ruelle discrète non loin de Montparnasse. Sa cuisine, à dominante marine (il est breton), est à la fois très réfléchie et particulièrement gourmande : à la carte, c'est certes assez cher, mais à 37 € le menu-carte, l'aventure est possible, autour des langoustines rôties à la vanille, du simple saint-pierre grillé voire... d'un risotto de saison, car l'homme a une passion intense pour la cuisine italienne. Et il n'y a rien de tel qu'un risotto pour juger de l'excellence d'une maison. Côté desserts, quelques belles réussites, comme la déjà célèbre mousse glacée au caramel et à la fleur de sel. Décor élégant et tamisé, ponctué de nombreuses photos, façon nature morte, prises par le chef lui-même. Une façon comme une autre de mettre sa marque partout, qui fait des émules.

Hôtel de l'Avre

21, rue de l'Avre, 75015.
☎ 01.45.75.31.03. Fax : 01.45.75.63.26. • www.hoteldelavre.com •
M. : *La Motte-Picquet-Grenelle.*

Chambres doubles : de 72 à 80 € avec douche ou bains.
Petit dej' : 7 €.
Meilleure chambre : côté jardin, évidemment !
Ouvert : toute l'année.
Parking : 2 sont à moins de 5 mn de l'hôtel.
+ un calme étonnant.

Coup de cœur pour cet hôtel de charme situé dans une ruelle étroite à 150 m du bruyant carrefour de La Motte-Picquet-Grenelle. Accueil chaleureux du propriétaire dans sa « maison de campagne » : les chambres sont personnalisées avec goût dans une atmosphère champêtre. Celles donnant sur le jardin sont très agréables et possèdent une grande salle de bains. Pour des réveils ensoleillés, prenez votre petit déjeuner dans le patio en lézardant sur des chaises longues. Également une chambre familiale (4 personnes).

Le Troquet

21, rue François-Bonvin, 75015.
☎ 01.45.66.89.00.
M. : *Sèvres-Lecourbe ou Cambronne.*

Christian Etchebest

Menus : 23 et 25 € le midi, 28 et 30 € le soir.
Vins : à partir de 15 €.
Ouvert : de 12 h à 14 h et de 19 h 30 à 23 h.
Fermeture : les dimanche et lundi ainsi que 3 semaines en août et une semaine à Noël.
Réservation conseillée.
Parking.
Un café offert sur présentation du *GDR.*

C'est l'histoire d'un déjà vieux coup de foudre entre une jeune adresse gourmande et l'équipe du *Guide du routard,* un coup de foudre qui, depuis, a tourné en véritable histoire d'amour. Une rue perdue dans le 15e, une vaste salle à manger aux tables nappées de blanc, un service qui porte l'accent basque et, circulant entre les tables, des plats qui ont du nez, du goût et surtout du (très) bon. Le midi, un menu-carte avec entrée, plat et dessert. Superbe déjà, mais bien loin de celui du soir qui impose un rythme à quatre ou cinq temps, sans choix (un seul bémol, les quelques alternatives avec des suppléments élevés). Tout est imaginatif et exquis, chez Christian Etchebest, grand gaillard qui a fait ses gammes entre Saint-Jean-de-Luz et Bidart, avant de se mettre au piano du *Martinez* et du *Crillon*. Les produits sont toujours de grande qualité et les menus changent tous les jours.

Hôtel Saint-Dominique

62, rue Saint-Dominique, 75007.
☎ 01.47.05.51.44. Fax : 01.47.05.81.28. ● www.hotelstdominique.com ●
M. et RER C : Invalides.

Chambres doubles : de 111 à 127 € selon la saison et le confort.
Petit dej' : 7,20 €.
Meilleures chambres : celles sur cour, plus calmes, comme la no 28.
Parking : public à proximité.
Un petit déjeuner par personne offert sur présentation du guide.

Ancien couvent du XVIIIe siècle, maison close au XIXe puis pension de famille, c'est aujourd'hui un hôtel charmant, à deux pas de la tour Eiffel. Déco élégante et poutres apparentes. Chambres confortables, rustiques avec de jolis papiers peints, façon toile de Jouy. On prend le petit déjeuner dans un petit patio fleuri d'où l'on profite du chant des oiseaux.

La Famille

41, rue des Trois-Frères, 75018.
☎ 01.42.52.11.12.
M. : *Abbesses.*

M. Aizpitart

Carte : environ 30 €.
Vins : à partir de 14 €.
Fermeture : le 1er dimanche de chaque mois.
⊕ brunch le dimanche de 12 h à 16 h (sans réservation) ; soirée « miniature ».
⊖ fermé le midi.

En moins de temps qu'il ne faut pour l'écrire, *La Famille* est devenue l'une des plus jolies adresses de copains qui soit. Accueil comme à la maison, ambiance un poil branchée, cocktails créatifs et instinctifs, chouette musique en fond plus que sonore, petits vins malins, déco simple mais étudiée : et la cuisine, là-dedans ? Mieux que bien ! Grâce au talent d'un jeune ancien du *Café des Délices* (voir 6e), qui ose une vraie-fausse piperade aux lamelles de bœuf et fruits rouges, un foie gras rôti à la japonaise dans une sauce miso (déjà un classique), une entrecôte du Brésil au café et pain grillé, un milk-shake parfumé à l'avocat ou encore un simple petit pot de crème au chocolat... et au piment d'Espelette ! N'hésitez pas : venez à dix, et réservez la jolie table d'hôtes. Et même si vous n'êtes que deux et qu'on vous y colle, soyez rassuré : c'est là qu'on fait les meilleures rencontres.

Le Bistrot des Capucins

27, av. Gambetta, 75020.
☎ 01.46.36.74.75.
M. : *Père-Lachaise.*

Gérard Fouché

Formules : 20 et 25 €.
Vins : bonnes bouteilles pour environ 13 €, vins classés pour 25 €, cocktail maison (le Midol).
Fermeture : les dimanche et lundi ainsi que 3 semaines en août et 1 semaine à Noël.

La cuisine de marché, avec carte à l'ardoise renouvelée, est sous les rênes de Gérard Fouché, ancien du *Grand Véfour* et du *Pavillon Montsouris*. Déco simpliste qui n'a rien à voir avec ce que l'on trouve dans l'assiette : tartare du pêcheur, poêlée de petits gris, morue fraîche au jus de coriandre, et l'incontournable cannelé en dessert avec une glace aux pruneaux et armagnac. Beaux produits, belles cuissons. Service dynamique et de bonne humeur. Vins du Sud-Ouest abordables (essayez le gaillac) servis au verre ou au compteur. Mieux vaut réserver le week-end.

LES ENVIRONS DE PARIS

Cartes régions NO et NE

Indigo Square

Lionel Banide

7, rue Marceau, 93170, **Bagnolet.**
01.43.63.26.95.
M. : Galliéni ou par la porte de Bagnolet, à côté de la mairie.

Menus : environ 25 € (le soir), formules (le midi) : 12 ou 14 €.
Meilleure table : la n° 3, en vitrine.
Vins : à partir de 12,50 €.
Fermeture : samedi midi, dimanche et lundi ainsi que du 23 décembre au 1er janvier.
Parking : sur le marché, sauf le jeudi midi.
+ le cadre et l'accueil.

Animé avec une gentillesse toute suédoise, ce petit lieu délicieux, décoré avec goût et humour, pourvu d'un charmant jardin d'été, est un sympathique écrin où « s'éclate » le jeune chef, qui fréquenta naguère quelques bonnes maisons (*Les Prés d'Eugénie* et *La Table de la Fontaine,* entre autres). Sa cuisine est inventive, surprenante parfois, toujours réussie. Et c'est un privilège de déguster à prix si doux, par exemple, des artichauts poivrades aux Saint-Jacques vinaigrette de corail ou un foie de veau grillé sur lit de lentilles et crème brûlée à la réglisse. Honnêtes vins judicieusement choisis et musique jazzy tiennent compagnie aux plats et aux conversations. Seule à servir en salle, la toujours souriante Viveka a apporté dans ce coin de banlieue pas toujours rose, couleurs, vivacité et originalité (elle propose même un buffet traditionnel suédois avant Noël). À Bagnolet, donc...

La Ferme de Boulogne

Franck Lefriec

1, rue de Billancourt, 92100, **Boulogne-Billancourt.**
01.46.03.61.69.
M. : Boulogne-Pont-de-Saint-Cloud ou Boulogne-Jean-Jaurès.

Menu-carte : 30 € (le soir).
Carte : environ 39 € (le midi).
Vins : à partir de 20 €.
Fermeture : samedi midi, dimanche et lundi soir, ainsi que 3 semaines en août.
Parking : voiturier du *Comte de Gascogne* (5 €).
+ le voiturier.
− le prix du voiturier.

Cette ferme-là a un décor rassurant d'auberge bourgeoise : c'est l'annexe du renommé *Comte de Gascogne,* dirigé par Jackie et Henri Charvet. Ici, mise en musique par un chef attaché depuis plus de quinze ans à la maison, la tradition se décline en galette d'artichaut au foie gras, brandade de morue, daurade rôtie, pieds et paquets ou fricassée de rognons de veau, des plats finement apprêtés et servis avec diligence et bonne humeur. Les desserts, indémodables, sont fins et subtils, de la tarte aux pommes caramélisées au meringué craquant glace à la pistache.

Les Délices de Voltaire

Emmanuel Garcin

2, av. de la Division-Leclerc, 92290, **Châtenay-Malabry.**

☎ 01.47.02.50.92.

RER B : Antony, puis bus n° 395, ou Croix-de-Berny, puis bus n° 379, arrêt « Carrefour de l'Europe ».

Menu : 19,82 €.
Carte : environ 30 €.
Vins : à partir de 17 € (du bergerac !).
Fermeture : samedi midi et dimanche, ainsi que 3 semaines en août.
Parking : dans la contre-allée.
+ prix du menu.
– déco un peu défraîchie.

Disons-le d'emblée, la décoration n'est pas de première fraîcheur, mais cela ne gâche pas l'intérêt de ce sympathique établissement. Aujourd'hui, heureuse surprise, le jeune chef et sa volubile épouse ont fait de l'endroit un lieu où la gastronomie et la bonne humeur s'entendent à merveille. Ancien maître d'hôtel chez Guy Savoy, Emmanuel Garcin a fini par se lancer à son compte, et remplit parfaitement son contrat en proposant une cuisine authentique, à base de produits frais, qu'il se procure, délaissant Rungis, chez des fournisseurs attitrés. Résultat extra, la vivacité de la patronne en prime. La carte change selon les saisons, et celle des vins n'a pas perdu la raison.

L'Auberge d'Enghien

Denis Rivoire

32, bd d'Ormesson, 95880, **Enghien-les-Bains.**

☎ 01.34.12.78.36.

RER C : Enghien-les-Bains ou par la N 14 depuis Saint-Denis.

Menus : de 21 à 26 €, menu « mets et vins » à 52 €.
Carte : 41,50 €.
Vins : à partir de 16 €.
Fermeture : dimanche soir et lundi, ainsi qu'au mois d'août.
Parking : place de Verdun et derrière l'hôtel de ville.
+ cuisine parfaitement maîtrisée.
– déco un peu surannée.

Dans cette ancienne auberge landaise, à la décoration qui évoque le Sud-Ouest, Denis Rivoire joue des saveurs et des textures avec sûreté. Ayant exercé chez Apicius et à la *Bastide Odéon,* il sait nous mettre l'eau à la bouche : pavé d'espadon rôti, fine brandade de morue à la pulpe de citron confit ou à la gigolette de lapin au jambon de San Daniele, riz crémeux au basilic. Entrées variant au gré des saisons, desserts simples et parfaits. Le menu « Mets et vins, marions-les » est l'occasion d'une dégustation où le vin sert, avec talent, le plat qu'il accompagne.

La Manufacture

Jean-Christophe Lebascle

20, esplanade de la Manufacture (face au 30, rue Ernest-Renan), 92130, **Issy-les-Moulineaux.**
☎ 01.40.93.08.98. ● restaurantmanufacture.com ●
M. : Corentin-Celton ou par la porte de Versailles.

Menus : 25 €, menu-carte à 30 €.
Vins : à partir de 17 €.
Fermeture : samedi au déjeuner et dimanche, 15 jours en août.
Parking : Corentin-Celton.
⊕ la grande salle aux grandes tables confortables.

C'est une forte personnalité que cet ex-jeune chef qui a fait ses classes – excusez du peu – chez Guérard, Rostang, Meneau et Vigato. Autant dire qu'il connaît ses gammes sur le bout des doigts, pour notre plus grand plaisir. Car c'en est un de s'arrêter dans son grand vaisseau d'Issy-les-Moulineaux, au rez-de-chaussée de l'ancienne manufacture des tabacs. Aucune faute de goût dans la décoration, tendance art contemporain, de même que dans les assiettes, où le plaisir des yeux précède celui des papilles. La carte change régulièrement et égrène les classiques revus au goût du jour ou les plats de saison préparés avec un incontestable talent, la touche de modernité en plus. Les nombreux jeunes cadres dynamiques qui en ont fait leur luxueuse cantine le midi ne s'y sont pas trompés.

Les Magnolias

Jean Chauvel

40, av. de Bry, 94170, **Le Perreux-sur-Marne.**
☎ 01.48.72.22.28.
RER A : Nogent-le-Perreux, dans le centre.

Menus : 34 € au déjeuner en semaine, 45 et 70 € (dégustation) le soir.
Vins : à partir de 28 €.
Meilleures tables : dans la première salle.
Fermeture : le samedi midi, le dimanche et le lundi midi ; en août et la première semaine de janvier.

C'est à une véritable expérience culinaire à laquelle il faut vous attendre. Laissez-vous gagner par cette alchimie de saveurs, ces mélanges subtils, cette façon qu'a le chef de transformer le produit, d'immiscer des goûts d'ici et d'ailleurs. Dérangeante et chichiteuse, la cuisine de Jean Chauvel ne laisse personne indifférent. La présentation n'est pas en reste, avec une pointe de préciosité qui pourra presque agacer. Alors jetez les armes et embarquez-vous pour ce voyage vers l'inconnu, qui étonne et ravit.

La Vieille Fontaine

Éric Lassauce

8, av. Grétry, 78600, **Maisons-Laffitte.**
☎ 01.39.62.01.78. ● lesbouchonsdefrançoisclerc.com ●
RER A : Maisons-Laffitte ou par la porte Champerret, direction Bezons, puis D 308.

Menu-carte : 33,08 €.
Vins : à partir de 22,26 €.
Meilleures tables : avec vue sur le jardin.
Fermeture : dimanche soir et lundi, et une semaine autour du 15 août.
⊕ le menu et la carte des vins, rapport qualité-prix extra.

François Clerc, propriétaire des *Bouchons,* régna sur cette maison Napoléon III et son joli parc, avant de rendre son tablier et ses étoiles. Aujourd'hui, dans un cadre moins luxueux, mais à la décoration élégante, il nous convie à apprécier la cuisine d'un chef de talent, qui côtoya Alain Senderens (à *L'Archestrate,* chez Lucas Carton...) et fréquenta les meilleures maisons. Et l'inspiration ne semble pas lui manquer : dans son menu, il y a du bonheur à choisir un carpaccio de pagre aux pêches, une pastilla de canette au miel, une charlotte de céleri confit ou une tarte sablée au potiron. La carte change, bien sûr, avec les saisons. Celle des vins, plus que sérieuse, a gardé des prix très sages. Tout cela est délicieux, artistiquement présenté, et servi avec efficacité. On tutoie là la haute gastronomie, l'air de rien, pour une addition raisonnable et sans mauvaise surprise.

Aux Saveurs du marché

David Cheleman

4, rue de l'Église, 92200, **Neuilly-sur-Seine.**
☎ 01.47.45.72.11.
M. : Pont-de-Neuilly ou par la porte Maillot.

Carte : environ 35 €.
Vins : à partir de 19 €.
Meilleure table : l'as.
Fermé : samedi et dimanche, et 3 semaines en août.
Parking : dans la contre-allée de l'avenue Charles-de-Gaulle.
⊕ la gentillesse du service.
⊖ tables un peu serrées.

David Cheleman et sa jeune épouse, Delphine, ont investi pour notre plus grand bonheur. La décoration est plutôt réussie, tout en bois et en miroirs. Très jeune, le chef doit beaucoup à Thierry Olivier. Il aime son métier, cela se voit, et propose une carte qui change régulièrement, séduisante à souhait, mariant avec sûreté les saveurs, un côté italien en plus. Une mention pour le fondant de foie de volailles, clin d'œil à l'Europe centrale, le tartare de canard et le pain perdu au caramel. La carte des vins, sobre et séduisante, sait être raisonnable.

Le Vieux Chaudron

Guillaume Giblin

45, Grande-Rue, 91150, **Ormoy-la-Rivière.**

☎ 01.64.94.39.46.

🚗 *par la porte d'Orléans, la N 20 jusqu'à Étampes, puis la D 49.*

Menus : à 28 et 38 €.
Formules : de 22,50 à 33 €.
Vins : à partir de 13,50 €.
Meilleure table : près de la cheminée (en hiver).
Fermeture : dimanche soir, lundi toute la journée et jeudi soir, ainsi que du 1er au 15 janvier et du 15 août à début septembre.
Parking : près de l'église.
⊕ cuisine de haute volée.
⊖ déco un peu triste.

C'est dans un charmant village près d'Étampes que se niche ce restaurant qui ne paie pas de mine, mais à la cuisine qui transpire le talent. C'est un vrai plaisir, aux premiers froids, devant la grande cheminée, de goûter les préparations du jeune chef, passé, entre autres, au *Grand Véfour,* chez Michel Rostang, à *L'Arpège* et au *Chiberta*... En été, ce bonheur se partage dehors, dans la cour. Bavaroise au roquefort et jambon de pays, gelée de cresson ou ballottine de pintade au lard et champignons, duxelles en feuille de brick et jus au porto, entrées et plats sont appétissants, goûteux et fins. Les desserts, ne manquant pas d'originalité, sont exceptionnellement bons. Un endroit idéal, en somme, pour apprécier une cuisine d'exception, cela à un prix raisonnable. On n'a pas trop investi dans la décoration. D'ailleurs, le vieux chaudron servait, dans le temps, à nourrir... les cochons.

Le Soleil

Serge Barbey

109, av. Michelet, 93400, **Saint-Ouen.**

☎ 01.40.10.08.08.

🚗 *M. : Porte-de-Clignancourt.*

Carte : environ 40 €.
Vins : à partir de 18 €. En bouteille et pichets (pots lyonnais) à 12 € environ.
Ouverture : tous les jours le midi, et jeudi, vendredi et samedi soir.
Fermeture : du 10 au 20 août.
Parking : dans la rue, en semaine ; sur un terrain attenant, le week-end.
⊕ déco ensoleillée.
⊖ on pousse gentiment à la consommation...

On l'aime, la décoration chaleureuse de ce restaurant, qui, même les jours de pluie, met du soleil dans nos assiettes. Dans une autre vie, le chef a fréquenté Bernard Loiseau, Roger Vergé, Guy Savoy : il a acquis à ce contact l'amour des meilleurs produits, qu'il fait venir des régions gourmandes, et un savoir-faire indéniable, dont il nous fait profiter avec générosité : tartare de betteraves et aiguillettes de harengs, pavé de sandre au beurre rouge, moelleux au cacao et coulis d'agrumes étaient à l'ardoise en début d'automne dernier. Les « puciers » du marché Biron en témoignent : ici, on mange excellemment bien.

POINCY

Carte région NORD-EST

Le Moulin de Poincy

Rue du Moulin, 77470.

Armel Abit

☎ 01.60.23.06.80.

de Paris N 3 puis à gauche après Meaux. Juste avant Trilport.

Menus : 27,50, 33 € avec le fromage ; menu-dégustation à 56 €.
Meilleures tables : près de la cheminée ou dans la salle du fond.
Réservation : vivement conseillée.
Fermeture : lundi soir, mardi et mercredi. Congés annuels : 3 semaines en janvier et septembre.
Parking : privé et gratuit.

En bord de Marne, un parc-jardin au charme vraiment bucolique et une belle maison, fin XVIIe siècle, ornée de vigne vierge et lanternes en fer forgé. Dans la salle fraîchement fleurie, le mobilier ancien, une belle cheminée et une invraisemblable collection de cafetières donnent le ton d'un confort rustique et cossu. L'assiette met à l'honneur les produits de saison dans des accords classiques, comme la terrine de sanglier et tartine de confiture d'oignons rouges, le dos de cabillaud à la bière du Nord et sa tombée d'endives ou, plus étonnant, le filet de daurade à l'andouille fumée et cocos de Paimpol. Superbe plateau de fromages affinés et desserts soignés. Le pain fait maison ressemble presque à de la brioche, et l'accueil, tout aussi moelleux, est très cordial, sans être guindé. Aux beaux jours, on s'installe au bord de la Marne pour prendre l'apéro ou déguster le café.

Château des Bondons

47-49, rue des Bondons, 77260, **La Ferté-sous-Jouarre.**

☎ 01.60.22.00.98. Fax : 01.60.22.97.01. • château-des-bondons@club-internet.fr •

de Poincy, reprendre la N 3 jusqu'à la Ferté-sous-Jouarre.

Chambres doubles : à partir de 100 € ; jusqu'à 200 € pour la suite.
Meilleures chambres : celles sous les toits.
Fermeture : aucune, hôtel ouvert toute l'année.
Petit dej' : 10 €.
Parking : privé et gratuit.
⊕ cadre champêtre agréable.
⊖ chambres à la déco parfois trop fleurie !

Une belle bâtisse à galerie, des chambres cossues à la décoration plus que fleurie, un confort étudié... mais surtout le grand parc arboré, superbe, dans lequel ce manoir prend ses aises, et cet étang sur lequel donnent quelques chambres, et le calme qui se dégage de l'ensemble... Voilà ce qui fait le prix et l'attrait du *Château des Bondons*. Sûr que les grasses matinées ne seront pas troublées dans ce Relais du Silence...

À voir : les bords de Marne, Crécy-la-Chapelle, l'abbaye Notre-Dame de Jouarre.

SAINT-GERMAIN-EN-LAYE Carte région NORD-OUEST

Le Saint-Exupéry

David Séheux

11, av. des Loges, 78100.
☎ 01.39.21.50.90. ● ermitage-des-loges.fr ●
RER A : Saint-Germain-en-Laye ou N 13 depuis la porte Maillot.

Menus : menu-affaires (le midi en semaine) à 19 €, menu-carte à 29 €.
Carte : environ 40 €.
Meilleures tables : les nos 3 et 10.
Fermeture : le soirs des 24, 25 décembre et 1er janvier.
Parking : sur place.
⊕ le prix du menu affaire.

Que ce soit dans la salle au décor rassurant ou, en été, dans le jardin de l'hôtel, le jeune chef n'a pas démérité des bonnes maisons qui l'ont formé, et sa cuisine sait être digne du cadre environnant : château de François Ier et forêt royale. Les plats, classiques, sont réveillés par un vrai savoir et mis en scène avec originalité. Menu et carte alignent ainsi des préparations qui forcent le respect : bavaroise de crabe au parfum de safran ou petit pot de crème brûlée au foie gras, filet de daurade en croûte d'épices, jus d'étrilles et semoule à la menthe ou filet mignon de porc clouté au magret fumé, jus à l'arabica et tian de légumes, charlotte de pain d'épices à la crème de mascarpone et chocolat blanc ou raviole tiède au chocolat réglisse, jus d'orange, et huile d'olive... Les Saint-Germanois qui viennent en habitués, la mine réjouie, ne s'y trompent pas : la cuisine est une fête.

L'Ermitage des Loges

11, av. des Loges, 78100.
☎ 01.39.21.50.90. Fax : 01.39.21.50.91. ● ermitage-des-loges.fr ●
RER A : Saint-Germain-en-Laye.

Chambres doubles : de 104 à 135 €.
Petit dej' : 10,80 €.
Meilleure chambre : la no 108.
Ouvert : toute l'année.
Parking : sur place.
⊕ le petit dej' dans le jardin.

Situé en lisière de la forêt de Saint-Germain, à deux pas du château, ce trois-étoiles ne manque pas d'atouts : un bar, un salon pourvu d'une cheminée, un jardin plein de coins et de recoins où prendre le petit déjeuner aux beaux jours. Les 56 chambres sont nettes, la décoration en est cosy, certaines ont vue sur le jardin. Le personnel est attentionné, comme il sied dans ce genre d'établissement. Fréquenté par des cadres en séminaire, il est aussi tout indiqué pour une escapade à deux, en région parisienne, dans un environnement de charme.

À voir : le château, les jardins et les terrasses, la forêt.

SAINT-GERMAIN-LAVAL

Carte région NORD-EST

Le Richebourg

24, rue Jean-Jaurès, Gardeloup, 77130.

Elie Arbel

☎ 01.64.32.98.45.

de Paris, A 5 puis E 54 direction Montereau-sur-Yonne, puis D 403 et enfin D 18 en direction de Saint-Germain-Laval. Suivre direction « Lieu-dit Gardeloup ».

Menus : à 28 € le midi en semaine et à 32, 45 et 64 €.
Réservation : indispensable.
Fermeture : dimanche soir et lundi. Congés annuels en août.
Parking : privé et gratuit.
⊕ esprit table d'hôtes original.
⊖ produits si bien choisis que la carte est un peu restreinte.

Une heureuse surprise que ce *Richebourg* niché dans un lieu-dit proche de Montereau. Quelques tables seulement dans une salle cossue aux poutres patinées, tommettes et mobilier rustique. La vaisselle est luxueuse et pour cause : ici, tout se passe dans l'assiette pour un festival des sens. Laissez-vous guider par le maître des lieux, qui concocte de succulentes recettes exclusivement à base de produits frais de saison. De haute volée le foie gras maison au chocolat amer ou au cœur d'artichaut et les mélanges insolites, qui mêlent sucré-salé et épices aux poissons et aux viandes. Également une riche sélection de cafés en fin de repas. Accueil cordial et agréable, terrasse, aux beaux jours, pour parfaire cette belle escapade à la campagne.

Au Moulin

2, rue du Moulin, 77940, **Flagy.**

☎ 01.60.96.67.89. Fax : 01.60.96.69.51. ● www.aumoulin.fr ●

de Saint-Germain-Laval, prendre la D 403 direction Nemours puis la D 120 direction Noisy.

Chambres doubles : de 75 à 92 € en fonction de la taille et de la saison.
Petit dej' : 10 €.
Fermeture : la 2e quinzaine d'août.
Parking : aisé et gratuit.
⊕ cadre champêtre agréable et moulin bien restauré.
⊖ plafonds bas dans certaines chambres, attention à la tête !

Cette adresse ne compte que 7 chambres, équipées de salle de bains tout confort, mais toutes dégagent un vrai charme sobre et rustique : meubles patinés, poutres apparentes, murs chaulés ou laissant apparaître les belles pierres médiévales de cette bâtisse, tout en coins et en recoins. Car le nom n'est pas usurpé, il s'agit d'un vrai beau moulin du XIIIe siècle toujours installé sur son bief, dont le bruissement de l'eau vous bercera la nuit. Joli jardin, appréciable aux beaux jours, et grande cheminée pour se réchauffer en hiver. Accueil attentif et professionnel, en bref, une belle halte d'amoureux.

À voir : vallée du Loing, Château-Landon, château et forêt de Fontainebleau.

VERSAILLES

Carte région NORD-OUEST

Le Potager du Roy

1, rue du Maréchal-Joffre, 78000.
☎ 01.39.50.35.34.
RER C : Versailles-Rive Gauche (RG).

Philippe Letourneur

Menus : de 30 à 45 €.
Vins : à partir de 30 €.
Fermeture : dimanche et lundi.
Parking : près de la cathédrale.
⊕ la déco.
⊖ les légumes ne viennent plus du potager du Roi !

En face du *Potager du Roi-Soleil* qui continue à produire poires et coloquintes. C'est là qu'officie Philippe Letourneur, ex-jeune chef formé au contact de Gérard Vié, dans ces lieux mêmes. Et c'est à une vraie découverte d'authentiques saveurs que nous convie ce maître des légumes. Si la carte change régulièrement, au gré du marché, la décoration, elle, a su rester rassurante. Les audacieux iront voir du côté du millefeuille de pain, tartare de maquereau au curry ; les plus sages vers la pièce de bœuf poêlée, pommes fondantes (ou leurs équivalents de saison). Les desserts sont à l'avenant, délicats et frais, ou bien tièdes et légers. Louis XIV mangeait des fraises en hiver. Ce *Potager du Roy*-là nous offre de quoi nous régaler toute l'année.

Hôtel La Résidence du Berry

14, rue d'Anjou, 78000.
☎ 01.39.49.07.07. Fax : 01.39.50.59.40. ● hotel-berry.com ●
RER C : Versailles-Rive Gauche (RG).

Chambres doubles : 125 €.
Petit dej'-buffet : 11 €.
Parking : près de la cathédrale.
Ouvert : toute l'année.
⊕ situation idéale.

Situé dans le vieux Versailles, à 3 mn du château, à côté du *Potager du Roy*, cette élégante maison Louis XV a tout pour séduire. Décor cosy, bar, billard, délicieuse salle pour le petit déjeuner ou agréable patio. 38 chambres, refaites à neuf, ayant gardé leurs poutres apparentes : tous les ingrédients sont réunis pour un séjour de charme au royaume de Louis le Grand. À signaler : « week-end royal » à 266 € (2 nuits en chambre double luxe), kir royal, petit déjeuner-buffet et 2 billets d'entrée au château.

À voir : le potager du Roi, le parc et... le château.

BRISSAC

Carte région SUD-EST

Le Jardin aux Sources

30, av. du Parc, 34190.

Jérôme Billod-Morel

☎ 04.67.73.31.16. ♿

à environ 50 km N de Montpellier, par D 986 et D 108. À la sortie du village.

Menus : à 20 ou 26 €, en semaine, et de 28 à 58 €.
À la carte : compter environ 50 €.
Fermeture : le lundi (et le dimanche soir hors saison) ainsi que 15 jours fin juin, et en novembre.
⊕ service en terrasse, l'été.
⊖ cadre décevant.

Une jeune et très bonne table, inventive, au pied des Cévennes, à la limite du département. C'est même la table la plus créative du Nord de l'Hérault. Jérôme Billod-Morel est un chef-voyageur qui a su multiplier les sources... d'inspiration d'une cuisine qui ne risque pas de s'endormir dans la routine. Chaque assiette est une petite œuvre d'art, qui prend du temps, comme ce risotto d'orge perlé aux oignons, avec sa crème brûlée de châtaignons. Gentillesse et savoir-faire sont là pour pallier l'attente, et l'on passe un bien agréable moment, en terrasse, côté jardin, ou dans la petite salle, ouverte sur la cuisine. Une bien bonne adresse pour amateurs de bons produits cuisinés avec passion et originalité par un enfant du pays. Desserts assez surprenants.

Le Domaine de Blancardy

34190, **Moulès-et-Beaucels.**

☎ 04.67.73.94.94. ● www.blancardy.com ● ♿

15 km de Brissac, par D 4 jusqu'à Ganges, puis la D 999. Passez le village et tournez à droite (panneau fléché).

Chambres doubles : avec douche et w.-c. de 45 à 80 €.
Menus : de 13 € la semaine, à 30 €.
Fermeture : le mercredi (et le jeudi midi, hors saison) ainsi qu'en janvier et février.
⊕ l'espace aux alentours et la tonicité de l'accueil.

Un ancien mas restauré avec goût, plein de charme et surtout de vie. Belles chambres, calmes, spacieuses, colorées, confortables, dont certaines ont été aménagées dans une ancienne bergerie. Bien bonne cuisine méditerranéenne que l'on savoure à l'ombre d'un patio ou en salle. Pour le vin, pas de problème : vous êtes sur un domaine de 24 ha qui produit des vins rouges, blancs et rosés ! Il y a même une très jolie boutique. Apéritif maison offert à nos lecteurs.

À voir : les Cévennes côté sud et les vignobles du pic Saint-Loup.

CÉRET

Carte région SUD-EST

Les Feuillants

1, bd Lafayette, 66400.

David Tanguy

☎ 04.68.87.44.68. ● www.feuillants.com ●

à côté de la place Picasso.

Menus : de 30 à 70 €.
Vins : du Roussillon au verre.
Fermeture : le dimanche soir et le lundi sauf en juillet et août.
⊕ apéritif maison offert à nos lecteurs. On peut manger agréablement en terrasse à l'ombre des platanes.

Au cœur de la ville, une villa 1900 avec une terrasse ombragée sous les platanes. Resto gastronomique de tradition (doublé d'une brasserie aux formules plus économiques). Décor un peu intimidant d'ex-adresse de notables avec des éléments Art déco mais égayé par les toiles modernistes de Michel Becker et la décontraction de l'accueil. Sous la houlette inspirée de David Tanguy, une cuisine de saison, à cheval entre Méditerranée et Atlantique, ludique, voire sculpturale dans la présentation des assiettes. Le premier menu est une vraie aubaine pour les becs fins : trouvailles, astuces et clins d'œil gastronomiques raviront les plus blasés d'entre eux. Essayez en dessert la déclinaison de sorbets maison. Un moment de magic ! En cave, en plus de la production de 150 viticulteurs locaux, le sommelier propose un choix d'excellents vins espagnols.

Le Mas Trilles

66400, **Le Pont-de-Reynès.**

☎ 04.68.87.38.37. Fax : 04.68.87.42.62.

sortir de Céret en direction d'Amélie-les-Bains (D 115), à la sortie du Pont-de-Reynès.

Chambres doubles : de 95 à 205 € selon la saison.
Petit déj' : compris.
Ouverture : d'avril au début octobre.
⊕ **10 %** sur le prix des chambres de Pâques au 1er juin et du 15 septembre au 8 octobre, sur présentation du *Guide du routard.*

Un vaste mas catalan du XVIIe siècle. Douze chambres, d'un confort sans faille, avec décoration classique de bon aloi. Terrasse privative pour certaines. Meubles d'antiquaires, tissus choisis, salons cossus, une ambiance feutrée à l'anglaise. Le mas surplombe la Tech qui distille un fond sonore apaisant ; jardin en terrasse à flanc de ravin et piscine chauffée au centre de la pelouse impeccable. Petite restauration sur demande. Accueil prévenant et chaleureux.

À voir : le musée d'Art moderne de Céret ; le pont du Diable.

COCURÈS

Carte région SUD-EST

La Lozerette

Au bourg, 48400.

Jean-François Munos

☎ 04.66.45.06.04. Fax : 04.66.45.12.93. • lalozerette@wanadoo.fr •

5 km NO de Florac. Au centre du bourg.

Menus : à 15 € (sauf le midi des dimanche et jours fériés), puis de 20 à 40 €.
Ouvert : de Pâques à la Toussaint, midi et soir jusqu'à 21 h.
Fermeture : le mardi midi toute l'année et le mercredi midi (sauf juillet-août).
Chambres : de 52 à 70 €.
⊕ la tradition, toute la tradition !

Charmante auberge de village pour redécouvrir la bonne vieille et traditionnelle hospitalité de province. Depuis longtemps, une belle affaire de famille. Chaleureuse salle à manger (joli plafond de bois) où Pierrette Agulhon, la charmante patronne-sommelière, dispense ses bons conseils et saura toujours trouver le vin exact correspondant aux mets et à votre portefeuille. Cuisine franche, bien maîtrisée, avec quelques accents modernes. Pour les fans de terroir, la saucisse aux herbes et son aligot, pour les autres, la quenelle de pélardon aux châtaignes, les goûteuses lasagnes de gambas au jus de crustacés à la citronnelle ou le carré d'agneau et sa sauce aux rognons. Délicieuse poire au vin d'épices et sa glace. Service efficace et attentif. Pour le repos, de coquettes et confortables chambres. Beau jardin calme et ombragé, avant-goût de vos émotions cévenoles.

Le Manoir de Montesquiou

Au bourg, 48210, **La Malène.**

☎ 04.66.48.51.12. Fax : 04.66.48.50.47. • montesquiou@demeures-de-lozère.com •

depuis Florac (environ 32 km) par la D 16.

Chambres doubles : de 73 à 139 €.
Petit dej'-buffet : 11 €.
Fermeture : de fin octobre à début avril.
⊕ l'adorable cadre du village.

Magnifique manoir du XVIe siècle, au milieu d'un ravissant village, avec tour, escalier à vis et tout. L'ensemble possède un charme énorme. Chambres personnalisées. Les plus chères proposant un cadre cossu au séduisant style médiéval, idéales pour amoureux ou voyageurs de noce. Restaurant de bonne réputation.

À voir : les gorges du Tarn, le causse Méjean, Sainte-Énimie, l'aven Armand.

MENDE

Carte région SUD-EST

La Safranière

Sébastien Navecth

Chabrits, 48000.
☎ 04.66.49.31.54.
4 km O de Mende par N 88 puis, tout de suite, prendre la D 42.

Menus : 17, 21 € (en semaine), 24, 33 et 40 €.
Vins : Santenay premier cru à 21 € ! !
Ouvert : midi et soir jusqu'à 20 h 45.
Fermeture : dimanche soir et lundi ainsi qu'une semaine en septembre.
⊕ le calme et la complicité de la salle et du village.

À la sortie de la ville, cette ancienne ferme transformée en restaurant campagnard de charme est devenue le temple régional de la cuisine inspirée. Le chef, Sébastien Navecth, passa par les plus grands (Dodin-Bouffant, Le Divellec, Chapel, etc.) pour acquérir cette maîtrise des saveurs et compositions. Salle d'une tranquille sobriété, accueil affable. Quelques plats mirent en joie nos papilles : le pot-au-feu de poissons aux herbes thaïes, le ragoût de cuisses de canard parfumé aux cèpes, la poitrine de pigeon grillée au caramel d'épices. Délicieux desserts comme la giboulée de fruits frais au muscat de Rivesaltes ou la poire sautée au miel en crumble, glace au lait d'amandes. À noter, une carte des vins privilégiant, bien sûr, ceux du Languedoc-Roussillon, pleine de petits crus fort gouleyants (et même des crus bourgeois) à prix étonnamment modérés.

Château d'Orfeuillette

La Garde, 48200, **Albaret-Sainte-Marie.**
☎ 04.66.42.65.65. Fax : 04.66.42.65.66. ● orfeuillette48@aol.com ●
50 km N de Mende, par A 75, sortie 32.

Chambres doubles : de 73,50 à 108,50 €.
Petit dej' : 11 €.
Fermeture : en février et dimanche soir et lundi pour le restaurant.
Parking : fermé.
⊕ accueil et cadre exceptionnels.

Superbe château du XIXe siècle dans ces immenses et sauvages espaces lozériens. Parc de 12 ha aux belles essences. Piscine chauffée, aire de jeux pour les enfants. Accueil fort sympathique et d'une réjouissante simplicité de M. et Mme Gardereau. À l'intérieur, tout n'est que charme néo-gothique et élégance, à l'image de la ravissante cage d'escalier et de la salle à manger. Chambres spacieuses et confortables. Les moins chères sont dans l'orangerie, une plaisante annexe. Resto de fort bonne réputation.

À voir : cathédrale et vieux Mende, Marvejols, la Canourgue et le causse de Sauveterre.

MONTPELLIER

Carte région SUD-EST

La Compagnie des Comptoirs

Olivier Château et les frères Pourcel

51, av. de Nîmes, 34000.

☎ 04.99.58.39.29.

près du Palais des Congrès.

Carte : entrées froides ou chaudes de 8 à 18 € ; plats de 12 à 23 € et desserts à 11 €.
Vins : très belle carte de vins de Languedoc, notamment.
Réservation : conseillée.

Ici, on est en compagnie, celle des frères Pourcel, figures légendaires de Montpellier. Sur le thème de la compagnie des Indes et du commerce des épices, cette annexe de leur très chic *Jardin des Sens* vous invite à une découverte des saveurs des pays du Sud. Des mélanges connus et savoureux pour certains, plus détonants et novateurs pour d'autres : tarte chaude aux oignons confits et tomates sardines, piqué de jambon serrano et Saint-Jacques, cœurs de sucrine grillés, tataki de thon rouge, échalotes et jus de viande en vinaigrette... Les desserts évoluent dans le même registre, pour le plus grand plaisir des papilles ! Et, pour celles et ceux qui auraient des scrupules quant à leur régime, sachez que l'on peut aussi vous servir, avec le sourire, un fromage blanc 0 %. Il est ici facturé à 5 € ! Service stylé et diligent, sous le regard d'Olivier Château, sommelier réputé, qui dirige la maison.

Hôtel Le Guilhem

18, rue Jean-Jacques-Rousseau, 34000.

☎ 04.67.52.90.90. Fax : 04.67.60.67.67. • hotel-le-guilhem@mnet.fr •

en plein cœur du centre historique.

Chambres : avec douche ou bains de 78 à 135 €.
Petit déj' : 11 €.
Parking : public juste à côté, 5 € environ.
Ouvert : toute l'année.

Cette maison du XVIe siècle se cache dans une petite rue pleine de charme. Les chambres donnent sur un jardin mystérieux et, plus loin, sur la cathédrale. Les cloches rythment donc la vie, mais pas d'inquiétude, elles respectent votre sommeil. Hôtel totalement refait dans les tons pastel, avec une prédominance du jaune provençal et du bleu gaulois. Une trentaine de chambres superbes, sortes de petites bonbonnières meublées avec goût. Parking à proximité, un élément non négligeable en plein centre ville. Bon accueil.

À voir : la cathédrale Saint-Pierre, la place de la Comédie, l'hôtel Montcalm.

Tamarillos

Philippe Chapon

2, pl. du Marché-aux-Fleurs, 34000, **Montpellier.**
☎ 04.67.60.06.00.
au cœur du centre historique.

Petits menus : à 18 et 23 €, le midi en semaine.
À la carte, compter 45-50 €.
Vins : à partir de 4 € (vins de la région) au verre.
Ouverture : à midi et soir jusqu'à 23 h.
Fermeture : le dimanche soir.

Ouvert depuis à peine une année et déjà un bouche à oreille d'enfer. Faut dire que Philippe Chapon a fait ses classes chez Savoy, qu'il fut champion de France du dessert et Cuillère d'argent de l'Académie des glaces. Il propose une cuisine particulièrement inspirée et s'amuse à créer, à partir des fleurs par exemple, des associations de saveurs étonnantes. Tandis que les plats, dans un registre plus classique (comme les noix de Saint-Jacques sur pousses d'épinards) sont exécutés de façon parfaite. Sinon, quelques coups de cœur : commencer donc par la fleur de bourrache gelée de tomate (surprenant télescopage de saveurs) ou les beignets de fleur de courgette. Les côtelettes aux pêches confites (à 18 €) ont leurs adeptes, ainsi que le foie gras poêlé minute au chocolat (si, si !). Enfin, laisser de la place pour les très beaux desserts et les remarquables sorbets maison. Si on n'aime pas trop la salle, en revanche, la terrasse est fort agréable aux beaux jours.

Hôtel des Arceaux

33-35, bd des Arceaux, 34000, **Montpellier.**
☎ 04.67.92.03.03. Fax : 04.67.92.05.09.
derrière la promenade du Peyrou.

Chambres doubles : avec douche ou bains de 52 à 67 €.
Petit dej' : 7 €.
Ouvert : toute l'année.
10 % de réduction pour nos lecteurs sur présentation du *Guide du routard.*

Une jolie maison de deux étages, cachée derrière la verdure et avec vue sur l'aqueduc du XVIIe siècle. Jardin exposé plein sud, très agréable pour se relaxer. Chambres confortables, que les jeunes propriétaires rénovent peu à peu en ajoutant couleurs et matières fraîches et agréables. Pour la touche rétro, plusieurs salles de bains conservent encore les carrelages des années 1970. Au rez-de-chaussée, la n° 302 dispose d'une petite terrasse. Celle du 1er étage, avec des hauts plafonds, a son petit plus. Salle de petit déjeuner très méditerranéenne.

À voir : le musée Languedocien, l'Hôtel de Manse, la place de la Carmougue...

NARBONNE

Carte région SUD-EST

Le Bistrot du chef en Gare

Frédéric Nalais

Avenue Carnot, à la gare SNCF de Narbonne, 11000.
☎ 04.68.32.14.52.
à la gare.

Menus : une formule pour le midi à 14,50 € avec entrée et plat. Puis des menus de 22,50 à 55 €, mais ce dernier n'est servi que le vendredi et le samedi soir. La formule tapas, à 22 € pour 2.
Fermeture : mardi soir, mercredi et le samedi midi.
Parking : celui de la gare.

Le chef, Frédéric Nalais, reverra-t-il un jour sa Normandie ? Lui qui a travaillé chez Tournadre à Rouen (c'est là qu'il créa en fait le premier *Bistrot du Chef en Gare* avec l'excellent Philippe Coudy) a simplement changé d'horizon en allant ouvrir cette version ensoleillée qui devrait ravir les voyageurs en partance pour Narbonne ! Heureux arrivants, pour qui ce chef inspiré concocte une cuisine pleine de fraîcheur, servie dans une salle joliment arrangée : tapas en folie avec charlotte de tourteaux, crevettes sautées au thym et autres plaisirs du moment, qui invitent à prendre une couchette pas loin. « Une carte courte que le vent changera souvent. » Sublimes glaces pour se rafraîchir aussi les idées, en cas de besoin. Et jolis clins d'œil à Charles Trenet, originaire du coin, non seulement dans le menu, mais aussi dans la déco. Bravo à la SNCF de donner un lieu à ces talents de la cuisine.

Le Clos des Souquets

Avenue de Lagrasse, 11200, **Fabrezan.**
☎ 04.68.43.52.61. Fax : 04.68.43.56.76. • clossouquets@infonie.fr •
à 33 km de Narbonne par la N 113 direction Carcassonne. À Lézignan la D 611.

Chambres doubles : de 46 à 75 €, pas très grandes mais coquettes.
Petit dej' : en supplément.
Fermeture : de mi-novembre à début avril.
Parking : aisé.

Petits bâtiments sans étage, lovés autour d'une piscine. La déco est d'inspiration provençale, côté chambres, et caribéenne, côté resto. Deux des chambres ont aussi leur jardin-piscine privatif, ombragé d'oliviers. En cas d'affluence, on trouvera à vous loger tout près, dans des conditions similaires tout en vous permettant de profiter des installations. Cuisine, sauf le dimanche, fraîche et franche, composée essentiellement de poissons grillés et de crustacés. Prix raisonnables. Accueil vraiment sympathique.

À voir : la cathédrale Saint-Just à Narbonne, l'abbaye de Fontfroide.

NÎMES

Carte région SUD-EST

Le Lisita

Olivier Douet et Stéphane Debaille

2, bd des Arènes, 30000.
☎ 04.66.67.29.15.
centre-ville.

Menus : de 26 (sauf samedi soir et jours fériés) à 55 €.
Ouvert : toute l'année midi et soir jusqu'à 22 h.
Fermeture : dimanche et lundi.
Parking : payant à 400 m.
⊕ superbe carte des vins et le talent du sommelier.

En face des magnifiques arènes, la plus belle adresse de la ville ! Cadre élégant, pierre sèche et tableaux aux chaleureuses tonalités pour une cuisine d'un raffinement exquis. De fort beaux produits et, tout à la fois, une alliance harmonieuse d'inventivité et de professionnalisme hors pair. Olivier Douet (un élève de Loiseau et Vergé) cherchant avant tout à dégager le meilleur de chaque produit, dans de suaves combinaisons. Goûter, s'il y en a à la carte, aux filets de rouget ragoût de topinambours ou au carré d'agneau en croûte de basilic. Desserts exquis (ceux au chocolat, à vendre son âme, ses biens, sa...). Remarquables conseils de son associé Stéphane Debaille, qui fut le meilleur jeune sommelier de France (en 1992). En outre, service souriant, plein de petites attentions (adorables mignardises) et atmosphère pas du tout empesée. En été, agréable patio.

Hôtel L'Orangerie

755, rue Tour-de-l'Évêque, 30000.
☎ 04.66.84.50.57. Fax : 04.66.29.44.55. • hr-orang@wanadoo.fr •
au sud de la ville, proche des entrées d'autoroutes.

Chambres doubles : de 62 à 99 €.
Petit dej'-buffet : 9 €.
Parking : fermé.
⊕ les chambres du rez-de-chaussée qui s'ouvrent sur le jardin et la piscine.
⊖ pas facile de trouver en voiture la 1re fois.

À 10-15 mn à pied (en droite ligne) du centre-ville, un hâvre de paix, au milieu d'un beau jardin arboré. À peine entend-on les rumeurs du grand carrefour voisin. Plaisante bâtisse de style provençal sur un étage seulement et offrant une trentaine de chambres tout confort. Celles du rez-de-chaussée possèdent même un jardinet et accès direct à la piscine. Chaleureux décor, accueil pro, copieux petit déjeuner, parking privé, sauna, etc. Une étonnante oasis en milieu urbain !

À voir : les arènes, la Maison Carrée, le vieux Nîmes, les jardins de la Fontaine, la source Perrier.

LA POMARÈDE

Carte région SUD-EST

Château de La Pomarède

Nathalie et Gérald Garcia

La Pomarède, 11400.

☎ 04.68.60.49.69.

à 13 km au nord de Castelnaudary, par la D 624 en direction de Revel.

Menus : de 23 à 65 €.
Vins : au verre.
Meilleure table : en bordure des fenêtres qui donnent sur la campagne.
Fermeture : du dimanche soir au mardi soir.
Parking : gratuit, à l'intérieur de la cour du château.
⊕ le menu à 23 € qui peut être accordé avec 4 verres de vin pour 38 €.

La mairie de La Pomarède se désespérait de voir son château du XIe siècle sans affectation. Pour lui redonner son lustre d'antan et attirer les gourmets vers ce hameau du Lauragais un peu oublié, un bail fut conclu avec un jeune chef ambitieux. Le pari réussit en provoquant l'éclosion d'un vrai talent. Si le service se fait dans la salle monumentale avec poutres et cheminée d'époque, la cuisine, elle, est bien de notre époque : inventive et ouverte à toutes les audaces. De l'amuse-bouche aux desserts, elle émerveille les papilles les plus blasées par des apports asiatiques ou l'emploi de produits inusités. Le point d'orgue se situe du côté des desserts, brillants et confondants de virtuosité : par exemple, ce nougat glacé aux olives ou le cône de coulant de menthol 100 % cacao. Humm ! Service pro jusqu'au bout des ongles mais totalement décontracté. Terrasse aux beaux jours.

Château de Cavanac

11570, **Cavanac.**

☎ 04.68.79.61.04. Fax : 04.68.79.79.67.

à une cinquantaine de km de La Pomarède, la N 113, puis la D 104 à la sortie de Carcassonne, direction Saint-Hilaire.

Chambres doubles : de 70 à 155 €, selon la taille et l'équipement.
Petit dej' : 10 €.
Fermeture : en janvier et février.
Parking : aisé.

Château de famille du XVIIe siècle couvert de vigne vierge au cœur du vignoble. Pour les amateurs d'ambiance romantique, les chambres, toutes différentes et spacieuses, sont parées d'imprimés fleuris, et les lits sont surmontés d'un baldaquin. Meubles d'antiquaires et délicieuses salles de bains. Piscine, tennis, sauna et salle de remise en forme. Resto classique dans les anciennes écuries (stalles et mangeoires) et salle de petit déjeuner parée d'une verrière de couleur. Tour et portail classés. Beaucoup d'allure.

À voir : la vieille cité de Carcassonne, le canal du Midi.

SAINT-CYPRIEN

Carte région SUD-EST

Le Cala Gogo

Marie-France Bailly et Pascal Borrell

La Vigie, 66750.
04.68.21.15.45. ● www.campmed.com ●
17 km SE de Perpignan. Après Saint-Cyprien sud, à 500 m après le grand stade et Aqualand.

Menus : de 14 à 52 €.
Meilleure table : sous la véranda, s'il fait beau.
Fermeture : de mi-septembre à mi-mai.
Parking : gratuit, à l'intérieur du camping.
⊕ menu à 14 € servi tous les jours, midi et soir.
⊖ ouvert seulement 4 mois d'été.

Voici peut-être l'adresse la plus originale, un restaurant en plein milieu d'un camping de bord de mer. Avec la meilleure cuisine de tous les campings que l'on connaisse. C'est aussi une belle histoire d'amour. Pascal Borrell (« macaronisé by » Michelin, avec le *Chapon Fin*) le tenait avec sa femme Marie-France. Ignorant le machisme des cuisiniers, il lui a peu à peu laissé le piano. Elle y joue désormais en solo une partition sans faute. Ici, on propose les grands plats du *Chapon Fin*... en moins chers. La tradition catalane est respectée mais réinterprétée. Ainsi, on retrouve la *zarzuela* (poivrons braisés au four) mais flambée au vin blanc. Le croustifondant de pied de cochon est assaisonné de poivre de Tasmanie et... de vieux Byrrh. Un mélange magique des genres et des saveurs. N'oubliez pas que Marie-France est la reine des desserts au chocolat. Piscine pour se rafraîchir. Et la mer à 50 m !

Hôtel Casa Païral

Impasse des Palmiers, 66190 **Collioure.**
04.68.82.05.81. Fax : 04.68.82.52.10. ● www.hotel-casa-pairal.com ●
à 18 km S de Saint-Cyprien (D 81), en plein centre, impasse donnant sur la place du 8-Mai-1945.

Chambres doubles : avec douche à 70 ou 76 €, selon la saison, de 90 à 133 € avec bains et suites à plus de 150 €.
Ouverture : de fin mars à début novembre.
Parking : privé fermé.
⊕ **10 %** sur les chambres en mars, avril et octobre hors jours fériés.

En pleine ville, une oasis de rêve autour d'une belle demeure catalane du XIXe siècle. Calme total : patio avec fontaine noyé sous la verdure, majestueux magnolia, piscine entourée de glycine, salons douillets et tilleul centenaires dans la salle des petits dej'. Un coin de paradis ! Les chambres, pleines de charme, sont confortables, spacieuses, bien équipées et climatisées. Réserver longtemps à l'avance, surtout en été. Accueil prévenant.

À voir : vieux port de Collioure, réserve ornithologique des étangs de Canet.

SÈTE

Carte région SUD-EST

Les Terrasses du Lido

Rond-point de l'Europe, la Corniche, 34200.

Philippe Mouls

☎ 04.67.51.39.60. Fax : 04.67.51.28.90.

à la sortie de Sète, en suivant la corniche.

Menus : de 25 à 52 €.
Chambres : avec bains de 50 à 84 € selon la saison et le confort.
Ouvert : tous les jours en été.
Fermeture : le dimanche soir et le lundi hors saison, et en février.

Ce fut l'événement que la reprise en main par un jeune chef sétois de cette jolie maison ouverte sur le grand large. Philippe Mouls, un chef qui ne travaille qu'en fonction des arrivages, réinventant selon l'humeur, une cuisine gastronomique originale, terre-mer parfumée et savoureuse : lasagnes d'huîtres de Bouzigues, tomate et pistou (une merveille !), baudroie rôtie aux encornets, servie avec un risotto au parmesan sauce à l'encre, soit dit en passant, pour vous donner juste une idée. Une cuisine qui respecte la tradition locale tout en multipliant les échappées libres, comme il se doit pour un chef qui, entre une grand-mère catalane et une autre bretonne, a fait ses premiers pas au piano, avant d'aller faire ses armes chez les grands, de la *Tour d'Argent* au *Château de Divonne*. Service gentil comme tout, comme dans l'autre établissement de Philippe Mouls, *La Rotonde,* brasserie chic du *Grand Hôtel*. Retenez l'adresse et retenez une table.

Le Grand Hôtel

17, quai de-Lattre-de-Tassigny, 34200.

☎ 04.67.74.71.77. Fax : 04.67.74.29.27. ● www.sete-hotel.com ●

en centre-ville, près du canal.

Chambres doubles : avec douche de 60 à 63 € et avec bains de 85 à 90 €.
Fermeture : pour les fêtes de fin d'année.
Parking : payant mais très pratique à 50 m (8 €).

Belle adresse que ce *Grand Hôtel,* bâti dans les années 1880, ayant conservé son charme « louis-philippard » et grand bourgeois. Spacieux, meublé d'époque, il abrite un patio remarquable qu'une verrière à armature métallique, genre Baltard, protège des intempéries et où il fait bon prendre le petit dej', au milieu des plantes vertes. Déco originale, clin d'œil au MIAM voisin (Musée international de l'Art Mineur, à ne pas manquer !). Service impeccable.

À voir : l'étang de Thau et l'arrière-pays.

TAVEL

Carte région SUD-EST

La Genestière

Guillaume de Boissy d'Anglas

Chemin de Cravailleux, 30126.

☎ 04.66.50.94.56.

à une quinzaine de kilomètres NO d'Avignon, sortie 22 sur la A 9. Bien indiqué.

Menus : de 18 à 38 €, à 31 € on a droit à 2 plats ! ***Ouvert :*** midi et soir jusqu'à 21 h. ***Fermeture :*** lundi et mardi ainsi que trois semaines en septembre et quinze jours en janvier.
⊕ cadre original.

Niché au sein d'une ancienne magnanerie, voilà l'adresse qui monte. Pourtant, le chef, Guillaume de Boissy d'Anglas, n'a que 25 ans. Il œuvre dans le traditionnel finement revisité, avec une touche vraiment personnelle. Encore un peu d'expérience à acquérir et nul doute que sa notoriété dépassera rapidement le cadre régional. En attendant, on apprécie l'excellent rapport qualité-prix de ses menus, dans un plaisant cadre médiévalo-kitsch. Quelques musts de la carte : le ragoût de baudroie au lirac, les nems de foie de veau aux champignons. Petites salles pour grandes familles ou joyeuses bandes d'amis, tables bien séparées. Clientèle chic mais atmosphère pas trop guindée. Service irréprochable. Intéressante originalité : la maison affiche tous les tavel à la carte des vins (pas de jaloux, il y a 31 proprios !).

Domaine des Clos

Route de Bellegarde, 30300, **Saint-Gilles.**

☎ 04.66.01.14.61/06.11.81.62.78. Fax : 04.66.01.00.47.

● contact@domaine-des-clos.com ●

D 38 entre Beaucaire et Saint-Gilles. À une trentaine de kilomètres au SO d'Avignon, accès par la N 113 depuis Nîmes.

Chambres doubles : de 80 à 120 €.
Petit dej' : compris.
Fermeture : en janvier.
⊕ réduction en basse saison. Merveilleux jardin et gentillesse de l'accueil.

Au milieu des vignes et du chant des cigales, de belles chambres d'hôtes dans un charmant mas provençal du XVIIIe siècle tout fleuri. Mon tout décoré avec un goût exquis, jolies cotonnades, meubles chinés, souvenirs de voyages. Les musts : le calme, l'immense jardin aux riches essences provençales qui s'étend derrière, l'espace repos sous les grands arbres, la spacieuse piscine, l'accueil chaleureux de David et Sandrine.

À voir : le château de Beaucaire, l'abbatiale à Saint-Gilles, l'abbaye troglodytique de Saint-Roman.

UZÈS

Carte région SUD-EST

Les Fontaines

6, Entre-les-Tours, 30700.
☎ et fax : 04.66.22.41.20.
25 km N de Nîmes.

Jimmy Nival

Menus : à 23 € (sauf soir, dimanche et jours fériés), 29, 34, 48 et 59 €.
Vins : à partir de 12 €.
Ouvert : midi et soir jusqu'à 22 h.
Fermé : le lundi, le mercredi et quinze jours en janvier-février.
Parkings : à la périphérie du vieux centre.
⊕ le charme des lieux.
⊖ arriver à se garer pas trop loin en haute saison.

Au cœur de la ville médiévale, c'est d'abord une demeure d'époque offrant une ravissante salle voûtée au décor raffiné et un élégant salon. Jimmy Nival, encore jeune, formé dans d'excellentes maisons (comme le *Grand Monarque* à Melun), y propose une cuisine très créative, transcendant subtilement les bons produits régionaux, réalisant même des télescopages de saveurs incroyables. Menu « thé, café et cacao » particulièrement original, mais d'ici là, nul doute, il en aura inventé d'autres suivant son inspiration. Desserts à se damner (surtout ceux au chocolat). Normal, dans cette famille, on est pâtissier depuis trois générations... Un talent qui va encore plus éclater, c'est sûr ! Belle carte des vins, crus prestigieux. Aux beaux jours, courette fort plaisante à l'ombre d'un figuier. Réservation très conseillée.

Hôtel La Bégude Saint-Pierre

Les Coudoulières, 30210 **Vers-Pont-du-Gard.**
☎ 04.66.63.63.63. Fax : 04.66.22.73.73. • begudesaintpierre@wanadoo.fr •
à une dizaine de kilomètres SE d'Uzès, sur la D 981.

Chambres doubles : de 70 à 120 € (réduction en moyenne et basse saisons).
Fermeture : dimanche soir et lundi, de novembre à fin mars.
Parking : fermé.
⊕ charme et simplicité, tout à la fois.

En pleine campagne, à 800 m du pont du Gard, un authentique mas provençal du XVIIe siècle (ancien relais de poste) offrant son cadre bucolique, calme et serein. Parc de 14 ha s'étendant jusqu'aux gorges du Gardon et piscine dans un environnement de rêve. Tout le Languedoc concentré au même endroit. 21 chambres et 3 suites de style provençal aux chaleureuses tonalités. Cuisine de bonne réputation, servie dans une élégante salle à manger et gril extérieur aux beaux jours.

À voir : le vieux Uzès, le pont du Gard, la chartreuse de Villeneuve-lès-Avignon.

GÉRARDMER

Carte région NORD-EST

À la Belle Marée

Fabrice Devriese

144, rte de la Bresse, 88400.

03.29.63.06.83. Fax : 03.29.63.20.76. ● www.gerardmer.net ● (rubrique restauration).

à une cinquantaine de km O de Colmar par D 417. À 3 km sur la route de la Bresse.

Menus : 22, 35 et 50 €, 10 € (enfants). Servis midi et soir.
Carte : 30-40 €.
Vins : à partir de 17 € la bouteille (3,50 € au verre).
Meilleures tables : celles près de la cheminée l'hiver et en terrasse l'été.
Fermeture : lundi, mardi.

Cette maison, située en face ou presque du Relais & Châteaux de Gérardmer, les *Bas Rupts,* pourrait en constituer l'annexe marine. Disons que c'est autre chose. Michel Philippe, le chef-patron du beau et luxueux chalet fleuri voisin, veille de loin sur la demeure, tenue avec chaleur par Marie-Laurence Galli, son amie de cœur. Quelle que soit l'heure, la marée est au programme de cette table insolite avec son enseigne marine en lisière de la forêt vosgienne. Fabrice Devriese y veille. Ce chef rigoureux, en provenance du *Calmosien* à Chaumousey, prépare les produits de la mer avec sérieux. La soupe de poissons, les huîtres, la sole meunière, le pavé de bar sont simplement bons. Comme le « festival des truites » tirées du vivier. Ajoutez à cela les petits attentions de la sirène Marie-Laurence et le décor en acajou : vous êtes en cabine, en pleine mer, au cœur des Vosges.

Grand Hôtel

Place du Tilleul, 88400.

03.29.63.06.31. Fax : 03.29.63.46.81. ● www.grandhotel-gerardmer.com ●

en centre-ville.

Chambres doubles : 89 à 175 €.
Petit dej' : 10,50 €.
Meilleure chambre : la n° 407 (baignoire d'angle, bois lazuré, meubles patinés).
Parking : oui (vidéo + veilleur).
apéritif offert sur présentation de ce guide.

Un vrai grand hôtel d'autrefois. Les chambres, aux tons chauds pour la plupart, ont été bien décorées par la charmante Mme Rémy, et sont équipées de belles salles de bains, avec pour certaines, un balcon voire même une large terrasse où prendre son petit déjeuner, l'été. Quelques très belles suites. Piscine extérieure, superbe piscine intérieure chauffée avec jacuzzi et centre de remise en forme. Après l'effort, le réconfort : passez donc boire un verre au bar Louis XIII, si chaleureux.

À voir : **le lac, bien sûr, mais aussi la forêt vosgienne.**

METZ

Carte région NORD-EST

L'Étude

Éric Lalouette

11, av. Robert-Schumann, 57000.

☎ 03.87.36.35.32. Fax : 03.87.36.35.39. • www.l-etude.com •

dans le centre-ville à côté de la banque de France, face au parking de la République.

Menus : 13 € (1 plat), 19,50 et 22,90 €. Servis tous les jours sauf vendredi soir et samedi soir.
Fermeture : dimanche, et du 27 juillet au 17 août.
+ soirées musicales à thème vendredi et samedi soir.

Philippe Rigault, Drômois adopté par la Lorraine, passionné de belles tables et de bons vins, a fait de cet antre cosy la brasserie chic de sa ville. Le décor de salon-bibliothèque, avec son mobilier récupéré, a du charme. L'endroit ouvre à l'heure du thé, mais, en cuisine, Éric Lalouette s'entête à faire plaisir selon le marché. On n'a que du bien à dire des écrevisses et grenouilles en fricassée au pistil de safran, du millefeuille de saumon fumé, du bar au vin rouge épicé ou du dos de sandre rôti à l'indienne. La raviole au chocolat au coulis à l'orange passe toute seule. Jolie carte des vins pleine de trouvailles à prix raisonnable.

Hôtel du Théâtre

1-3, rue du Port-Saint-Marcel, 57000.

☎ 03.87.31.10.10. Fax : 03.87.30.04.66. • www.port-saint-marcel.com •

en plein centre-ville historique.

Chambres doubles : de 88 à 130 €.
Petit dej'-buffet : 11,50 €.
Meilleures chambres : les n°s 114 et 115.
Parking : gratuit public ; accès direct (ascenseur) à la réception.
+ terrasse, piscine extérieure, sauna, hammam et jacuzzi, Internet haut débit.

Un hôtel on ne peut plus central, au sein du port de plaisance Saint-Marcel, et à 2 pas de la cathédrale. Si la déco des chambres est assez standardisée et un peu tristoune, elles sont en revanche assez spacieuses et lumineuses. Bon confort et la literie n'est pas en reste ; jacuzzi ou balnéo dans les plus chères. Également quelques suites et appartements, mais là, il vous faudra casser votre tirelire un peu plus ! Piscine et terrasse surplombent la Moselle. Une étape reposante au bord de l'eau.

La Fleur de Sel

Frédéric Dautruche

27, rue Taison, 57000.
☎ 03.87.74.29.53.
en centre-ville, à 2 pas de la cathédrale Saint-Etienne.

Menus : à 12,50, 13,50, 17,50 et 18,50 € en fonction de l'appétit. Servis midi et soir.
Carte : 40 €.
Vins : à partir de 21 € la bouteille (2,80 € au verre et grand choix).
Fermeture : dimanche et lundi.

Frédéric Dautruche a fait de ce cadre sobre et contemporain un repaire de bon goût. On vient pour l'accueil alerte, les menus malins, la cuisine posée qui sait évoluer selon le marché. Le « lendemain de pot-au-feu » en gelée avec vinaigrette persillée à l'échalote ou cassolette de grenouilles à la crème de persil revisitent les classiques régionaux en finesse. Et les ravioles de homard aux fèves et aux morilles, le turbot rôti au beurre de cidre comme les pieds de cochon désossés croustillants avec leur paillasson de pommes de terre sont des réussites. Excellents desserts dont témoignent les panne-quets caramélisés au citron coulis de fruits rouges, le sorbet au basilic ou encore le crémeux de chocolat et aux épices, avec sa galette pralinée et sa crème glacée aux pruneaux. Une adresse à suivre.

Hôtel de la Cathédrale

25, pl. de Chambre, 57000.
☎ 03.87.75.00.02. Fax : 03.87.75.40.75. • www.hotelcathedrale-metz.fr •
au pied de la cathédrale, comme son nom l'indique.

Chambres doubles : de 70 à 98 €.
Petit dej'-buffet : 10 €.
Meilleure chambre : la nº 103, spacieuse, baies vitrées ; donne sur la cathédrale.
Parking : public (de la cathédrale et du théâtre).
⊕ petit dej' dans le patio fleuri en été.
⊖ pas d'ascenseur.

Idéalement situé au pied de la cathédrale, cet ancien relais de poste du XVIIe siècle abrite 20 chambres de caractère rénovées avec goût par les propriétaires, qui ont eu le souci du moindre détail pour faire revivre cette vieille dame outragée par le temps. Parquets en chêne, vitraux colorés, les matériaux sont nobles et le résultat réussi. Les chambres, dont certaines donnent sur le patio, d'autres sur la cathédrale, sont chaleureuses et confortables : boutis, meubles anciens patinés... Une belle escale.

À voir : la cathédrale et l'incroyable gare.

NANCY

Carte région NORD-EST

Les Pissenlits

Jean-Luc Mengin

27, rue des Ponts, 54000.
☎ 03.83.37.43.97. Fax : 03.83.35.72.49. ● pissenlits@wanadoo.fr ●
à côté de la place du marché.

Menus : 17,10 et 22,10 € (sans le vin) ; 1er prix vin compris à 25,60 €. Servis midi et soir.
Carte : 40 €.
Fermeture : dimanche, lundi, 2 semaines en août.
⊕ vins vraiment pas chers.

Les Mengin, Danièle, la sommelière, Jean-Luc, le mari-cuisinier, tenaient le *Goéland*, restaurant de poisson vedette de la ville. Ils ont créé une annexe et y ont intégré leur ex-grande table, qu'a rejoint leur fiston Sébastien. D'où ce petit temple du bon rapport qualité-prix, dans un cadre bistrot assez vaste, avec tables de marbre façon guéridon où trône une armoire Art nouveau. Au programme : les plats de grand-mère revisités. Salade de pissenlits au lard chaud, feuilleté de quenelles de brochet au coulis de homard, bouchée à la reine, la tête de veau, le lapin en gibelotte, les côtes d'agneau rôties au thym avant la charlotte aux poires sont la providence du gourmet économe.

Hôtel de Guise

18, rue de Guise, 54000.
☎ 03.83.32.24.68. Fax : 03.83.35.75.63. ● www.hoteldeguise.com ●
dans la vieille ville, pas très loin de la place Stanislas.

Chambres doubles : suites 69-89 €, chambres 56-60 €.
Petit dej' : 6,40 €.
Meilleures chambres : la n° 41 plus vaste, d'époque (parquet...) et n° 1 idem.
Parking : privé, fermé et gardé, payant (6 €).
⊕ si on réserve à l'avance, dans le cadre « Bon Week-End en ville », la 2e nuit est offerte (du vendredi au dimanche).

En plein cœur de la vieille ville, cette demeure seigneuriale du XVIIIe siècle, est aujourd'hui un hôtel de 48 chambres et suites, toutes rénovées, auxquelles on accède par un bel escalier XVIIIe siècle. La rénovation a permis de mettre en lumière des trésors anciens : parquet Versailles, cheminées de marbre... Les chambres sont très différentes, selon qu'on leur a conservé leur caractère historique ou si elles sont plus contemporaines. Pas de coup de bambou particulier pour profiter de tout ça !

À voir : **la place Stanislas.**

PETITE-HETTANGE

Carte région NORD-EST

Le Relais des Trois Frontières

Jean-Marc Olmi

11, rte Nationale, 57480.
et fax : 03.82.50.10.65.
à 12 km N de Thionville, sur la N 153 en direction de Sierck-les-Bains.

Menus : 20 € midi et soir en semaine. Le week-end 26 et 39 €. 7 € (enfants).
Vins : à partir de 20 € la bouteille (3,50 € au verre).
Fermeture : lundi soir, mardi soir, mercredi, et du 16 août au 1er septembre.

Cet ancien relais routier mérite, sans conteste, une halte pour le sourire de Corinne Olmi à l'accueil, pour les tables joliment mises et pour la cuisine de Jean-Marc. Ses préparations, aux accents sudistes, associent des produits de première qualité, traités avec respect. Le foie gras poêlé aux pommes vanillées, les noix de Saint-Jacques rôties en risotto crémeux, le navarin de homard aux petits légumes de saison, le carré de veau de lait au sel de Guérande, le demi-pigeonneau au foie gras poêlé et bouquetière de légumes et le délice gaufré de framboises avec une crème à la vanille sont la légèreté et la finesse mêmes.

Hôtel L'Horizon

50, rte du Crève-Cœur, 57100 **Thionville.**
03.82.88.53.65. Fax : 03.82.34.55.84. • www.lhorizon.com •
de l'autoroute sortie 40, direction centre hospitalier Bel Air. Après l'hôpital suivre les panneaux, l'Horizon et Colline du Crève-Cœur.

Chambres doubles : de 80 à 138 €.
Petit dej' : 9 €.
Meilleure chambre : la nº 10.
Parking : gratuit.
Fermeture : le dimanche soir de novembre à mars ainsi qu'entre Noël et mi-janvier.
+ sauna.

Un hôtel niché dans un coin de verdure, dont la façade est engloutie sous la vigne vierge. L'ensemble ressemble davantage à une propriété, et c'est déjà un bon début. Douze chambres lumineuses, décorées avec des tissus fleuris. La déco dans son ensemble privilégie les couleurs pastel ; quelques meubles anciens. De petites attentions vous attendront parfois comme des échantillons de parfum par exemple. Pour un peu, on se sentirait chez soi et on ne s'en plaint pas ! Large terrasse fleurie pour lézarder au soleil.

À voir : **la ligne Maginot.**

SAINT-ÉTIENNE-LÈS-REMIREMONT Carte région NORD-EST

Le Chalet Blanc

34, rue des Pêcheurs, 88200. Joël Lejeune

03.29.26.11.80. Fax : 03.29.26.11.81. • lechaletblanc@hotmail.com •

à 2 km de Remiremont, par la D 417 direction La Bresse-Gérardmer, tourner au centre Leclerc.

Menus : de 19 à 58 €.
Vins : à partir de 16 € la bouteille (4 € au verre).
Meilleures tables : les nos 10 et 12 (devant la cheminée).
Fermeture : le lundi, le samedi midi et le dimanche soir ; pendant les vacances scolaires de Noël, de février (zone A) et 2e quinz. d'août.
Parking : privé, gratuit.
+ rapport qualité-prix des menus.

Il faut faire avec les voisins : une zone commerciale semblable à beaucoup d'autres avec ses bâtiments métalliques et autres enseignes agressives, des ronds-points en pagaille et la route nationale en ligne de mire... Environnement vite oublié quand on pousse la porte de cette construction récente, entre villa coloniale et chalet alpin. Salle chaleureuse (murs lambrissés, cheminée...), accueil et service à l'unisson. Et une cuisine à quelques années-lumière de celle d'une cantine d'hypermarché. Le chef a du métier et, même si certains ne pourront s'empêcher de déceler ici ou là quelques influences, une vraie personnalité. Plats dans l'air du temps, riches d'idées bien maîtrisées : salade de langoustines au pavot bleu à l'orange, filet de sole à la noisette, rhubarbe et beurre d'herbes... Menus (dès celui du déjeuner) d'un heureux rapport qualité-prix.

Auberge de la Vigotte

La Vigotte, 88340 **Le Girmont-Val-d'Ajol.**

03.29.61.06.32. Fax : 03.29.61.07.88. • www.lavigotte.com •

à 6 km du Chalet Blanc par la D 23 puis la D 57 direction Le Girmont-Val-d'Ajol.

Chambres doubles : de 51 à 64 €.
Petit dej' : 6 €.
Meilleure chambre : la n° 3.
Fermeture : du 1er novembre au 20 décembre.
Parking : privé, gratuit.
+ la tranquillité des chambres.

Un couple parisien qui plaque tout pour vivre « autrement » : on connaît l'histoire... Mais on nous l'a plus souvent racontée dans un ancien mas du Luberon que dans une vieille ferme isolée sur le flanc d'une superbe mais méconnue vallée des Vosges méridionales. Accueil évidemment très décontracté et déco entre épure zen et racines campagnardes. Le tout évoque plus l'adresse branchée d'une capitale européenne que le musée d'Arts et Traditions populaires. Calme absolu et nature sauvage aux fenêtres des chambres.

À voir : **Remiremont, Plombières-les-Bains.**

AUVILLAR

Carte région SUD-OUEST

L'Horloge

Place de l'Horloge, 82340.
☎ 05.63.39.91.61.
dans le centre d'Auvillar.

Serge François

Menus : au bouchon, compter 15-20 €. Au resto, menus de 25 à 55 €.
Vins : à partir de 12 €.
Fermeture : du 13 décembre au 8 janvier.
apéritif offert sur présentation de ce guide.

Pour toutes les faims et toutes les bourses. C'est l'adresse routarde de charme par excellence avec sa superbe terrasse, à l'ombre des platanes, à deux pas de la *Tour de l'Horloge*. Le midi, on préférera la formule « bistrot-bouchon », plus rapide mais tout aussi sympa. Le soir, on devra s'initier à la formule gastronomique, le tout concocté, midi et soir, par Serge François. Voici un chef passé chez Le Divellec, Darroze et Bardet, entre autres, et qui, après avoir fait la fermeture de *Daguin*, a préféré ouvrir sa propre maison plutôt que de s'envoler vers Singapour. Un chef désormais doublement posé qui cherche avant tout à mettre à l'honneur les produits de sa région, de la lamproie au bœuf de Chalosse. Pas de poissons de mer, donc, chez lui. Bonne ambiance, à la fois familiale, chic et bonne franquette. Excellente table. Très belle carte de vins du Sud-Ouest et même du grand Sud.

L'Horloge

Place de l'Horloge, 82340.
☎ 05.63.39.91.61. Fax : 05.63.39.75.20.
dans le centre d'Auvillar.

Chambres doubles : de 42 à 50 €.
Petit dej' : 8 €.
Meilleures chambres : les n°s 1 et 2 (plus grandes).
Fermeture : le vendredi et le samedi midi (sauf en saison, ouvert tous les jours en juillet-août) ; et du 13 décembre au 8 janvier.

On s'arrêtera d'autant plus volontiers à Auvillar que le village est classé parmi les « Plus beaux... de France ». *L'Horloge*, à l'entrée du vieux village, propose, au-dessus du restaurant, quelques chambres confortables et impeccables, sobrement mais joliment décorées. Petit déjeuner servi en terrasse aux beaux jours. L'adresse idéale pour une étape entre Agen et Toulouse !

À voir : les halles circulaires, les vieilles maisons de brique.

CAHORS

Carte région SUD-OUEST

L'Ô à la bouche

134, rue Saint-Urcisse, 46000.

Jean-François Dive

☎ 05.65.35.65.69.

dans le centre de Cahors.

Menus : formule du déjeuner en semaine à 12,50 € puis menu-carte à 25 €.
Meilleures tables : toutes.
Fermeture : jeudi toute la journée et vendredi midi. Fermeture annuelle non encore définie.
Parking : payant autour du restaurant.
⊕ le prix de la formule déjeuner.

Jean-François et Florence Dive ont ouvert *L'Ô à la bouche* en 2003, pour le plus grand plaisir des Cadurciens (on frime !) et gastronomes de passage. À nos yeux, et surtout à nos papilles, leur restaurant représente le meilleur rapport qualité-prix-plaisir de la ville. Le menu-carte bien ficelé et dans l'air du temps permet de se régaler de produits sélectionnés, cuisinés avec précision et présentés avec élégance. Normal quand on sait que ce jeune chef belge a travaillé à la *Villa Lorraine* à Bruxelles, et plus récemment en tant que second au château de Mercuès. Accueil sympathique et service efficace dans la chaleureuse salle à manger, pour quelques beaux souvenirs de gastronomie franchement abordables. Une jolie adresse pour prendre l'air du temps, avant d'aller se perdre dans les vieilles rues de Cahors.

Le Mas Azemar

Rue du Mas-de-Vinssou, 46090 **Mercuès.**

☎ 05.65.30.96.85. Fax : 05.65.30.53.82. • www.masazemar.com •

8 km E de Cahors.

Chambres doubles : de 70 à 90 €.
Petit dej' : inclus.
Meilleures chambres : côté jardin et piscine.
Fermeture : aucune.
Parking : gratuit à l'entrée du mas.

Un bien bel endroit, ce *Mas Azemar*. En fait, une maison de maître du XVIIIe siècle plutôt imposante, mais qui se tapit derrière les arbres pour se faire discrète. À l'étage, un long couloir distribue d'immenses chambres, toutes différentes et chaleureuses, dans lesquelles une foule de détails ont été pensés pour se sentir bien. Un peu partout aussi, les photos de Claude Patrolin, ancien photographe. Beaux moments privilégiés au bord de la piscine ou dans le beau salon. Magnifiques petits déjeuners dans la cuisine d'autrefois. Bien bon accueil en toute simplicité.

À voir : le vignoble de Cahors, le vieux Cahors et le pont Valentré, le musée Zadkine aux Arques.

COLOMIERS

Carte région SUD-OUEST

L'Amphitryon

Yannick Delpech

chemin de Gramont, 31770.

05.61.15.55.55.

à 8 km NO de Toulouse.

Formule : à 22 € le midi en semaine.
Menus : 30 et 40 € (vins et café compris pour ce dernier) ; le soir, menus de 45 à 90 €.
Vins : à partir de 25 €.
Meilleures tables : sous la verrière et sur la terrasse l'été ; près de la cheminée, l'hiver.
Ouvert : t.l.j., midi et soir.
⊕ excellent rapport qualité-prix au déjeuner.

Dans cette bâtisse aux airs de villa bourgeoise récente, entre les champs et le parc de l'Aérospatiale, voilà une vraie grande table d'aujourd'hui ! D'abord le cadre, d'un chic contemporain, clair avec des touches de couleurs chatoyantes, une grande verrière qui laisse pénétrer la lumière et une terrasse. La cuisine de Yannick Delpech, légère, créative, raffinée, à base de produits traditionnels, s'éloigne sans conteste et avec brio des grands standards. Passé chez Didier Oudill à Biarritz et Alexis Pelissou, le grand chef du Lot, ce jeune chef joue avec panache la carte Sud-Ouest. Un mélange de saveurs délicates, une cuisson parfaite, chaque plat est une œuvre d'art... un clin d'œil au terroir, du style daurade royale rôtie avec des cannellonis d'huîtres et saucisse de Toulouse émiettée.

Chambres et table d'hôtes La Péniche Soléïado

31520 **Ramonville-Saint-Agne.**

et fax : 05.62.19.07.71 ou 06.86.27.83.19.

● www.canal-du-midi.org/soleiado/index.htm ●

sur les flots du canal du Midi, à 8 km S de Toulouse.

Chambres doubles : de 65 à 70 €.
Pour une escapade de deux jours, compter environ 150 € par personne et par jour en pension complète.
Petit dej' : compris.
Meilleure chambre : Riquet.
Table d'hôtes : 25 €.
Ouverture : toute l'année.
Parking : gratuit.
⊖ peu de chambres, donc peu d'élus !

Cette ancienne péniche de 1927 qui a arpenté, durant de longues années les flots du Rhin, a pris une retraite bien méritée sur le canal du Midi. Elle peut embarquer à bord 7 personnes. Chambres douillettes et coquettes, même si elles ne sont pas bien grandes. Petit déjeuner et repas sur la terrasse fleurie du pont. Et escapade possible de deux jours. Marie-Thérèse balance parfois quelques notes d'accordéon sur le pont... Bref, originalité, calme et charme assurés...

À voir : le canal du Midi, à toute heure et la Ville Rose, bien sûr !

GERDE

Carte région SUD-OUEST

L'Auberge Gourmande

Gilles Béal

4, pl. du 14-Juillet, 65200.

☎ 05.62.95.52.01.

1,5 km S de Bagnères-de-Bigorre. Par la route des cols, puis traverser le pont après Citécycle.

Menus : « gourmet » à 18,30 € en semaine midi et soir ; « gourmand » à 22,11 € et « dégustation » à 46 €.
Vins : à partir de 3 €.
Ouvert : midi et soir.
Fermeture : lundi et mardi ainsi que 15 jours en novembre.
⊕ petit panier avec jouets pour occuper les petits.

Néo-bistrot soigné, aux belles tommettes et murs jaunes. Une poignée de tables en terrasse, à côté de la maison du village, sur une place du 14-Juillet. Ce lieu pourrait bien redonner un air de fête en toutes saisons, avec un peu d'imagination. La carte du terroir concoctée par Gilles Béal invite à se promener dans le potager et entre les herbes parfumées : lapin à la sauge, grosses gambas et légumes de Provence, ragoût d'escargots et pied de cochon aux tarbais, échine de porc noir à l'os confite... C'est frais, savoureux et on apprécie l'imagination du chef. Quelques AOC (madiran, buzet rosé...) à des prix raisonnables. Service prévenant de Vincent avec son tablier blanc immaculé.

Domaine de Ramonjuan

Vallée de Lesponne, 65710 **Lesponne**.

☎ 05.62.91.75.75. Fax : 05.62.91.74.54. • www.ramonjuan.com •

de Gerde, D 935 jusqu'à Beaudéan. D 29 jusqu'à Lesponne et direction Le Chiroulet.

Chambres doubles : de 40 à 60 €.
Demi-pension : obligatoire en été, de 42 à 54 € par personne.
Petit dej' : 6,50 €.
Menus : 15, 23 et 28 €.
Fermeture : début avril.
Parking : privé, gratuit.
⊕ apéro offert aux lecteurs du *GDR* et nombreux loisirs toute l'année.

À 800 m d'altitude, au bord de l'Adour, cette ancienne ferme-bergerie entourée d'un parc de 2 ha, conserve la chaleur et l'accueil des auberges de montagnes. 15 chambres personnalisées. L'ambiance feutrée de la bergerie sert de cadre à 7 chambres aux dimensions plus modestes. La « Grange aux Oiseaux », désigne les 3 bâtiments annexes qui composent une mini-résidence avec 9 chambres et 12 appartements. Piscine chauffée, billard, équitation.

À voir : le Pic du Midi, les grottes de Méclous.

LECTOURE

Carte région SUD-OUEST

Le restaurant de Bastard

Jean-Luc Arnaud

Rue Lagrange, 32700.
☎ 05.62.68.82.44.

dans le centre-ville.

Menus : à 15 € le midi en semaine, et de 28 à 59 €.
Vins : à partir de 14 € la bouteille (3,50 € le verre).
Meilleure table : la n° 5.
Fermeture : les dimanche soir, lundi et mardi midi, ainsi que du 21 décembre au 1er février.
Parking : privé et gratuit.
⊕ café offert à nos lecteurs sur présentation du *GDR*.

L'une des tables les plus agréables de la région. Cuisine d'une grande finesse. Accents italiens, provençaux, le terroir ne devient jamais un carcan. Les hédonistes distingués (et fortunés, ce qui ne va malheureusement pas toujours de pair) ne manqueront pas l'exceptionnel menu (vin compris) *Variations autour du foie,* offrant quatre recettes de foie gras mariées, pour le meilleur seulement, à quatre eaux-de-vie blanches de la région. Sublime ! On termine en apothéose sur un soufflé aux pruneaux avec son verre d'armagnac. Sinon, vous pouvez vous laisser aller pour les *Variations autour d'un menu dégustation* (vin non compris). Aux beaux jours, on sert les repas sur la superbe terrasse. L'art et l'harmonie des lieux se retrouvent en premier dans l'assiette, mais la déco n'est pas en reste, loin s'en faut !

L'hôtel de Bastard

Rue Lagrange, 32700.
☎ 05.62.68.82.44. Fax : 05.62.68.76.81. ● www.hotel-de-bastard.com ●
dans le centre-ville.

Chambres doubles : de 42 à 65 €.
Petit dej' : 10 €.
Meilleure chambre : la n° 107.
Fermeture : du 21 décembre au 1er février.
Parking : privé et gratuit.
⊕ rapport qualité-prix exceptionnel.

Superbe hôtel de charme offrant un remarquable rapport qualité-prix. On entre dans un hôtel particulier du XVIIIe siècle, meublé et décoré avec un goût raffiné. En prime, grande terrasse entourée de toits de tuiles dominant piscine et cyprès. À l'image de son restaurant, l'hôtel est largement à la hauteur.

À voir : la cathédrale, le musée lapidaire, l'atelier de pastel.

MOISSAC

Carte région SUD-OUEST

Le Pont Napoléon

Michel Dussau

2, allée Montebello, 82200.
05.63.04.01.55. • www.le-pont-napoleon.com •
dans le centre, à l'entrée du pont.

Menus : de 20 à 60 €.
Vins : à partir de 11 €.
Fermeture : le dimanche, le lundi midi et le mercredi. (demi-pension assurée le lundi soir), ainsi que du 5 au 22 janvier.

Michel Dussau, cet ancien élève de Ducasse dont la réputation n'est plus à faire, règne en maître désormais sur Moissac. On vient chez lui se régaler, à coup sûr, d'une cuisine de terroir extrêmement raffinée qui fait la part belle aux viandes et aux fruits du Quercy, et notamment au chasselas de Moissac, incomparable raisin au grain doré et sucré. En saison, il est décliné de l'entrée au dessert. Sous la patte inspirée du chef, le cochon rustique se transforme en mets de fête, faisant la preuve que le Tarn-et-Garonne est un des départements les plus intéressants du moment, où le terroir sait se réinventer chaque jour. S'il y en a à la carte, goûtez au chevreau rôti et son feuille à feuille de pommes de terre confites gratinées au cabécou ! Et bien sûr, aux œufs brouillés aux truffes noires : c'est une de ces adresses où l'excellence des produits fait toute la différence.

Le Pont Napoléon

2, allée Montebello, 82200.
05.63.04.01.55. Fax : 05.63.04.34.44. • dussau.lenapoleon@wanadoo.fr •
dans le centre, à l'entrée du pont.

Chambres doubles : de 35 à 54 €.
Petit dej' : 8 € (gourmand).
Fermeture : du 5 au 22 janvier.
Parking : fermé, payant.

On craque tout autant pour la partie hôtel de cette bonne maison en briques roses face au pont Napoléon surplombant le Tarn. Les prix sont extrêmement raisonnables et les chambres jolies comme tout. Elles sont tout simplement charmantes avec leur salle de bains rétro. Mention spéciale pour le petit déjeuner vraiment délicieux : pains et viennoiseries maison, salade de fruits, jus de chasselas de Moissac...

À voir : le cloître roman, la basilique, le pont-canal...

MONTEILS

Carte région SUD-OUEST

Le Clos Monteils

Bernard Bordaries

Route de Puylaroque, 82300.
05.63.93.03.51.
3 km N de Caussade.

Menus : le midi en semaine, menu-express à 14 € ou menu à 22 € ; le soir et le dimanche midi, menus à 25 et 35 €.
Vins : à partir de 12 €.
Fermeture : le samedi midi, le dimanche soir et le lundi, ainsi que le mardi de novembre à mai ; congés annuels de mi-janvier à mi-février.
Parking : gratuit.

Un petit détour gastronomique que vous ne regretterez pas... Bernard Bordaries, après avoir régné dans les plus grands restaurants, sur la Côte d'Azur, a décidé de venir s'installer dans ce joli prieuré, tout habillé de pierre et de vigne vierge. Agréable l'été, sous la véranda ouvrant sur le verger, mais détendant aux jours gris, dans ses salons cosy comme tout. Avec l'aide de sa charmante épouse, ils ont créé un lieu à eux, empreint de charme, de délicatesse et de raffinement... *Carpe diem*, pressés stressés, passez votre chemin... La bonne cuisine demande du temps et de la patience. Produits frais et menus de saison : charlotte de chèvre aux artichauts, velouté de châtaigne à l'huile de noix, duo de cochon confit au chou rouge, etc., desserts somptueux. Terrasse pour les beaux jours.

Le Domaine de Lafon

Pech-de-Lafon, 82270 **Montpezat-de-Quercy.**
05.63.02.05.09. • www.domainedelafon.com •
15 km NO de Monteils (D 83 et D 38). Dans Montpezat, prendre la direction Molières, puis Mirabelle.

Chambres doubles : de 63 à 70 €.
Petit dej' : compris.
Parking : dans le jardin.

Cette belle et sobre demeure du XIXe siècle propose 3 chambres somptueuses. Les murs de la maison ont été entièrement recouverts de fresques, de trompe-l'œil par le propriétaire, peintre de son état. Chaque chambre est envisagée comme un décor de théâtre. Il fait bon vivre dans cette maison, spacieuse, très calme et dominant la campagne du haut de son *pech* (colline).

À voir : Saint-Antonin-Noble-Val, les gorges de l'Aveyron.

PUY-L'ÉVÊQUE

Carte région SUD-OUEST

Le Bellevue

Place de la Truffière, 46700.
☎ 05.65.36.06.60. Fax : 05.65.36.06.61.
25 km O de Cahors, par la D 911.

Christophe Lasmaries

Menus : de 32 à 60 €.
Meilleures tables : proches de la baie vitrée.
Fermeture : les dimanche et lundi toute la journée ainsi que la deuxième quinzaine de novembre, et de mi-janvier à mi-février.
Parking : gratuit sur la place de la Truffière.
⊕ la vue extraordinaire.

Christophe Lasmaries pourrait comme l'on dit « regarder de haut », au sens propre, comme au figuré. Il a pour cela deux bonnes raisons. D'abord parce que son *Bellevue* domine de très haut Puy-l'Évêque et la vallée du Lot. Le panorama est saisissant. Et parce qu'il est un des meilleurs cuisiniers de la région. La douzaine d'année passées chez Jean-Marie Amat, à Bouliac près de Bordeaux, n'y sont évidemment pas pour rien. Mais Christophe Lasmaries ne se contente pas de refaire ce qu'il a appris, il crée ses propres assiettes, avec sensibilité, minutie et une rigueur qui force le respect. Pas de poudre aux yeux, ni de coup de bluff. Pas académique, mais surtout pas victime de la mode : du vrai, du beau, avec peut-être une sensibilité particulière pour les desserts. Une qualité que l'on goûte dès les premiers menus. Sympathique accueil de Fernande Lasmaries et son équipe.

Hostellerie Le Vert

46700, **Mauroux.**
☎ 05.65.35.51.36. Fax : 05.65.36.56.84. • www.hotellevert.com •
9 km S de Puy-l'Évêque, c'est bien indiqué.

Chambres doubles : de 50 à 90 €.
Petit dej' : 7 €.
Meilleures chambres : toutes ont leur charme, toutes sont différentes.
Fermeture : de mi-novembre à mi-février.
Parking : gratuit dans le parc.
⊕ l'ambiance maison.

Le Vert ? C'est le ciel bleu du Quercy mélangé au jaune des boutons d'or. Une douceur de vivre étonnante à laquelle on succombe avec délectation, car tout a été pensé pour le bien-être de chacun, dans cette splendide maison quercynoise. Chaque chambre possède sa propre atmosphère, mais le confort est le même pour toutes. Moins de dix chambres, que l'on s'approprie donc facilement grâce à l'accueil d'Ève et Bernard Philippe. Ils tiennent cet hôtel depuis vingt-cinq ans de la même façon, comme on ouvre sa maison à des amis. Piscine chauffée.

À voir : vignoble du Cahors, Puy-l'Évêque, château de Bonaguil.

RODEZ

Carte région SUD-OUEST

Restaurant Goûts et Couleurs

Jean-Luc Fau

38, rue de Bonald, 12000.

☎ et fax : 05.65.42.75.10.

face à la cathédrale, remonter sur la gauche jusqu'à la place de la Cité.

Menus : de 20 à 56 €.
Vins : à partir de 15 €.
Meilleures tables : sur la terrasse si le temps le permet.
Fermeture : dimanche et lundi, en janvier, du 25 avril au 10 mai et 2 semaines à la mi-septembre.
Parking : municipal à 200 m.
⊕ le talent de peintre du chef.

Jean-Luc Fau est un personnage atypique, en dehors de toute école. Sa cuisine s'inscrit dans une tendance de douceur, de beauté avec des pointes d'étonnement comme dans cette poitrine et cuisse de pigeon rôties à la cacahuète, patate douce et purée de citrons confits. Il y a des moments de bonheur quand on goûte la queue de lotte rôtie farcie au pistou sur une fondue de fenouil, fondant parfaitement. Le tout, avec le coulis de poivrons et le jus de sardines sans détruire la subtilité de la lotte parfaitement cuite. On se laisse surprendre par le carpaccio de gambas à l'huile de fleur de sureau accompagné de dés de mangue. Même le fromage est un plat et pas un plateau. Tout est dans la subtilité de cette cuisine, de l'esthétique dans les assiettes et puis, à chaque plat, un éclair, un rayon, une lueur. Là, c'est un jus de gingembre. Ici, un peu de pop corn avec des calamars (fallait y penser !). Il fait vraiment bon d'être ici où les tableaux ne sont autres que les plats du chef !

Hôtel Biney

7, bd Gambetta ou rue Victoire-Massol, 12000.

☎ 05.65.68.01.24. Fax : 05.65.75.22.98. • hotel.biney@wanadoo.fr •

dans le centre.

Chambres doubles : de 68 à 135 €.
Petit dej' : 9 €.
Meilleure chambre : la nº 15
Parking : payant (10 €).
⊕ les abords immédiats.

En plein cœur de Rodez, à deux pas de la cathédrale, on se retrouve presque au calme et loin de tout dans des chambres aux couleurs chaudes. C'est très cosy, très confort. D'ailleurs à la grande époque, la cantatrice Emma Calvé venait séjourner ici lors de ses passages à Rodez. L'accueil devait y être pour beaucoup. C'est d'ailleurs une des marques de fabrique de la maison. Ambiance conviviale et avenante.

À voir : la cathédrale Notre-Dame et les vieux quartiers.

SAINT-AVIT

Carte région SUD-OUEST

Saveurs de Saint-Avit

La Barraque, 81110.

Simon Scott

et fax : 05.63.50.11.45.

sur la route entre Soual et Massaguel.

Menus : à 20 € le midi en semaine, puis de 26 à 68 €.
Carte : environ 48 €.
Fermeture : le dimanche soir et le lundi ainsi qu'en janvier.

Le dernier-né des hauts lieux du Tarn gastronomique. Meilleur jeune cuisinier britannique en 1991, chef au *Ritz*, puis au *Savoy*, Simon adore pouvoir flâner sur les marchés, choisir ses produits et être libre de sa créativité. Et on en profite ! Pour ce niveau, les prix restent tout doux. Un seul regret : la carte des vins est encore un peu courte, mais ce défaut de jeunesse devrait disparaître. N'oublions pas que les Anglais comptent parmi les meilleurs sommeliers du monde.

Hostellerie le Logis des Pères

Abbaye-École de Sorèze, rue Lacordaire, 81540 **Sorèze.**

05.63.74.44.80. Fax : 05.63.74.44.89. • contact@hotelfp-soreze.com •

5 km E de Revel, en direction de Durfort.

Chambres doubles : de 85 à 145 €.
Petit dej' : 10,50 €.
Meilleure chambre : la nº 115.
Fermeture : la semaine de Noël.
Parking : privé gratuit à 100 m.

Situé sur l'un des grands chemins qui conduit les pèlerins à Saint-Jacques-de-Compostelle, l'abbaye de Sorèze, classée Monument historique, fut un haut lieu du savoir et de l'histoire. Fondée en 754, elle devint une école en 1682 et Louis XVI l'éleva au rang d'École royale militaire. Dans ce cadre prestigieux, les 52 chambres spacieuses, aménagées avec bon goût dans les anciens logements des bénédictins, donnent soit sur le parc de 6 ha aux arbres tricentenaires, soit sur le cloître ou la majestueuse cour des Rouges. Ici, pour notre plus grand plaisir, le temps suspend son vol ; d'ailleurs, on s'y fait très bien.

À voir : l'abbaye-école de Sorèze, les musées Goya et Jaurès à Castres.

SAUVETERRE-DE-ROUERGUE

Carte région SUD-OUEST

Restaurant Le Sénéchal

Michel Truchon

À Sauveterre-de-Rouergue, 12800.
05.65.71.29.00. Fax : 05.65.71.29.09. • www.senechal.net •
à l'entrée de la bastide.

Menus : de 25 à 100 €.
Vins : à partir de 15 €.
Meilleure table : sur le patio en été.
Fermeture : lundi, mardi midi, jeudi midi et de janvier à mi-mars.
Parking : en face de la maison.
+ la passion de Michel Truchon pour la cuisine.

Michel Truchon est un enfant de Sauveterre, bastide séduisante s'il en est. Il ne partirait d'ici pour rien au monde. Il fait partie du paysage comme disent ses amis. Un petit tour sur la place de la bastide pour se mettre en appétit et nous voilà dans la salle sobre et racée du *Sénéchal*. Que la fête commence ! Fête des produits. Michel est intraitable sur la qualité. C'est un grand moment de le voir sur le marché de Rodez à l'aube. Fête des papilles avec ces queues de grosses langoustines royales, noix de coco, huile d'olive, amandes fraîches et polenta. Fête du terroir à travers ce carré d'agneau et ris rôtis aux herbes fraîches et jus d'agneau. Il fait une cuisine de sensation, une cuisine qui va de l'avant dans une terre de traditions. La cuisine de Michel Truchon, c'est une histoire d'amour avec la gourmandise qui n'est certainement pas un péché.

Hôtel Le Sénéchal

À Sauveterre-de-Rouergue, 12800.
05.65.71.29.00. Fax : 05.65.71.29.09. • www.senechal.net •
à l'entrée de la bastide.

Chambres doubles : de 100 à 150 €.
Petit dej' : 14 €.
Meilleure chambre : la nº 15.
Ouvert : toute l'année.
Parking : garage payant (10 €).
+ le bon goût qui habite cette maison.

Le Sénéchal a tout pour plaire. Des chambres spacieuses confortables où se mêlent meubles d'époque et contemporains. Sol en terre cuite et grandes salles de bains. Tout le monde sera aux petits soins pour vous faire aimer cette maison et cette bastide. Les petits déjeuners plus que copieux dans le patio au moment où le soleil joue avec les pierres... juste avant un petit plouf dans la piscine. Vous voilà fin prêt pour partir sur les sentiers du Ségala à la recherche des beautés de ce coin du Rouergue.

À voir : une des plus belles bastides de la région, avec sa place, sa collégiale...

TOULOUSE

Carte région SUD-OUEST

L'Émile

Christophe Fasan

13, pl. Saint-Georges, 31000.
☎ 05.61.21.05.56.
au centre-ville

Menus : à 17 et 28 € (le midi uniquement) et 2 autres menus à 35 et 39 €.
Vins : à partir de 14 €.
Meilleures tables : sur la terrasse aux beaux jours.
Dernier service : à 22 h 30.
Fermeture : le dimanche et le lundi (sauf lundi soir en été) ainsi que pendant les vacances de Noël.
⊕ apéro offert aux lecteurs du *GDR*.

Un écrin désuet (toiles guère à notre goût) et pourtant chaleureux, une salle étroite, au rez-de-chaussée (une autre à l'étage) mais l'été, il y a la terrasse ombragée en bordure de la place. Dans les assiettes, une cuisine généreuse, fine, particulièrement goûteuse, surtout basée sur le poisson : pavé de sandre, *zarzuela,* rosace de gambas... On cuisine ici la qualité, et on s'attache à la précision des cuissons, jamais prises en défaut. Le produit est mis en avant, sublimé, jamais masqué. Et l'on est étonné de la permanence de la qualité, de la force discrète des goûts qui animent les papilles. Même le premier petit menu du midi permet de se mettre de jolies choses sous la langue. Côté vins, une cave (avec près de 80 000 bouteilles !) à faire pâlir les plus grands sommeliers : il y en a pour tous les palais et toutes les bourses.

Hôtel des Beaux-Arts

1, pl. du Pont-Neuf, 31000.
☎ 05.34.45.42.42. Fax : 05.34.45.42.43. • www.hotelsdesbeauxarts.com •
au centre-ville.

Chambres doubles : de 77 à 168 €.
Petit dej'-buffet : 15 €.
Meilleure chambre : la n° 42 au dernier étage avec terrasse.
Ouverture : toute l'année.
Parking : municipal « Esquirol », payant.
⊖ souvent complet.

Derrière la façade du XVIIIe siècle, la décoration résolument moderne décline tous les standards du confort adapté à cette vieille bâtisse tarabiscotée. Très jolies chambres avec douche ou bains et w.-c., les moins chères sans la vue et petites. Si vous le pouvez, mieux vaut vous offrir une chambre un peu haut de gamme pour avoir la vue sur la Garonne ! Il y en a même une au dernier étage avec, s'il vous plaît, une terrasse très cosy et douillette. De là-haut, on ne peut s'empêcher de fredonner la célèbre chanson de Nougaro, *Ô Toulouse*.

À voir : Le Capitole, la basilique Saint-Sernin, le musée des Augustins, les abattoirs (musée d'art moderne).

VILLENEUVE-D'OLMES

Carte région SUD-OUEST

Restaurant le Castrum

Pao Magny

Le Laouzet, 09300.

☎ 05.61.01.35.24. Fax : 05.61.01.22.85. • lecastrum@lecastrum.com •

5 km S de Lavelanet. À l'entrée de la ville sur la droite.

Menus : de 26 à 82 €.
Vins : à partir de 20 €.
Meilleures tables : toutes.
Ouverture : tous les jours.
Parking : privé sur place.
⊕ menu enfants. Vins au verre à 5 €.

Au printemps 2002, la disparition du patron et chef étoilé J.-J. Bénet laisse le *Castrum* orphelin. Son épouse Béatrice (infirmière) reprend alors le flambeau. Formé par le patron, l'Ariégeois Pao Magny âgé de vingt ans se retrouve chef de cuisine. Un an plus tard, il démontre de façon magistrale que la valeur n'attend point le nombre des années en devenant le plus jeune chef étoilé de France et marque le *Castrum* de son empreinte. Derrière sa simplicité, ce Mozart des fourneaux cache un talent qui démontre une belle maîtrise de son art. Véritable moyen d'expression, sa cuisine reflète ses influences, son terroir et la Méditerranée. Si belles que l'on hésite à les croquer, ses surprenantes créations aux accords subtils (queue de lotte panée à la cacahuète, baron d'agneau farci aux olives noires) proposent des rencontres originales pleines de saveurs, qui s'inscrivent dans la mémoire des palais.

Hôtel le Castrum

Le Laouzet, 09300.

☎ 05.61.01.35.24. Fax : 05.61.01.22.85. • lecastrum@lecastrum.com •

5 km S de Lavelanet. À l'entrée de la ville sur la droite.

Chambres doubles : de 75 à 150 €.
Petit dej' : 12 €.
Ouverture : toute l'année.
Parking : privé sur place.

Posée sur une hauteur à l'entrée du village, cette grande villa contemporaine entourée d'un parc boisé est une oasis de modernité et de tranquillité, éclairée par le sourire de Béatrice Bénet. Mobilier de bois clair, tons lumineux, climatisation à l'étage. Les 12 chambres soignées, tournées vers les sommets pyrénéens, invitent à la rêverie. Petit déjeuner servi sous la verrière face au bois et belle terrasse devant la piscine chauffée.

À voir : le château de Montségur, le château des comtes de Foix.

HAZEBROUCK

Carte région NORD-EST

Auberge de la Creule

1, rte de la Creule, 59190.

Christian Vandenbussche

☎ 03.28.48.03.03. Fax : 03.28.42.27.86. • lacreule@wanadoo.fr •

2 km N d'Hazebrouck, par la D 916, direction Steenvorde.

Menus : de 12,50 à 38 €.
Vins : à partir de 15,60 €. 12,50 € pour les découvertes.
Fermeture : le soir, les lundi, mardi, mercredi et dimanche. La dernière semaine de février, et du 15 au 22 août.
Parking : privé.
⊕ l'accueil du chef.
⊖ service vite débordé.

Basse maison de brique, très couleur locale, au bord de la départementale. Le décor semble planté pour une adresse « à plat du jour ». Mais s'il y a bien quelques tables posées le long du bar et un (épatant) petit menu le midi, la cuisine joue ici dans un tout autre registre que le familial-roboratif. Le tout jeune chef est un passionné, qui n'hésite pas à sortir de sa cuisine pour vous livrer ses recettes (on le sent prêt, en insistant un peu, à en lister les ingrédients sur un coin de nappe !). Un intransigeant qui, même si sa manière toute personnelle d'appréhender les classiques du terroir, sa perpétuelle quête de produits d'ailleurs et de saveurs nouvelles déconcertent parfois la clientèle locale, semble très loin de revoir ses ambitions à la baisse ! Petite salle mignonne comme tout. Service dans la simplicité. Une vraie découverte.

Hostellerie des Trois Mousquetaires

Château du fort de la Redoute, N 43, 62120 **Aire-sur-la-Lys.**

☎ 03.21.39.01.11. Fax : 03.21.39.50.10. • hostelleriedes3mousquetaires.com •

15 km SO de l'Auberge de la Creule par la D 943b ; sur la N 43 à la sortie d'Aire-sur-la-Lys, direction Béthune.

Chambres doubles : de 50 à 130 €.
Petit dej' : 12 €.
Meilleures chambres : les nos 19, 20, 30 et 33.
Fermeture : du 20 décembre au 20 janvier.
Parking : privé, fermé. Gratuit.
⊕ la rivière qui borde le château.

Petit château du XIXe siècle, construit pour un industriel local à l'emplacement d'un ancien fort (où d'Artagnan a, paraît-il, traîné ses bottes, d'où l'enseigne...). Un air (clochetons et colombages) a été transporté depuis la côte normande. Ambiance étonnamment (à deux pas de la nationale) champêtre, au cœur d'un parc avec pièce d'eau où s'ébattent cygnes et canards. Chambres toutes différentes mais raccord avec l'esprit de la maison : déco bourgeoise, lits à baldaquin pour certaines.

À voir : Aire-sur-la-Lys, le marais audomarois.

LILLE

Carte région NORD-EST

L'Esplanade

Christophe Scherpereel

84, façade de l'Esplanade, 59800.
☎ 03.20.06.58.58. Fax : 03.20.39.52.09.
entre le vieux Lille et la citadelle.

Menus : de 30 à 62 €.
Vins : à partir de 18 € la bouteille (6 € au verre).
Meilleures tables : toutes.
Fermeture : le samedi midi et le dimanche.
⊕ les vins au verre.
⊖ le quartier.

Un boulevard où se contentent de glisser les automobiles, un vaste parking derrière lequel se devine la citadelle... Quartier bien improbable pour y ouvrir un resto. Mais le jeune chef, fraîchement installé dans cette typique maison de brique, peut se le permettre : à même pas 30 ans, il s'est déjà taillé une jolie réputation dans son auberge de Wattignies. Réputation qui ne devrait faire que grandir avec cette implantation lilloise. Sa cuisine est positivement emballante : bien de son temps, créative mais toujours respectueuse du produit. Elle s'épanouit désormais dans un cadre à la hauteur : chaleureux petit salon au rez-de-chaussée, salle, à l'étage, bourgeoisement contemporaine, élégante vaisselle, service très « grande maison ». Époustouflante carte des vins (facturés sans excès), élaborée par le patron de la *Part des Anges*, sympathique bar à vins du vieux Lille.

La Viennale

31, rue Jean-Jacques-Rousseau, 59800.
☎ 03.20.51.08.02. Fax : 03.20.42.17.23. • http.//laviennale.free.fr • ♿
au cœur du vieux Lille.

Chambres doubles : de 70 à 130 €.
Petit dej' : 7 €.
Meilleures chambres : la « Fushia » et la suite « Nuptiale ».
Ouverture : toute l'année.
Parking : privé, fermé et gratuit.
⊕ le jardin au cœur de la ville.
⊖ l'accès automobile.

Ancien hôtel particulier de la fin du XVIIIe siècle, paisible dans une petite rue du vieux Lille. Cette maison de famille (oubliez l'administrative appellation de « résidence hôtelière ») séduit immédiatement : un grand jardin (où se prend le petit dej' aux beaux jours), un surprenant salon, genre mini-Versailles, et une petite douzaine de chambres, chacune avec son histoire, qui feront le coup du charme aux amoureux de kitsch élégant, d'objets d'art, de stucs, de bibelots choisis et de meubles de style.

À voir : la Grand-Place, la Vieille Bourse, le musée de l'Hospice-Comtesse.

LA BOUILLE

Carte région NORD-OUEST

Restaurant de la Maison-Blanche

Gregory Derasse

1, quai Hector-Malot, 76530.

☎ 02.35.18.01.90.

dans le centre du village, en bord de Seine.

Menus : à 18 €, servi en semaine, puis de 27 à 37 €.
Vins : à partir de 14,50 €.
Meilleures tables : près de la fenêtre.
Fermeture : le dimanche soir et le lundi.
Parking : gratuit à proximité.
⊕ vue sur la Seine.

Une jolie salle à l'étage pour admirer les bateaux qui passent et un jeune chef très prometteur qui ne manque ni d'originalité ni de savoir-faire. Beaucoup de soin dans le choix de ses produits et la présentation de ses assiettes. Le 1er menu est déjà très élaboré : huîtres et coquillages en sabayon safrané, poisson du marché, dessert raffiné. Les autres sont tout aussi réjouissants : millefeuille d'aubergine aux agrumes ou foie gras mi-cuit aux poires ou aux figues. Le filet d'agneau en croûte d'herbes et de mangue fraîche arrosée de jus à la badiane est un régal. Le chef excelle dans l'art d'utiliser les épices. Une excellente étape sur la route de Deauville.

Hôtel de la Cathédrale

12, rue Saint-Romain. 76000 **Rouen.**

☎ 02.35.71.57.95. Fax : 02.35.70.15.54. • www.hotel-de-la-cathedrale.fr •

à une vingtaine de kilomètres de La Bouille, par l'A 13 et la N 138. En plein centre-ville.

Chambres doubles : de 59 à 69 €.
Petit dej'-buffet : 7,50 €.
Meilleures chambres : 24 et 25 sous les toits... charmantes.
Parking : payant à proximité.
⊕ situation idéale, tout se fait à pied.
⊖ le prix du petit dej', cher pour un 2 étoiles.

À Rouen, dans une rue piétonne, pavée d'histoire et riche de patrimoine, qui longe la cathédrale. De l'extérieur, un merveilleux petit hôtel de charme, disposé autour d'un agréable patio. Au calme et très bien situé. 26 chambres, toutes ont été rénovées. Elles disposent de sanitaires complets et TV, câble. Salon de thé dans le jardin, ou la grande salle à manger près de la chaumière.

À voir : **la vallée de la Seine, l'abbaye de Jumièges, l'abbaye de Saint-Martin-de-Boscherville.**

CAEN

Carte région NORD-OUEST

Le Pressoir

Sandrine et Ivan Vauthier

3 av. Henry-Cheron, 14000.
☎ 02.31.73.32.71.
dans les faubourgs ouest du centre dans une perpendiculaire au boulevard Detoile.

Menus : menu affaires à 25 € en semaine. De 39 à 60 € le week-end.
Réservation : indispensable.
Fermeture : dimanche soir, lundi et samedi midi, plus trois semaines en août.
Parking : sans problème.
⊕ le menu à 24 €, un condensé des trésors du lieu.
⊖ accueil un peu raide malgré la griffe moderne des tenues de service.

Ici le métier de cuisinier prend tout son sens : travail, intuition et respect des produits sont des valeurs qui comptent et qui posent les fondements d'un parcours séduisant et remarqué. Décor plaisant dans le style rustique revisité, avec poutres pistache et rideaux de madras. Les tables de taille confortable et l'atmosphère feutrée permettent de mieux se concentrer sur des assiettes élaborées avec autant de sens du spectacle que de maîtrise dans les assemblages. Le choix des produits locaux, maritimes ou terrestres n'empêche pas de lorgner vers la Méditerranée dont les huiles et les herbes parfument les préparations. On confine à l'extase avec des desserts, à jeter aux orties les contraintes de la diététique et on se plaît à être surpris encore par les affrontements féconds de l'aigre et du doux, du sucré et du salé. Carte des vins impressionnante avec un intérêt particulier pour la production de la Loire.

Le château de Bellefontaine

49, rue de Bellefontaine, 14400 **Bayeux.**
☎ 02.31.22.00.10. Fax : 02.31.22.19.09. • www.hotel-bellefontaine.com •
un peu en retrait sur la gauche, à l'entrée de Bayeux en venant de Caen.

Chambres doubles : en haute saison, de 105 à 119 €, et suites de 150 à 180 €.
Fermeture : du début janvier à la mi-février.
Petit dej' : en supplément.
Parking : aisé.
⊕ tennis et activités sportives aux alentours.

La vie de château à deux pas du centre de la ville. Un corps de bâtiment du XVIIIe siècle à la digne façade classique au milieu d'un parc de 2 ha aux arbres multicentenaires et parcouru par un canal. Des chambres au mobilier de style, de belle taille, ensoleillées et fleuries. Également des suites modernes à la déco design dans une dépendance. Salon cosy à la cheminée monumentale.

À voir : **mémorial de la Paix (Caen) ; tapisserie de la reine Mathilde, plages du débarquement (Bayeux).**

FÉCAMP

Carte région NORD-OUEST

La Ferme de la Chapelle

Thomas Buchy

Côte de la Vierge, 76400.
02.35.10.12.12. • www.fermedelachapelle.fr •
sur la falaise d'Amont. Du centre, suivre la route de la chapelle Notre-Dame-du-Salut.

Menus : à 14,50, 27 et 33 €.
Vins : à partir de 10,70 €.
Meilleures tables : près des fenêtres.
Fermeture : le lundi midi.
Parking : gratuit.
apéritif maison offert à nos lecteurs sur présentation du *GDR*.

Accolés à la chapelle et aux vestiges d'un prieuré du XVIe siècle, les anciens bâtiments de ferme, immenses, ont été rénovés autour d'une cour carrée et fermée, typique du pays de Caux. Dominant Fécamp, la falaise d'Aval et sa plage, le site est impressionnant. Les Buchy proposent une cuisine pleine d'excellentes trouvailles, comme le soufflé de rouget au cumin et beurre d'anis ou encore la moussette de pigeon et foie gras aux pistaches et muscat. Pas de souci : Thomas Buchy a de la patte ! Dans la vaste salle à manger aux murs blancs, on aime beaucoup les peintures régionales. Accueil chaleureux.

La Ferme de la Chapelle

Côte de la Vierge, 76400.
02.35.10.12.12. Fax : 02.35.10.12.13. • www.fermedelachapelle.fr •
sur la falaise d'Amont. Du centre, suivre la route de la chapelle Notre-Dame-du-Salut.

Chambres doubles : avec bains et TV satellite à 61 €.
Petit dej' : 8 €.
Meilleures chambres : « Jérome-Antony » et « Kagryanne ».
Parking : gratuit.
la vue sur la mer.

Même si des chambres, orientées côté cour, l'on ne profite pas directement de la vue sur mer, autant dormir sur place. On aurait aimé un peu plus de charme et de recherche dans la déco mais on apprécie plus encore le côté calme et sauvage du site. Ici, vous ne serez dérangé que par le bruit du vent et le cri des mouettes...

À voir : **l'abbatiale, le palais Bénédictine, le port et les estacades.**

LA FERRIÈRE-AUX-ÉTANGS Carte région NORD-OUEST

Auberge de la Mine

Hubert Nobis

Le Gué-Plat, 61450.
☎ 02.33.66.91.10.
entre Flers et la Ferté-Macé, par La Ferrière-aux-Étangs puis direction Domfront et Cité minière du Gué-Plat.

Menus : de 19 à 52 €.
Meilleure table : la table ronde n° 3.
Premier vin : vin du pays d'Oc à 17 €.
Fermeture : mardi, mercredi et dimanche soir toute l'année, deuxième quinzaine d'août et en janvier.
Parking : non surveillé, devant l'auberge.
+ l'accueil.

Dans une bien belle auberge de campagne, dissimulée sous les lierres. Des petites tables bien mises et une cuisine normande, revisitée « juste ce qu'il faut » par Hubert Nobis, pour donner une touche sincère et originale à ses plats. Les alliances impromptues du gros ravioli de tourteau avec son jus de carapace mousseux ou encore des herbes au filet de lieu jaune rôti font très bon ménage. Autant de surprises bienvenues, servies avec délicatesse, par un personnel aux petits oignons. Les bons vieux classiques, comme la pièce de bœuf avec sa galette de pommes de terre au Livarot, raviront les fervents partisans de la cuisine de terroir. Gardez un peu de place pour les desserts à base de produits locaux, pas mauvais du tout. L'adresse idéale pour un repas dominical en famille ou pour un tête-à-tête gourmand.

Manoir du Lys

61140 **Bagnoles-de-l'Orne.**
☎ 02.33.37.80.69. Fax : 02.33.30.05.80. • www.manoir-du-lys.fr •
à 15 km du Gué-Plat, route de Juvigny-sous-Andaine.

Chambres doubles : 65 à 105 €.
Petit dej' : 13 €.
Meilleure chambre : avec lit à baldaquin.
Fermeture : vacances de janvier à mi-février, et fermeture hebdomadaire les dimanche soir et lundi de février à fin mars, en novembre et en décembre.
Parking : gratuit dans l'enceinte du manoir ou garage à 8 €.

Au cœur de la forêt des Andaines, dans un ancien relais de chasse, délicieusement perdu sous les feuillages. Les chambres sont contemporaines, avec douche ou bains, toutes différentes, et même avec un balcon ou une petite terrasse pour certaines. Calme, en pleine nature : il n'est pas rare de croiser un faon et sa mère au petit matin. Piscine. On s'y sent bien.

À voir : **le château de Flers, la cité médiévale de Domfront.**

HONFLEUR

Carte région NORD-OUEST

La Fleur de Sel

Vincent Guyon

17, rue Haute, 14600.

☎ 02.31.89.01.92.

dans une des rues du centre historique, près du vieux bassin.

Menus : de 22 à 39 €.
Vins : Côte du Rhône « Belleruche » de la maison Chapoutier à 22 €.
Réservation : fortement conseillée le week-end.
Fermeture : les mardi et mercredi et en janvier.
Parking : parking Sainte-Catherine, le plus proche.
⊕ le menu à 22 € déjà révélateur des talents du jeune chef.

Dans cette petite rue du centre où les restaurants se pressent comme champignons après la pluie, une façade discrète bordée de boiseries lavande qui laisse entrevoir un intérieur plein de chaleur. Salle lumineuse, montages photo de plats aux murs qui mettent déjà l'eau à la bouche. La vaisselle est d'une élégante modernité. Le chef revisite une cuisine régionale à l'héritage chargé en allégeant considérablement les recettes. Les produits du cru, proposés au gré du marché, sont traités avec inventivité et réhabilitent autant le traitement ancestral des poissons et crustacés, avec des marinades inédites, que celui des viandes, avec cette poitrine de veau confite aux grenailles avec lichettes d'andouille de Vire. Calvados, miel, cidre et pommes se retrouvent en combinaison avec le thé de Chine, la truffe, le homard ou le tourteau pour une sarabande d'associations inédites et souvent heureuses. Accueil souriant.

Les Maisons de Léa

Place Sainte-Catherine, 14600.

☎ 02.31.14.49.49. Fax : 02.31.89.28.61. • lesmaisonsdelea@wanadoo.fr •

au centre de la ville historique, pile en face de l'église en bois.

Chambres : de 95 à 165 €, selon la taille et l'équipement.
Petit dej' : 10 €.
Meilleures chambres : celles à l'arrière, sur cour Louis XV.
⊕ la déco et le confort.
⊖ parking difficile à proximité immédiate. Prix un peu élevés mais confort assuré.

Hôtel de charme idéalement situé au cœur de la petite cité portuaire. Large façade couverte de lierre habillant de vert quatre maisons réunies. Les chambres rénovées de frais sont dotées d'une décoration romantique à souhait et déclinées en quatre thèmes : romance, capitaine, campagne ou Baltimore. La salle du petit déjeuner qui laisse passer les flots de lumière et le vaste salon-bibliothèque doté de canapés rouges laissent augurer d'un séjour confortable et raffiné. Accueil adorablement attentionné.

À voir : **l'église Sainte-Catherine, les maisons Satie, le musée Eugène-Boudin.**

NOCÉ

Carte région NORD-OUEST

Auberge des 3 J

1, pl. du Docteur-Gireaux, 61340.
☎ 02.33.73.41.03.
sur la place du village.

Stéphan et Marie Joly

Menus : de 23 à 45 €.
Meilleures tables : dans la grande salle.
Premier vin : beaujolais village à 15 €.
Fermeture : dimanche soir, lundi toute l'année et le mardi de septembre à juin.
Parking : non surveillé, sur la place du village.
⊕ les mignardises.

En plein cœur du charmant village de Nocé. La bonne surprise du Perche ! Dans cet ancien relais de poste, Stéphan Joly (un ancien de la *Tour d'Argent*) et ses acolytes en cuisine s'amusent des codes gourmands du terroir normand et s'en échappent pour voyager au loin à travers les plats qu'ils inventent : l'inspiration ne leur manque pas et ils cultivent avec un J comme joie l'art du bien manger. Ça donne une pièce de bœuf à l'andouille au vin épicé ou un pressé de sandre avec des cuisses de grenouille en accras. L'originalité et un petit vent du sud soufflent aussi sur un chakra d'artichaut tomaté au tourteau ou la piperade de chorizo... Cuisine magnifiquement présentée, et gentiment servie par Marie Joly elle-même. Mention spéciale pour les desserts : le chef n'a rien oublié de ses années chez Peletier ! Le fondant au chocolat est moelleux à souhait et l'on ajouterait bien quelques pages au millefeuille...

Hôtel du Tribunal

4, pl. du Palais, 61400 **Mortagne-au-Perche.**
☎ 02.33.25.04.77. Fax : 02.33.83.60.83.
● http ://perso.wanadoo.fr/hotel.du.tribunal.61.normandie ●
à 21 km de Nocé, en centre-ville.

Chambres doubles : de 45 à 100 €.
Petit dej' : 7,50 €.
Meilleure chambre : la n° 22.
Parking : non gardé, devant l'hôtel.
⊕ chambres avec jacuzzi.

Une adresse de charme sans prétention, mais aux prestations de bon niveau. Belle auberge percheronne du XVIIIe siècle, pour amoureux des vieilles pierres, sur une jolie place du village. Des chambres meublées chaleureusement, de belles tentures, certaines dans l'annexe avec vue sur une petite cour fleurie. D'autres ont un jacuzzi et une vue sur le vieux Mortagne ou sur le jardin intérieur. Une halte où le sourire et l'accueil de madame Le Boucher font plaisir à voir !

À voir : **le manoir Courboyer, l'abbaye de la Trappe.**

NORMANDIE

ROUEN

Carte région NORD-OUEST

Le 37

37, rue Saint-Étienne-des-Tonneliers, 76000.

Gilles Tournadre et Sylvain Nouin

☎ 02.35.70.56.65.

en plein centre, dans une rue parallèle au quai.

Menus : formule à 17,50 € tous les jours sauf samedi soir ; suggestion du jour à 15 € ; compter 33 € à la carte.
Vins : à partir de 15,10 €.
Meilleures tables : les 2 à côté du bar.
Fermeture : les dimanche et lundi, ainsi qu'en août.
Parking : payant à proximité

Gilles Tournadre, cet ancien de chez Taillevent, considéré par tous comme le meilleur chef rouennais a ouvert cette annexe gourmande et contemporaine à deux pas de la maison mère. Sylvain Nouin, un ancien second, qui a fait ses classes chez les plus grands, est à la fois son associé au *37* et le chef aux cuisines. Le succès fut immédiat. Il est surtout justifié. Ce joli bistrot à la déco design, chic et zen propose une cuisine plus moderne, un peu moins terroir, un peu exotique que son célèbre grand frère *Gill*. Ici, pas de canard au sang, ou du moins de pigeon à la rouennaise (version locale), mais de nouvelles saveurs, tantôt sages tantôt audacieuses qui varient avec les saisons et les humeurs du chef : pastilla de tête de porc sauce aigre douce, cabillaud aux oignons confits et patate douce, tarte au caramel. Mais toujours rien à voir, rassurez-vous, avec l'ancienne cuisine normande que ce chef a contribué, plus que d'autres, à épurer.

Hôtel Le Vieux Carré

34, rue Ganterie, 76000.

☎ 02.35.71.67.70. Fax : 02.35.71.19.17. • www.vieux-carre.fr • ♿

en plein centre, dans le quartier piéton.

Chambres doubles : de 53 à 57 €.
Petit dej' : 6 € (terroir).
Meilleure chambre : la n° 23.
Parking : payant à proximité.

Quelques chambres de charme et de caractère dans cette jolie maison à colombages du vieux Rouen. Assez petites, vieille maison oblige, elles sont sobrement et joliment décorées et donnent, pour certaines, sur une ravissante courette. On peut, aux beaux jours, y faire une pause et goûter au *cheese cake* aux cerises, car la maison fait aussi salon de thé. Accueil adorable.

À voir : **la cathédrale, le Gros-Horloge, les rues piétonnes...**

Le Bistrot du Chef... en Gare

Yannick Lainé

Dans la gare de Rouen, 76000, **Rouen.**

☎ 02.35.71.41.15.

🚗 *dans le grand Hall, dernière porte à droite après le Buffet de la gare et juste avant la sortie.*

Menus : 14,50 € ; plat du mareyeur à 15 € ; plat du marché à 10,60 €.
Carte : compter 23 €.
Vins : à partir de 15,20 € la bouteille (12,20 € au verre).
Meilleure table : celle tout au fond à gauche, près de la fenêtre et de la bibliothèque.
Fermeture : le samedi midi, le dimanche et le lundi soir, ainsi qu'en août.
⊕ Apéritif offert sur présentation du *GDR.*

Une cuisine de bistrot signée Gilles Tournadre, et aux fourneaux le jeune chef, Yannick Lainé. Installé au 1er étage de ce bâtiment, inauguré en 1929 par Gaston Doumergue, Président de la République, lui-même ! Dans un cadre chic et feutré, juste au-dessus du buffet de la gare, chaises de velours rouge et banquettes confortables. Philosophie de la maison, « retrouver le bien manger en gare », et c'est une réussite. Excellente cuisine traditionnelle, concoctée par le meilleur de la ville. Le tout pour un prix modique. Que demander de mieux ! À en juger, le charme discret de la bourgeoisie rouennaise ne s'y trompe pas. Pianiste les vendredi et samedi soir.

Le Clos Jouvenet

42, rue Hyacinthe Langlois, 76000, **Rouen**.

☎ 02.35.89.80.66. Fax : 02.35.98.37.65. ● www.leclosjouvenet.com ●

🚗 *de la gare, prendre le boulevard de L'Yser et à gauche la rue Bihorel, après la place Beauvoisine. C'est la 4e à droite.*

Chambres doubles : de 70 à 77 €.
Petit dej' : compris.
Meilleure chambre : La jaune au 2e étage.
Ouverture : toute l'année.
Parking : privé à l'intérieur du jardin arrière.
⊕ la campagne en plein centre-ville.

Heureux pays que le nôtre ! Où, l'on découvre, collé au centre de la ville, et, cachée au-dessus de quelques murs discrets, une superbe maison du XIXe. Les propriétaires renouvellent le genre « campagne citadine ». On pourrait tous se persuader que nous sommes artistes et, nos bagages posés, nous arrêter là pour réfléchir, créer des envies, se reposer, retrouver le souffle et profiter un, deux, trois jours... D'une des chambres délicieuses de cette maison, de la véranda au petit déjeuner et plus, les beaux jours venus de la terrasse dans le magnifique jardin. Une belle surprise et une vraie halte.

À voir : **la cathédrale, le Gros-Horloge, les rues piétonnes...**

SAINT-AUBIN-LE-VERTUEUX Carte région NORD-OUEST

L'Hostellerie du Moulin Fouret

François et Edwige Deduit

Route de Saint-Quentin-des-îles, 27300.

02.32.43.19.95. • www.moulin-fouret.com • (restaurant).

3 km S de Bernay.

Menus : à 29 et 40 €.
Carte : compter 54 €.
Vins : 28 €.
Chambres doubles : 45 €, réservées aux clients.
Fermeture : les dimanche soir et lundi, sauf jours fériés.
Ouverture : tous les jours en juillet et août.
Parking : clos.
10 % de réduction sur le prix de la chambre pour nos lecteurs.

Dans ce vieux moulin à aube du XVIe siècle, couvert de végétation, une salle chaleureuse, au décor exquis et à la pénombre intime devant une large cheminée. On apprécie la cuisine généreuse et naturelle de François Deduit, à la fois simple et élaborée. Ses spécialités : marbré de foie gras de canard et de pied de porc confit, pigeonneau cuit en cocotte, façon grand-mère... Les desserts comme le délice de pommes au caramel sont aussi ancrés dans le terroir. Avec son équipe, il transforme chaque repas en véritable fête des sens. La cave rend hommage au travail des propriétaires sélectionnés avec soin par le chef. Service raffiné. Terrasse aux beaux jours en compagnie des moutons, et superbe parc. Accueil chaleureux.

Hôtel Le Petit Coq aux Champs, restaurant l'Andrien

La Pommeraie-Sud, 27500 **Campigny.**

02.32.41.04.19. Fax : 02.32.56.06.25. • www.lepetitcoqauxchamps.fr •

de Bernay (D 834) jusqu'à Lieurey (D 810) vers Pont-Audemer. Tourner à droite, 6 km avant Pont-Audemer.

Menus : à 30 €, et de 39 à 64 €.
Chambres doubles : de 110 à 141 €, selon la saison.
Petit dej' : 10 €. Demi-pension possible.
Meilleures chambres : celles sous la toiture avec terrasse.
Fermeture : le dimanche soir et le lundi de novembre à fin mars et 3 semaines en janvier.
Parking : privé.

Voici, dans un nid de verdure, une chaumière de charme doublée d'une table délicieuse, accueillante et décontractée. Jardin paysager et parc avec piscine chauffée. Possibilité de stages de cuisine. Chambres douillettes et fleuries, joliment champêtres et ouvertes sur la nature. On entend gazouiller les oiseaux. Tout un art de vivre !

À voir : **l'église abbatiale et les demeures anciennes de Bernay, le joli village de Montreuil-l'Argillay.**

COUDRAY

Carte région NORD-OUEST

L'Amphytrion

Évelyne et Jacques Pottier

2, rue de Daon, 53200.
☎ 02.43.70.46.46.
7 km SE de Château-Gontier. Centre du bourg.

Menus : à 15,50 et 23 €.
Carte : compter 35 €.
Meilleure table : la 6, mais toutes sont bien.
Ouverture : midi et soir jusqu'à 21 h.
Fermeture : les mardi et dimanche pour le dîner et le mercredi ainsi que 15 jours début juillet, une semaine à la Toussaint et vacances de février.
⊕ son côté secret.

Excellente maison de village hors des sentiers battus. Comme il y a vraiment peu de chances que les gens y échouent par hasard, c'est nécessairement une adresse portée par une solide réputation régionale. Et on n'est pas déçu : accueil délicieux et belle cuisine d'Évelyne et Jacques Pottier, servie dans un cadre intime et élégant. Jacques, qui fit ses armes au fameux *Goyen* d'Audierne, nous livre ici une cuisine de terroir bien maîtrisée, nappée d'une touche très personnelle. Cuisine se renouvelant au fil des saisons, cependant comme on ne change jamais de plats qui gagnent, vous retrouverez toujours la mousseline de moussaka au filet d'agneau, sa tête et langue de veau au cidre, le chausson au vieux pané, le foie gras frais maison, la fine tarte aux pommes du Val-de-Loire... Aux premiers rayons de soleil, agréable terrasse derrière.

Parc Hôtel

46, av. Joffre, 53200 **Château-Gontier.**
☎ 02.43.07.28.41. Fax : 02.43.07.63.79. • contact@parchotel.fr •
26 km S de Laval, par la N 162.

Chambres doubles : de 55 à 71 €. Suites à 95 €.
Petit dej' : 7 €.
Fermeture annuelle : en février.
Parking : privé.
⊕ le parc, le calme, la piscine.

En ville, mais dans un quartier tranquille, une ancienne maison de maître du XIXe siècle offrant des chambres rénovées et de bon confort. Toutes ont conservé un p'tit charme désuet. Aucune ne se ressemble, se différenciant d'abord par la couleur (la rouge, les vertes, la bleue, la crème, la brun-orangé, etc.). Beaucoup de lits en 160. Dans l'annexe, chambres plus standard question style (et moins chères). Accueil affable des jeunes patrons. Très beau parc (calme assuré) et piscine.

À voir : **le couvent des Ursulines, la vieille ville et bien sûr, à moins de 30 km, Laval.**

LAVAL

Carte région NORD-OUEST

L'Antiquaire

Gilles Hubert

5, rue des Béliers, 53000.
☎ 02.43.53.66.76.
centre-ville.

Menus : de 16 à 36 €.
Carte : compter 30 à 35 €.
Ouverture : midi et soir jusqu'à 21 h 15.
Fermeture : le mercredi, le samedi midi et un dimanche soir sur deux ainsi que du 8 au 31 juillet.
Réservation : recommandée.
Parking : public à 100 m.
⊕ café offert à nos lecteurs.

Dans cette rue des Béliers, foncez chez *L'Antiquaire*, tête baissée. Jeune chef, en réalité, qui après avoir fait ses humanités dans de bonnes maisons régionales (*Domaine d'Orvault* à Nantes, le *Commerce* à Vaiges, etc.) vole depuis de ses propres ailes dans le beau cœur médiéval de la cité. Plutôt que *L'Antiquaire*, le resto aurait dû s'appeler « le Novateur », tant cette cuisine renouvelle avec une confondante sincérité le genre terroir. À partir de produits rigoureusement sélectionnés, s'élaborent des petits plats finement revisités. Sauces délicatement parfumées, cuissons parfaites, foie gras superbe. Une aubaine, ce menu à 21 € au rapport qualité-prix exceptionnel. Mon tout dans un décor un brin sophistiqué, chaleureux et romantique à souhait (génial pour une déclaration d'amour). Accueil et service particulièrement prévenants et souriants. Une adresse qui fait chaud au cœur.

Chambres d'hôtes Le Bas du Gast

6, rue de la Halle-aux-Toiles, 53000.
☎ 02.43.49.22.79. Fax : 02.43.56.44.71. • chateaubasdugast@wanadoo.fr •
centre-ville.

Chambres doubles : à 100 et 110 €.
Petit dej' : 13 et 18 €.
Fermeture : du 1er décembre au 31 janvier.
⊕ le raffinement du mobilier et du décor, et le parc.

Élégant château en ville du XVIIe siècle et magnifique parc à l'anglaise avec sa forêt de buis. Accueil délicieux de M. et Mme Williot. Chambres ayant conservé quasi leur décoration XVIIIe, boiseries sculptées, stucs, cheminées de marbre... Mon tout meublé avec un raffinement inouï. On adore la charmante intimité du lieu et plus particulièrement la chambre Napoléon Ier qui plonge le visiteur dans le ravissement d'un passé élégant et prestigieux. Une adresse rare, alliant charme et histoire.

À voir : **l'église Notre-Dame-des-Cordeliers, Lactopôle le musée vivant de l'École publique.**

LOIRÉ

Carte région NORD-OUEST

L'Auberge de la Diligence

Michel Cudraz

4, rue de la Libération, 49440.
☎ 02.41.94.10.04.
depuis Angers, la D 963 vers Candé (35 km O d'Angers), puis la D 923, vers Loiré.

Menus : de 14 (le midi en semaine) à 32 €. Plus « menu surprise » à 61 €.
Meilleure table : la ronde près de la cheminée.
Ouverture : midi et soir jusqu'à 21 h.
Fermeture : samedi midi, dimanche soir et lundi ainsi que 3 semaines en août, dix jours en janvier, une semaine en mai.
⊕ charme de la salle.

De cet ancien relais de poste en brique rouge du XVIIIe siècle, Michel Cudraz a fait un temple des saveurs. Formé par des chefs qui travaillèrent tous avec les meilleurs (Meneau, Robuchon, Savoy, Troisgros, etc.), il construisit ensuite sa propre réputation régionale en triturant les herbes culinaires et aromatiques avec une maestria hors pair. Pour cela, il créa un jardin aromatique de 500 m² et s'y plongea littéralement. Résultat, des saveurs qui éclatent en bouche merveilleusement dans des plats aux ravissantes compositions (presque des tableaux). On tient là une véritable cuisine créative. Goûter au caneton sauvage dans tous ses états ou au pigeonneau royal aux deux cuissons... En prime, une salle au chaleureux décor (pierre sèche, vénérables poutres) et une carte des vins recherchée. Accueil stylé, atmosphère chic (sans excès) et de délicates mises en bouche pour débuter les agapes.

Le Clos des Guibouleraies

18, rue Victor-Lassalle, 49440 **Candé.**
☎ et fax : 02.41.92.88.82. ☎ 06.80.90.01.55 (portable). • guibouleraies@hotmail.com •
à 8 km S de Loiré, par la D 963.

Chambres doubles : à 45 et 55 €. Suites (deux chambres) à 77 et 87 €.
Petit dej' : compris.
Ouverture : toute l'année.
Parking : fermé.
⊕ parc extraordinaire en pleine ville.

En pleine ville, une maison d'hôtes de charme offrant un parc de 2 ha, une petite rivière, un plan d'eau. Accueil très cordial. Chambres chaleureuses au décor personnalisé (jolies fresques florales), des gîtes avec jardins privatifs à louer (super pour les familles). Conviviale pièce commune, mobilier ancien. Et le must, ce parc aux belles essences, ces platanes plus que centenaires, bosquets d'azalées et rhododendrons, jardins de rocaille. De temps à autre, au détour d'un chemin, on tombe nez à nez avec un daim...

À voir : **le domaine de la Petite-Couère à Nyoiseau, les châteaux de Plessis-Macé et du Plessis-Bourré.**

LOUÉ

Carte région NORD-OUEST

Restaurant Ricordeau

11, rue de la Libération, 72540. Jean-Yves Herman

☎ 02.43.88.40.03. Fax : 02.43.88.62.08. • hotel-ricordeau@wanadoo.fr •

depuis Laval ou Le Mans, autoroute A 81 (sortie Loué).

Menus : à 22 (sauf le week-end), 28, 49 et 85 €.
Meilleure table : celle au coin face à la baie sur jardin.
Fermeture : le lundi et le dimanche soir du 1er octobre au 30 avril.
⊕ la beauté du parc et la qualité du service.

Nichée au sein d'un ancien relais de diligence du XIXe siècle, une adresse qui est déjà une valeur consacrée. Sous les superbes fresques du plafond, Jean-Yves Herman nous livre ici une cuisine pleine d'imagination s'appuyant sur un solide savoir-faire (il est passé par de belles maisons, l'hostellerie de Levernois notamment) et de remarquables produits régionaux. Eh oui, on est dans la patrie du célèbre poulet loué par le monde entier. De plus, herbes et légumes viennent du jardin. Voyage dans d'authentiques saveurs avec son suprême de poulet farci aux escargots ou les ris de veau et langoustines poêlés... Merveilleux desserts. Service jeune et efficace. Très agréable terrasse face au parc. À signaler aussi, le midi, pour les pressés (mais c'est dommage !), le *Coq hardi,* la charmante annexe à côté avec son beau menu à 15 € ou sa formule goûteuse salade-dessert.

Hôtel Ricordeau

11, rue de la Libération, 72540.

☎ 02.43.88.40.03. Fax : 02.43.88.62.08. • hotel-ricordeau@wanadoo.fr •

depuis Laval ou Le Mans, autoroute A 81 (sortie Loué).

Chambres doubles : de 45 à 125 €.
Petit dej' : 10 €.
Fermeture : dimanche soir et lundi soir.
⊕ le large éventail de prix.

Attention, ce chef battant n'est pas qu'un virtuose du piano, mais aussi un vrai bâtisseur. Quand on se promène dans ce parc superbement mis en valeur (1 500 arbres plantés), avec les romantiques rives de la Vègre, le jardin d'herbes aromatiques et la belle piscine, on n'a qu'une envie : poser son sac dans l'une des confortables chambres du lieu et de prolonger le plaisir du repas. Ça tombe bien, certaines commencent à prix fort modérés et toutes proposent un décor élégant et chaleureux.

À voir : **le beau village d'Asnières-sur-Vègre, l'abbaye de Solesmes, la forêt de la Petite-Charnie.**

LE MANS

Carte région NORD-OUEST

Le Nez rouge

M. Blot

107, Grande-Rue, 72000.

☎ 02.43.24.27.26.

centre-ville, conseillé de se garer sur le parking de la cathédrale.

Menus : de 18,50 (sauf samedi) à 38 €.
Meilleures tables : les trois contre la baie livrant le charme de la rue.
Ouverture : midi et soir jusqu'à 23 h.
Fermeture : le dimanche et le lundi ainsi que trois semaines en août et une semaine en février.
⊕ charme de la vieille ville.
⊖ souvent complet.

Dans l'une des plus jolies demeures médiévales de cette rue historique (et touristique bien sûr), découvrez M. Blot, le plus vieux jeune chef du pays (il fit son apprentissage au *Jules Verne* et chez Lasserre). Expérience reconnue et portée par un beau bouche à oreille, pour un resto qui se voit comme le nez au milieu de la figure (plaisanterie facile), resto garanti d'être toujours complet (réserver surtout le week-end). Et pourtant nulle routine dans cette cuisine sachant sans cesse évoluer et intransigeante sur la fraîcheur des produits. Chef travaillant merveilleusement le homard (frais bien entendu) et les ris de veau. Cadre de charme aux teintes douces. Service jeune, attentif et très pro. Carte de vins bien équilibrée, provenant la plupart d'excellents petits récoltants régionaux (et toujours des coups de cœur). En été, agréable petite terrasse de l'autre côté de la rue.

Hôtel la Foresterie

Route de Laval, 72000.

☎ 02.43.51.25.12. Fax : 02.43.28.54.58. ● aubergedelaforesterie@wanadoo.fr ●

route de Laval, 4 km N du Mans.

Chambres doubles : de 76 à 133 €.
Petit dej'-buffet : 8,50 €.
Menus : de 24 à 43 €.
Soirée détente : 85 €.
Fermeture : 1 semaine à Noël.
Parking : ouvert.
⊕ à courte distance du centre-ville et de la campagne.

À la sortie de la ville, au sein d'un beau jardin paysager (et à une encablure d'une forêt pour les joggeurs), un très plaisant et confortable hôtel offrant une quarantaine de chambres irréprochables. Sa façade de lierre l'insert déjà dans le paysage. Accueil pro. Piscine chauffée et solarium. En outre, cuisine réputée. Restaurant gastronomique avec formules ou menus.

À voir : **le vieux Mans, la cathédrale Saint-Julien, les musées de Tessé et de la reine Bérengère.**

NANTES

Carte région NORD-OUEST

Le Bistrot de l'Écrivain

Christophe Grand

15, rue Jean-Jacques-Rousseau, 44000.
☎ 02.51.84.15.15.
centre-ville.

Menus : à 12,50 € (sauf vendredi et samedi soir) et 15,50 €, 1re formule 11 €.
Carte : compter 35 €.
Meilleure table : la 6, coin intime près de la bibliothèque.
Ouverture : midi et soir jusqu'à 22 h 30 du lundi au mercredi (24 h du jeudi au samedi).
Fermeture : dimanche et jours fériés.

Bienvenue au bistrot des frères Pérou (du *Manoir de la Régate*) en plein centre-ville. Cadre plaisant : élégant coin bouteilles, vénérables portraits d'écrivains, jolies gravures, rangées de livres sur murs colorés. Très sympathique atmosphère pour une fine cuisine de bistrot. Plats souvent traditionnels, mais revisités de main de maître. Produits du marché, saveurs recherchées. Le chef a travaillé chez Rostang. Question vins, Christophe, le maître d'hôtel, vous trouvera toujours le bon accord. À noter, cette formule maligne : plats pour « petits ou grands appétits ! ». Premier menu, avec, par exemple, une goûteuse salade de caille au raisin, enfin, ce jour-là. Délicieux millefeuille de crabe aux aubergines, terrine de volaille aux algues et jambon cru, rognons parfaits, et que dire de la chartreuse d'agneau aux girolles glacées. Beaux desserts. Même pour déjeuner, il est conseillé de réserver.

Hôtel la Duchesse Anne

3, pl. de la Duchesse-Anne, 44000.
☎ 02.51.86.78.78. Fax : 02.40.74.60.20. • infos.hda@wanadoo.fr •
dans le centre-ville.

Chambres doubles : de 52 à 93 €.
Soirée étape : de 70 à 82 €.
Petit dej' : 7,50 €.
Ouverture : toute l'année.
Parking : fermé, payant.
⊕ le compagnonnage avec un château mythique.

Grand hôtel de style Art déco. Situé juste en face de l'historique château des ducs de Bretagne, vous êtes de plain-pied dans la vieille ville. Avec ses 70 chambres, on est toujours assuré d'y trouver de la place. En outre, jeune et sympathique direction qui a mis de l'originalité dans le décor et personnalisé de nombreuses chambres. Certaines possèdent même un côté un peu funky (décor savane et singes en peluche accrochés au lit à baldaquin).

À voir : **le château des ducs de Bretagne et le vieux Nantes, le château de Clisson.**

NOIRMOUTIER-EN-L'ÎLE

Carte région NORD-OUEST

La Marine

Alexandre Couillon

5, rue Marie-Lemonnier, 85330.
☎ 02.51.39.23.09.
sur le port de L'Herbaudière.

Menus : à 13 € le midi en semaine, 22 et 34 €.
Vins : à partir de 12,50 €.
Meilleure table : près de la fenêtre ou en terrasse.
Fermeture : dimanche soir, mardi soir et mercredi, et en octobre.

On reste ébloui par le menu gastronomique où s'exprime le talent de ce tout jeune chef passé chez Guérard, à Eugénie-les-Bains, et Paineau, à Questembert : rémoulade de tourteaux et pommes granny-smith à la crème de chou-fleur et betteraves croustillantes, puis une queue de lotte rôtie au four au jambon de pays, risotto de céréales et écume de maïs et pour finir en douceur, un sablé aux fruits rouges et son sorbet au romarin (ah, le sorbet !...). Une carte qu'on dévoile pour vous faire saliver, mais qu'Alexandre (on préfère l'appeler ainsi en attendant qu'il se fasse un nom !) aura changé lors de votre passage. C'est beau, inventif et vraiment délicieux. La cuisine est pleine de parfums, d'herbes fraîches, de fleurs, d'épices... Tout en délicatesse... Les produits proviennent à 95 % de l'île, et chaque fournisseur est indiqué. Salle marine avec vue sur le port ou terrasse, dans le jardin de curé.

Hôtel du Général-d'Elbée

Place d'Armes, 85330.
☎ 02.51.39.10.29. Fax : 02.51.39.08.23. ● www.generaldelbee.com ● ♿
en bas du château, près du petit port-canal.

Chambres doubles : de 95 à 180 € selon conf. et saison.
Petit dej' : 12 €.
Meilleures chambres : la « Cassard » et la nº 22.
Fermeture : d'oct. à avril.
⊕ 10 % de réduc. sur le prix de la chambre pour 2 nuits minimum en avant saison, hors week-end et jours fériés, sur présentation du guide.

Dans une demeure historique du XVIIIe siècle, juste en face du château, pour les amateurs de lieux raffinés et patinés... Si vous pouvez vous le permettre, n'hésitez pas à choisir les chambres situées dans la partie XVIIIe, la différence de prix est amplement justifiée par la déco grandiose. Les autres sont plus cosy, plus simples aussi. Piscine.

À voir : le port de L'Herbaudière, le charmant village du Vieil, les plages...

Fleur de Sel

Éric Pichou

Rue des Saulniers, 85330, **Noirmoutier-en-l'Île**.
☎ 02.51.39.09.07.
suivre le fléchage à partir du château.

Menus : formule-déjeuner à 19 €, sinon, menus de 24,50 à 44 €.
Vins : à partir de 15 €.
Fermeture : les lundi et mardi midi (sauf si fériés) et de début novembre à mi-mars.
Parking : gratuit.
⊕ apéritif maison offert à nos lecteurs sur présentation du *Guide du routard.*

Ce magnifique hôtel-restaurant classé « châteaux, demeures de tradition » a été construit par les propriétaires actuels, il y a plus d'une vingtaine d'années dans le style de l'île, légèrement à l'écart du bourg. Cette *Fleur de Sel* est considérée, par certains, comme l'une des meilleures tables de Noirmoutier, sinon de Vendée. Le jeune chef propose une cuisine personnelle mais dans la pure tradition de l'île, mêlant terre, mer et outre-mer. Ce qui pourrait faire beaucoup, mais les produits utilisés, magnifiques comme il se doit, vous feront oublier certains écarts trop audacieux à votre goût. La carte change régulièrement, parmi les classiques : queues de langoustines en robe des champs de Noirmoutier, moules gratinées du Gois à la crème d'ail, cochon de lait rôti en cocotte. Terrasse de charme, pour mieux savourer le plaisir de se retrouver dans ces lieux, aux premiers rayons du soleil.

Fleur de Sel

Rue des Saulniers, 85330, **Noirmoutier-en-l'Île**.
☎ 02.51.39.09.07. Fax : 02.51.39.09.76. • www.fleurdesel.fr •
suivre le fléchage à partir du château.

Chambres doubles : de 74 à 145 €.
Demi-pension : pour 2 jours minimum, par personne et par jour, de 70 à 109 €, selon la saison (obligatoire en été).
Petit dej' : 10 € (buffet)
Fermeture : de début novembre à mi-mars
Parking : fermé et gratuit.

Au cœur d'un vaste parc paysager méditerranéen, 35 chambres cosy avec meubles anglais en pin donnant sur la piscine, ou décor marine avec meubles style bateau en if et ouvrant sur de petites terrasses privées fleuries. En haute saison, les courts séjours ne sont acceptés que dans la mesure des places disponibles, au dernier moment.

À voir : **la jetée Jacobsen, le château, les marais salants...**

SAINT-JOACHIM

Carte région NORD-OUEST

La Mare aux Oiseaux

Éric Guérin

162, Île-de-Fedrun, 44720.

02.40.88.53.01. Fax : 02.40.91.67.44. • www.auberge-du-parc.com •

de Nantes (N 165) en direction de Vannes, puis N 171 de Montoir-de-Bretagne, puis la D 50.

Formule : 18 €.
Menus : de 33 à 70 €.
Chambres : de 90 à 150 €.
Fermeture : dimanche soir et lundi ; mars.
se retrouver dans cette Brière magique et assister à l'éclosion d'un grand.

Dans ce cadre adorable de chaumière briéronne, courez au fascinant rendez-vous de l'inspiration, de l'imagination et de la poésie culinaire au pouvoir. Éric Guérin, 33 ans (il a fait ses classes chez Taillevent, *La Tour d'Argent,* etc.), fut choisi en 2003 par Ducasse pour présenter sa cuisine dans son établissement, c'est dire. À partir de bases solides, il réinvente des saveurs fulgurantes, des associations fascinantes d'herbes dont on gardera longtemps les parfums en bouche. Résultat : une cuisine étincelante de créativité à l'image de ce merveilleux filet de bœuf aux grenouilles, vinaigrette à la menthe des marais ou de cette rencontre insolite d'un canard sauvageon et d'une sardine au sel de Guérande. Fabuleux desserts dont les noms chantent et évoquent les fées du marais. Environnement magique de la Brière et chambres de charme complètent ces grands moments de plaisir gastronomique.

La Guérandière

Porte vannetaise, 44350 **Guérande.**

02.40.62.17.15 et 06.86.77.84.43. • valerie.lauvray@laguerandiere.com •

de Saint-Joachim, la D 50 jusqu'à Montoir-de-Bretagne puis la N 171 (Guérande).

Chambres doubles : de 69 à 91 €.
Petit dej' : compris.
Appartement : à 122 € (réduction basse saison).
Fermeture : en janvier.
Parking : fermé.
un havre de charme en pleine ville.

À l'intérieur de la cité, adossée aux remparts, une belle demeure particulière du XIXe siècle donnant sur un vaste jardin. À l'intérieur, les chambres sont à l'image de la salle commune et possèdent énormément de charme. Les étoffes chatoyantes donnent au cadre des allures cosy. Atmosphère douce et familiale. On aime particulièrement la chambre « blanche-bleue » pour amoureux, mais toutes ont leur personnalité. L'« appartement rouge », en mezzanine, peut accueillir quatre personnes.

À voir : **la ville close de Guérande, les marais salants, le parc naturel régional de la Brière.**

SAINT-MARS-SUR-LA-FUTAIE Carte région NORD-OUEST

Auberge la Camillane

5, rue du Bocage, 53220.
Stéphane Galon

☎ 02.43.05.05.06. Fax : 02.43.03.07.57.

18 km N d'Ernée, sur la D 31.

Menus : à 10 (le midi), 26 et 34 €, formules à 14 et 19 €.
Ouverture : midi et soir jusqu'à 21 h.
Fermeture : le mercredi soir et le samedi midi.
Chambres doubles : de 36 à 40 €.

Dans un village perdu aux marches de la Mayenne, on aime bien cette belle auberge et son aubépine géante de plus de 1 000 ans qui trône devant. Cadre élégant et lumineux. À partir de solides plats régionaux, une cuisine particulièrement enlevée comme la salade d'artichauts barrigoule et chiffonnade d'épinards citronnés, le cul de gros Jeannot lapin farci, le demi pigeonneau d'Anjou désossé au foie gras ou la pièce noble de veau élevé sous sa mère au brie fondu à la tapenade. Entrées d'une grande finesse. Carte tournant tous les trois mois. Remarquable « menu Provence ». Dernière corde à l'arc de Stéphane Galon (ancien élève de l'école hôtelière de la marine marchande et qui fut pâtissier dans de bonnes maisons) : 22 desserts maison qui concluent en beauté cette escapade gourmande. Pour les très très *addicts,* goûtez cette « charlotte avec trop de bourbon et beaucoup de crème comme papa l'aime ».

Hôtel Beau Rivage

Route de Saint-Baudelle, 53100, **Moulay.**

☎ 02.43.00.49.13. Fax : 02.43.00.49.26. • fbeaurivage@9online.fr •

en venant de la Camillane (D 31) jusqu'à Ernée, puis N 12 jusqu'à Mayenne puis la N 162.

Chambres doubles : à 53 €.
Petit dej' : 6 €.
Resto fermé dimanche soir et lundi.
⊕ au resto, kir offert sur présentation du *GDR.*

Charmant petit hôtel au bord de la rivière Mayenne. Coin très tranquille et bucolique. Une dizaine de chambres cosy et de bon confort. Terrasse panoramique les pieds dans l'eau pour déguster une excellente cuisine. Quelques spécialités : viandes et poissons à la broche, pot-au-feu de la mer aux herbes, brochette de sandre à la crème de coriandre, tête de veau à l'ancienne, etc. Pédalo et balade en barque pour entretenir la forme.

À voir : **les ruines romaines de Jublains, le « village de toile » de Fontaine-Daniel.**

SAUMUR

Carte région NORD-OUEST

Le Gambetta

Patrick Chesnoy

12, rue Gambetta, 49400.
☎ 02.41.67.66.66.
centre-ville. À 45 km SE d'Angers.

Menus : de 15 (le midi en semaine) à 46 €.
Ouverture : midi et soir jusqu'à 21 h.
Fermeture : le lundi, le samedi midi, le dimanche soir (en basse saison) et 2 semaines des vacances de février et fin novembre.
⊕ agréable terrasse en été.
⊖ pas facile de se garer.

Comment deviner que dans cette vénérable institution, au cadre fort sobre et somme toute classique, nous allions découvrir une véritable cuisine inventive. Sans compter des télescopages assez improbables (et pourtant réussis) comme ce camembert au caramel de cidre ou des constructions pleines d'humour, telles la « courge Jack be little » et la cascade de figues à l'émulsion de citron vert. À l'évidence, une cuisine qui se réinvente ici sans cesse. Autre paradoxe, cuisine légère et plats consistants font ici bon ménage. Ainsi, le demi pigeonneau, sous la lame, livra-t-il de ses entrailles son surprenant pesant de fins champignons des bois... Carte des vins privilégiant les vins de Loire, ça va de soi. Atmosphère pas trop collet monté et service diligent.

Hôtellerie de l'Abbaye Royale de Fontevraud

Le Prieuré Saint-Lazare, BP 14, 49590, **Fontevraud-l'Abbaye.**
☎ 02.41.51.73.16. Fax : 02.41.51.75.50. • contact@hotelfp-fontevraud.com •
15 km SE de Saumur.

Chambres doubles : de 50 à 95 €.
Petit dej'-buffet : 10 €.
Ouverture : du 1er avril au 1er novembre.
Parking : fermé.
⊕ dormir dans un monument historique.

Au sein même de la prestigieuse abbaye, un superbe ensemble hôtelier. Une cinquantaine de chambres tout confort (bains ou douche, téléphone direct, TV, etc.) donnant soit sur le verger, soit sur l'abbaye. Calme et atmosphère chargée d'une douce spiritualité. Cuisine réputée à déguster sous les élégantes voûtes ogivales et autour du cloître. Menus à 25 € (le midi en semaine), à 36 et 55 €.

À voir : **l'abbaye de Fontevraud, les châteaux de Saumur et de Montsoreau.**

SILLÉ-LE-GUILLAUME

Carte région NORD-OUEST

Hôtel de Bretagne

Jean-Marie Fontaine

1, pl. de la Croix-d'Or, 72140.

☎ 02.43.20.10.10. Fax : 02.43.20.03.96. • hotelrestaurantlebretagne@wanadoo.fr •

30 km NO du Mans par la D 304. Dans le centre-ville.

Menus : de 15 (sauf week-end) à 37 €.
A la carte : compter 50 €.
Ouverture : midi et soir jusqu'à 20 h 30.
Fermeture : le vendredi soir, dimanche soir et le samedi midi d'octobre à mars, ainsi que du 26 juillet au 11 août.
Chambres doubles : à partir de 45 € (10 % de réduction pour nos lecteurs).
⊖ ferme tôt, le soir.

Encore un jeune chef prometteur dont la réputation déborde largement le cadre de cette petite cité. Jean-Marie Fontaine aligne d'ailleurs un pedigree prestigieux (Faugeron, le *Grand Véfour,* Koffman à Londres). La façade extérieure ne laisse nullement deviner l'élégante salle qui encadrera vos agapes. Tons doux, mur de brique, tables bien espacées. Vous y découvrirez une réjouissante cuisine fraîcheur et de délicieux plats de saison comme les ravioles d'artichauts et de caille, le tournedos de lapereau aux petites olives, le gâteau de tomates confites aux langoustines, le foie gras poêlé. Imagination débordante du chef, et envie de suivre les saisons font que la carte change au moins huit fois dans l'année. Paris-brest extra en hommage au chemin de fer qui passe derrière. Pour ceux, celles que la région aura séduits, des chambres simples, mais de bon confort.

Relais des Étangs de Guibert

72600, **Neufchâtel-en-Saosnois.**

☎ 02.43.97.15.38. Fax : 02.43.33.22.99. • gilles.gaultier@wanadoo.fr •

de Sillé, la D 310 jusqu'à Saint-Rémy-du-Val puis la D 311 (Alençon).

Chambres : de 55 à 90 €.
Petit déj' : 8 €.
Fermeture : les lundi et dimanche soir et les vacances de février.
⊕ le charme des chambres.

En marge de la forêt de Perseigne, un fort beau Relais du Silence installé dans une bâtisse de charme en pierre sèche, avec tourelle, environnement fleuri et étang pour la pêche. Une quinzaine de chambres personnalisées aux teintes chaleureuses, parfois avec poutres vénérables et romantiques. Accueil particulièrement pro et sympa.

À voir : **la maison de la Broderie à Bourg-le-Roi, la maison du Sabot à Neuchatel.**

PAYS DE LA LOIRE

ABBEVILLE

Carte région NORD-EST

L'Escale en Picardie

M. Perron

15, rue Teinturiers, 80100.
☎ et fax : 03.22.24.21.51.
en plein centre, derrière la place de l'Amiral Courbet.

Menus : 19,60 € (vin compris), 29 €.
Carte : 38 €.
Fermeture : dimanche soir, lundi, jeudi soir, soirs fériés, du 20 août au 8 septembre et pendant les vacances de février.

Les amoureux des fruits de mer en Picardie ont fait de cette petite maison alerte, où les fruits de mer et les poissons sont les rois de la carte, un de leurs rendez-vous de cœur. Ce qu'ils aiment trouver ici ? Le simple et le plus frais du moment. Des préparations sans chichis inutile, ni affèterie, des cuissons justes et courtes mettent en valeur la fraîcheur des poissons et crustacés glanés selon la volonté de la marée du moment. On se laisse tenter par la rosace de noix de Saint-Jacques acidulées sur une rémoulade de céleri, servie avec un mesclun, les huîtres tièdes de Bretagne en habit vert, la rascasse *a la plancha* traitée « façon Sud », et vous reviendrez pour le pot-au-feu de la mer et la bourride. Accueil et service d'une grande gentillesse et bon rapport qualité-prix.

Abbatis Villa Hôtel Jean de Bruges

18, pl. de l'Église, 80135 **Saint-Riquier.**
☎ 03.22.28.30.30. Fax : 03.22.28.00.69. ● www.hotel-jean-de-bruges.com ●
9 km E d'Abbeville.

Chambres doubles : 99 € ; 1 suite à 130 €.
Petit dej'-buffet : 12 €.
Meilleure chambre : la n° 2 (voir photos Gérard)
Fermeture : janvier.
Parking : privé fermé (2 places).
⊕ salon de thé (à l'extérieur l'été).

Sur le parvis de l'abbatiale, une demeure de caractère, ancienne résidence de pères abbés, abrite aujourd'hui un hôtel de charme à taille humaine, avec ses 11 chambres, sobrement décorées mais avec goût ; certaines sont mansardées, avec poutres apparentes. Jean de Bruges, du nom d'un prince flamand qui vint en France se mettre au service du roi Louis XI (fin XVe siècle, mais ça ne vous avait pas échappé bien sûr !), devenant chambellan et lieutenant général de Picardie. Accueil charmant des propriétaires belges.

À voir : **le parc du parc du Marquenterre et la baie de Somme.**

BELLE-ÉGLISE

Carte région NORD-EST

La Grange de Belle-Église

Marc et Didier Duval

28, bd René-Aimé-Lagabrielle, 60540.
☎ 03.44.08.49.00. Fax : 03.44.08.45.97.
de Paris (A 16) direction Beauvais, sortie 12 vers Chambly, le Mesnil et Belle-Église.

Menus : 23 € (déjeuner), 38 € (dîner), 53 € et 15 € (enfants).
Carte : 45-60 €.
Fermeture : dimanche soir, lundi, mardi midi, pendant les vacances scolaires de février, du 5 au 20 août.

Dans leur grange transformée en élégante salle aux poutres ancestrales, Marc et Didier Duval ont l'art de sélectionner les meilleurs produits et de les accommoder avec justesse. Ces deux frères possèdent certes l'étoile, mais ils sont discrets comme personne. Leur grange joliment rénovée offre un confort d'une grande douceur et la cuisine sage est à l'unisson. Le duo de foie gras de canard, la rosace de noix de Saint-Jacques aux truffes, le suprême de bar au verjus, le filet de bœuf au Bouzy sont de jolies choses, bien faites, bien pensées, bien réalisées, bref, bien vues et sans opprobre. Moment difficile que celui où il faut choisir les desserts, tout est délicieux déjà à la lecture. La carte des vins est assez courte : Manuel Mariette vous y guidera avec science. À l'automne, ne loupez pas la noisette de chevreuil Grand Veneur.

Chambres d'hôtes château de Fosseuse

104, rue du Vert-Galant, 60540 **Fosseuse.**
☎ et fax : 03.44.08.47.66. • www.chateau-de-fosseuse.com •
de Belle-Église prendre la direction de Bornel. Fosseuse à 5 km.

Chambres doubles : 70 à 75 €.
Petit dej' : compris.
Fermeture : environ 4 semaines dans l'année.
Parking : fermé, payant (5 €).
⊕ chiens acceptés dans 2 chambres sans moquette.
⊖ pas de carte bleue.

Des envies de châtelain ? Allez donc vous glisser dans les beaux draps de l'une des 3 chambres proposées par M. et Mme Marro. La nuit sera douce dans ce château du XVIe siècle, où les chambres, sous 4 m de plafond, sont aménagées avec le raffinement qu'il se doit ! Profitez-en pour vous balader dans le grand parc et autour de l'étang, voire pour y pique-niquer si le temps le permet (les proprios vous prêtent table et chaises si besoin).

À voir : **Auvers-sur-Oise (musée des Impressionnistes), Giverny, le château de Chantilly.**

COMPIÈGNE

Carte région NORD-EST

Bistrot des Beaux-Arts

Yves Méjean

35, cours Guynemer, 60200.

☎ 03.44.20.10.10. Fax : 03.44.20.61.01.

de Paris (A 1). En plein centre-ville.

Menus : 18 € (en semaine), 21, 35 €.
Vins : à partir de 3,45 € au verre et 16,20 € la bouteille.
Carte : 35 €.
Meilleures tables : les nos 1, 11 et 16 car plus à l'écart.
Fermeture : samedi midi, dimanche.

Bien manger à prix doux ? C'est ici que ça se passe, chez Yves Méjean, qui fréquenta jadis les *Relais & Châteaux* et joue ici les hobereaux de province avec tranquillité et aisance. Dans une ambiance décontractée, on se régale à coups de menus et de plats du jour bien ficelés qui suivent les saisons et le marché. La salade d'épaule de lapin confite aux senteurs de Provence, le dos de cabillaud rôti et sa fricassée de légumes à l'huile de noisette, le ragoût d'escargots de Bourgogne aux lentilles du Puy et le croustillant de fraises aux amandes sont des invitations gourmandes qu'on ne saurait refuser.

Hôtel les Beaux-Arts

33, cours Guynemer, 60200.

☎ 03.44.92.26.26. Fax : 03.44.92.26.00. ● www.bw.lesbeauxarts.com ●

de Paris (A 1). À côté du bistrot des Beaux-Arts.

Chambres doubles : de 74 à 88 €.
Petit dej'-buffet : 8 €.
Ouverture : toute l'année.
Parking : payant (6 €).

À quelques encablures de la forêt de Compiègne, l'*hôtel des Beaux-Arts* propose une cinquantaine de chambres confortables et à l'aménagement chaleureux. Bien sûr, l'ensemble n'a pas le caractère intimiste d'un hôtel de famille, mais l'ensemble est bien tenu et l'accueil sympathique.

À voir : **le château, le musée de la voiture ; la cité des bateliers et l'abbaye d'Ourscamp (6 km au nord).**

DURY

Carte région NORD-EST

L'Aubergade

78, rte Nationale, 80480.

Éric Boutté

03.22.89.51.41. Fax : 03.22.95.44.05.

6 km S d'Amiens par la N 1.

Menus : 30, 40 €.
Carte : 55-70 €.
Fermeture : dimanche, lundi, du 15 février au 3 mars et du 2 au 25 août.
+ le bon assortiment de la cuisine et de l'accueil de qualité.

Éric Boutté, natif d'Abbeville, a repris ce qui fut une institution locale un peu figée dans ses habitudes. Il lui a redonné vie, tonus, un cadre clair, dépoussiérant la carte. Ce jeune ancien de chez Le Divellec, Ledoyen au temps de Ghislaine Arabian, Robuchon, qui fut le second de Jean-Michel Lorain durant près de cinq ans, est revenu à ses origines, sans oublier les leçons apprises à Paris. Un délice ces huîtres pochées en gelée sur crème de cresson, son risotto de Saint-Jacques aux champignons des bois, son bar rôti épicé aux asperges, sauce verjutée, le chou farci « hommage à Jean Delaveyne » ou encore le suprême de pigeonneau en bécasse avec son embeurrée de chou vert. On y ajoute les épatants fromages et les desserts ciselés (millefeuille chocolat et vanille, moelleux mi-cuit au chocolat grand cru et café). Belle carte des cafés comme des thés et accueil gracieux d'Anne-Gaëlle Boutté.

Hôtel Alsace-Lorraine

18, rue de la Morlière, 80000 **Amiens.**

03.22.91.35.71. Fax : 03.22.80.43.90.

par la N 1. Dans le centre d'Amiens, une rue perpendiculaire au gd boulevard d'Alsace-Lorraine.

Chambres doubles : 50 à 64 €.
Petit dej' : 6 €.
Ouverture : toute l'année.
Parking : non, mais on se gare facilement dans la rue.

En poussant une porte cochère dans la petite rue de la Morlière, on découvre un hôtel familial de 13 chambres dont 7 doubles, donnant toutes sur la cour, équipées de double vitrage. La déco des chambres est résolument sobre, moderne et de bon goût, agrémentée de têtes de lit, rideaux, fauteuils aux tissus rayés, ou à carreaux le plus souvent. Ici, on se sent comme à la maison. Et jetez un œil aux personnages du théâtre de marionnettes d'Amiens, représentés sur la porte d'entrée !

À voir : **la cathédrale d'Amiens, les hortillonnages.**

LAON

Carte région NORD-EST

La Petite Auberge

45, bd Brossolette, 02000. Willy-Marc Zorn

☎ 03.23.23.02.38. Fax : 03.23.23.31.01. ● w.marc.zorn@wanadoo.fr ●

près de la gare.

Menus : 19,50, 24,50 et 39 €. 10 € (enfants).
Carte : 60 €.
Fermeture : samedi midi, dimanche (sauf jours fériés), lundi soir, 1 semaine pendant les vacances de février, 1 semaine à Pâques, 2 semaines en août.

Willy-Marc Zorn est, depuis des années déjà, le « jeune qui monte », dans la ville basse. Ce natif de l'Aisne, formé chez les grands, a su fédérer une équipe enthousiaste autour de sa cuisine personnalisée, forte en goût. On vient de loin pour le croustillant de maquereaux au basilic, le beignet de langoustines et ses légumes aux épices, la côte de veau en cocotte au lard et sa purée de pomme de terre à l'huile d'olive. La carte des vins est riche en surprises à prix tendre. Les desserts font mouche, comme en témoignent la crème glacée au biscuit de Reims et son gâteau aux amandes ou la poêlée de bananes freyssinettes au coulis d'épices douces et sorbet jasmin. Si l'envie d'un déjeuner plus simple vous prend, rendez-vous à l'annexe, le *Bistrot Saint-Amour* (☎ 03.23.23.31.01), un bouchon aux plats canailles à petits prix.

Chambres d'hôtes Au Bon Accueil

24, rue de Paris, 02000 **Étouvelles.**

☎ 03.23.20.15.72. ● www.multimania.com/aubonaccueil ●

sur la N 2 entre Laon et Soisson ; prenez la D 65 jusqu'à Étouvelles, la maison est au centre du bourg.

Chambres doubles : de 48 à 54 €.
Petit déjeuner : compris (gâteau et confitures maison, salade de fruits frais).
Repas : 16 €, vin non compris.

C'est une demeure qui a une longue tradition d'accueil... Isabelle et François ont aménagé 5 chambres, toutes aussi différentes que craquantes et toutes accessibles de plain-pied. Les moins fortunés choisiront « la grecque », les grands voyageurs « la chinoise » ou « l'africaine », les amoureux « la romantique » qui a une immense baignoire balnéo 2 places (pour les coquins !). Pour les amateurs, billard français et un gigantesque snooker de 8 pieds. Côté jardin, un étang fera la joie des pêcheurs. Accueil charmant tout comme cette adresse.

À voir : **la cathédrale Notre-Dame, le rempart du Midi.**

ANGOULÊME

Carte région SUD-OUEST

Restaurant La Ruelle

Christophe et Virginie Tombeau

6, rue des Trois-Notre-Dame, 16000.
☎ 05.45.95.15.19. Fax : 05.45.92.94.64.
en plein centre, derrière l'église Saint-André.

Menus : 21 € (midi), 27 et 41 €.
Carte : dégustation 48 €.
Vins : des bordeaux à partir de 13 €.
Fermeture : samedi midi et dimanche ainsi que 3 semaines en août.
⊕ vin servi au verre.

Dans le centre historique d'Angoulême, une bonne étape charentaise, avec une cuisine pas pantouflarde pour autant. Christophe Tombeau, un ancien de chez Ramet à Bordeaux et de Meneau à Vézelay, a fait de cette maison étonnante un lieu où il fait bon prendre le temps de vivre. On en oublie que cet intérieur charmant, où sa femme vous accueille tout en douceur, est dû à la réunion subtile de deux maisons anciennes séparées naguère, vous l'aviez deviné, par une ruelle. Tout un symbole, qui se retrouve dans la cuisine, pont jeté entre hier et aujourd'hui, entre terre et mer. On déguste ici, selon la saison, et sur fond de lumières douces, le foie gras en trois façons, le homard aux cèpes et aux girolles, le ris de veau braisé au pineau des Charentes, ou encore un délicieux feuilleté d'huîtres au vin des Graves. C'est simplement dit, joliment fait, à des tarifs qui restent modestes.

Hôtel du Palais

4, pl. Francis-Louvel, 16000.
☎ 05.45.92.54.11. Fax : 05.45.92.01.83.
tout près du palais de Justice.

Chambres : de 47 à 58 € pour une ou deux personnes, les suites sont à 55 et 62 €.
Petit dej' : 6 €.
Fermeture : fin décembre-début janvier.
Parking : 6 €.

Un des rares hôtels situés dans la vieille ville, faisant face à une petite place restée dans son jus. Un lieu discret, à l'image de la ville (du moins celle qu'on avait avant qu'elle ne devienne le musée vivant de la Bande dessinée) et qui ne manque donc pas de charme. Les 49 chambres ont été refaites à neuf, au cas où vous auriez encore une hésitation.

À voir : la vieille ville, le musée de la bande dessinée, le salon de la BD (fin janvier).

CHÂTELAILLON-PLAGE

Carte région SUD-OUEST

Restaurant Les Flots

52, bd de la Mer, 17340.

Jean-Noël Baillot

☎ 05.46.56.23.42. Fax : 05.46.56.99.37.

comme son nom l'indique, face à la mer.

Menu : 23 €.
Carte : 35 €.
Fermeture : le mardi et du 7 décembre au 29 janvier.
⊕ grande salle claire et conviviale face à la mer.

En reprenant cette célèbre adresse, le nouveau propriétaire a eu l'intelligence de garder toute l'équipe qui en fit le succès. Les habitués de cette station balnéaire réputée depuis 1800 viennent là depuis plusieurs générations (dont les Raffarin). Face à l'océan et Fort Boyard, avec au loin les îles d'Aix et d'Oléron, une maison qui vous remet « à flots », avec sa salle à manger de type bistrot marin, lieu déjà hors du temps. Carte qui n'a aucune pudeur à se tourner vers le large : ragoût de coquillages et crustacés, merlu laqué d'épices, millefeuille de tourteau, filet de bar au gingembre, casserons. Quelques viandes dont une excellente poêlée de ris de veau aux baies de genièvre. Pour finir, un croustillant aux poires ou un paris-brest, tout simplement. Réservez, c'est souvent « gavé de monde », comme on dit, par ici...

Hôtel Les Flots

52, bd de la Mer, 17340.

☎ 05.46.56.23.42. Fax : 05.46.56.99.37.

au même endroit que le resto du même nom.

Chambres : prix selon saison, de 44 à 80 €.
Petit dej' : 7 €.
Fermeture : le mardi, et du 7 décembre au 31 janvier.
Parking : gratuit.
⊕ animaux acceptés (7 €). 3 chambres ont une terrasse sur la mer.
⊖ mobilier banal.

Le lieu idéal pour jouir d'une des plus belles plages de la Charente. Une dizaine de chambres, toutes climatisées, claires et lumineuses (vue latérale sur mer, s'il faut préciser), avec même la télévision pour les jours de pluie. Décoration de style balnéaire (on vous dirait qu'il y a la tour Eiffel ou le mont Blanc en photos, vous seriez surpris ! ?).

À voir : les îles d'Aix et d'Oléron, que l'on devine, au loin.

NIEUIL

Carte région SUD-OUEST

La Grange aux Oies

Luce et Jean-Michel Bodinaud

Château de Nieuil, 16270.

☎ 05.45.71.36.38. Fax : 05.45.71.46.45.

d'Angoulême N 141 pendant 40 km. Après Suaux prendre la D 739.

Menu : 33 €, vins compris.
Ouverture : de Pâques à la Toussaint.
+ le chant des oiseaux depuis la ravissante terrasse où l'on vous sert dès qu'il fait beau.

Après la *Ferme aux Grives* et le *Pré des Marguerites,* voilà la *Grange aux Oies,* dans la série des annexes gourmandes où l'on s'attable en jouant la carte chic décontracté (eh oui, même nous, on sait faire !). Mais, à la différence des annexes de Guérard ou Meneau, cette grange « relookée » aux couleurs du temps a carrément pris la place de l'ancien restaurant gastronomique du château de Nieuil. Luce et Jean-Michel Bodinaud et toute l'équipe se retrouvent désormais ici, dans cette auberge de charme, face au château, avec terrasse sous les arbres en été et feu de cheminée en hiver. On déguste une cuisine paysanne de bon aloi. Des plats traditionnels sans lourdeur, comme ce farci charentais au jambon de pays et des plats plus modernes et légers comme ce filet de sandre aux huîtres pochées. Un chariot de fromages puis un autre de desserts d'autrefois sont dans la continuation logique du repas.

Château de Nieuil

À Nieuil, 16270.

☎ 05.45.71.36.38. Fax : 05.45.71.46.45.

● www.chateaunieuilhotel.com ● chateaunieuilhotel@wanadoo.fr ●

dans le village, tout près du restaurant.

Chambres : 100 à 165 €. Suite de190 à 300 €.
Petit dej' : 12 €.
Ouverture : de Pâques à la Toussaint.
+ pouvoir jouer les châtelains pour 1 ou plusieurs nuits.

À quelques chevauchées de Cognac, un ancien rendez-vous de chasse de François Ier, « *the french king* », comme on dit ici, premier souverain esthète. Ce petit château Renaissance, au milieu d'un parc de 40 ha, offre 3 suites et 11 chambres très spacieuses, avec vue sur les jardins à la française ou sur les granges. Un petit bijou d'équilibre parfait entre ses pierres et ses terres. La piscine et le tennis vous garantiront un vrai week-end de repos en pleine nature.

À voir : le château de La Rochefoucauld, la porte du Limousin.

POITOU-CHARENTES

LA ROCHELLE

Carte région SUD-OUEST

Restaurant Les Flots

Grégory Coutanceau

1, rue de la Chaîne, 17000.
☎ 05.46.41.32.51. Fax : 05.46.41.90.80.
sur le port.

Menus : 23 € le midi (change toutes les semaines), et de 30 à 56 €.
Vins : servi au verre ; bouteille à partir de 18 €.
Ouverture : tous les jours.

À l'ombre de la tour de la Chaîne, Grégory Coutanceau (fils de Richard, premier du nom, célébré par les gourmets) a repris cette belle institution, qui ne ressemble plus vraiment au vieil estaminet qui nichait là, depuis le XVIIIe siècle. Sa cuisine est familiale, dans le sens Coutanceau du terme : inventive et légère, elle met en avant de beaux produits de la mer, crus ou *a la plancha,* leur ajoutant une note exotique. Juste pour saliver, imaginez d'épaisses tranches de bar à cru, relevées de fleur de sel de l'île de Ré et d'un filet d'olive vierge, ou un rouget de roche en filets croustillants, sauce saté, par exemple. Dessert original, sous forme de déclinaison gourmande autour d'un produit qui invite à voir loin (banane, café). Cave intéressante pour qui veut aller à la pêche aux nouveautés, aux grands vins méconnus. Et service qui ne reste pas les deux pieds dans le même sabot.

Hôtel France Angleterre et Champlain

20, rue Rambaud, 17000.
☎ 05.46.41.23.99. Fax : 05.46.41.15.19. • www.bw.fa.Champlain.com •
en centre-ville.

Chambres : 36 chambres de 59 à 109 € et 4 suites à 125 €.
Petit dej' : 8 € le continental et 11 € le buffet.
Meilleures chambres : celles donnant sur le jardin calme et serein.
Ouverture : toute l'année.
Parking : fermé (7 €).

Le grand classique de cette ville au patrimoine sauvegardé, à la pierre calcaire, si claire, aux vieux hôtels qui sont autant de joyaux. Comment ne pas tomber sous le charme de cet hôtel, en plein centre-ville mais à l'écart du bruit, avec son hall majestueux, son petit côté maison d'armateur. Chambres à l'ancienne, mais au meilleur sens du terme, pour la nostalgie, et jardin intérieur ombragé, pour la tranquillité.

À voir : les tours symboles de la liberté sur le port, les maisons d'armateurs, les vieux pavés, l'aquarium.

AIX-EN-PROVENCE

Carte région SUD-EST

Relais Sainte-Victoire

13100 **Beaurecueil.**

René Bergès

☎ 04.42.66.94.98. Fax : 04.42.66.85.96. ● www.relais-ste-victoire.com ●

au SE d'Aix-en-Provence, par A 8 sortie 32. À la sortie du village.

Menus : de 35 à 60 €.
Vins : du pays d'Aix à partir de 26 €.
Fermeture : dimanche soir, lundi toute la journée et vendredi midi (plus le vendredi soir en hiver), 1re semaine de janvier, ainsi que pendant les vacances scolaires de février et de la Toussaint.
⊕ table sous la véranda et apéro offert aux lecteurs.

Du chêne clair sur les murs, des barbotines dans les vitrines, une terrasse couverte gorgée de soleil, isolée dans la campagne, à deux pas de la Sainte-Victoire. Voilà une des meilleures tables de la région, ou l'on travaille en famille depuis plus de cinquante ans. René Bergès, secondé par son gendre, Ronan Duffait, formé chez lui à bonne école, offre une cuisine ensoleillée d'une totale sincérité, qui ne s'endort jamais, mais évolue au gré des saisons, des voyages et des humeurs, comme ces filets de rouget poêlés au jus de merguez, servis avec purée de pois chiche et coriandre. Une cuisine qui a du goût, de la personnalité, à l'image du patron, célèbre autant pour ses coups de cœur que pour ses coups de gueule, qui laissent imperturbables femme, fille et serveurs, blasés. Quant à la carte des vins, elle fait la part belle à ceux de la Sainte-Victoire.

Relais Sainte-Victoire

13100 **Beaurecueil.**

☎ 04.42.66.94.98. ● www.relais-ste-victoire.com ●

à la sortie du village.

Chambres doubles : de 77 à 122 €.
Petit déj' : à 14 €.
Parking : privé.
⊕ la terrasse pour certaines.

À une dizaine de kilomètres d'Aix, un relais unique en son genre, pour son ambiance, son parc, ses chambres à la décoration parfois surprenante. Accueil lui aussi haut en couleur, qui explique pourquoi on se sent bien, ici. Chambres toutes différentes, avec vue sur la campagne environnante, et avec jacuzzi pour les plus chères.

À voir : **Aix-en-Provence et la route Cézanne, au pied de la Sainte-Victoire.**

AVIGNON

Carte région SUD-EST

Restaurant Piédoie

Thierry Piédoie

26, rue des Trois-Faucons, 84000.

☎ 04.90.86.51.53.

de l'office de tourisme, prendre la rue Fabre et à gauche aux feux.

Menus : de 18 € (le midi en semaine) à 52 €. Menu découverte à 38 €.
Carte : 35-45 €.
Vins : à partir de 18,50 €. Carte abordable.
Fermeture : le lundi midi et le mercredi.

Entre le cloître des célestins et l'église Saint-Didier, un restaurant sans esbroufe, presque caché dans un joli bâtiment XVIIe. Thierry Piédoie, formé en Bourgogne (chez Crotet) et en Provence (chez Bérard) sait pratiquer l'équilibre entre une cuisine qui garde les pieds sur terre et des inspirations plus méditerranéennes. Il passe, par exemple, du contemporain de perdreaux au ragoût de homard en passant par une pastilla de pigeon au foie gras. Un savoir-faire certain qui ne tardera pas à se faire savoir, mais comme tout bon Bourguignon, Thierry Piédoie sait que le temps joue en sa faveur. On conseille le menu découverte, qui permet de piocher en toute liberté dans une carte qui n'est pas démeusurée mais qui sait garder une belle unité. Surtout quand on sait qu'au bout du compte, l'addition restera très correcte.

Hôtel de l'Atelier

5, rue de la Foire, 30400 **Villeneuve-lès-Avignon.**

☎ 04.90.25.01.84. Fax : 04.90.25.80.06. ● www.hoteldelatelier.com ●

quitter Avignon par le pont Daladier, Villeneuve est de l'autre côté du Rhône.

Chambres doubles : de 56 à 91 € en saison.
Petit dej' : 8 €.
Meilleures chambres : les 2 avec terrasse.
Parking: garage fermé à 8 € (places limitées).
Fermeture : de la Toussaint au 20 décembre.

Bel hôtel de charme, dans le centre de Villeneuve-lès-Avignon, avec 23 chambres toutes différentes, meublées à l'ancienne. Rien de standardisé dans cette demeure du XVIe siècle, où l'on se sent comme chez soi. Joli patio et terrasse sur les toits. Un bon pied-à-terre pour jouir de la vie, au calme, en regardant s'agiter le monde de l'autre côté du pont...

À voir : la chartreuse et les vieilles rues de Villeneuve.

CAGNES-SUR-MER

Carte région SUD-EST

Fleur de Sel

Philippe Loose

85, montée de la Bourgade, 06800.

☎ 04.93.20.33.33. • www.restaurant-fleurdesel.com •

à 8 km de Nice, au cœur du village des Hauts-de-Cagnes.

Menus : de 21 (midi et soir) à 52 €.
Vins à partir de 17 €.
Fermeture : le mercredi toute la journée et le jeudi midi et 2 semaines début janvier, 2 semaines à la Toussaint, une semaine en juin.

Un resto de poche qui sent bon la Provence, dans l'assiette comme sur les murs. Après avoir travaillé des années chez les autres (Menet, Bardet, Guérard), Philippe Loose a décidé « de donner du plaisir aux autres, en travaillant pour soi ». Qu'il en soit remercié. Un travail droit et adroit, des goûts francs, jamais massifs, des pleins plutôt que des déliés. Les assiettes, réalisées avec amour et lucidité, dégagent de riches fumets. Du beau, du bon, de l'authentique, servi sans esbroufe. Monsieur aux fourneaux, madame en salle et le ballet est orchestré en parfaite harmonie. Du plus petit au plus grand menu, produits et clients sont parfaitement respectés, de la soupe au pistou au pavé d'agneau doré, de la salade de pois chiche aux pétales de lotte. Voici une maison honnête, dans toute la noblesse du terme.

Auberge le Hameau

528, rte de la Colle, 06570 **Saint-Paul-de-Vence.**

☎ 04.93.32.80.24. Fax : 04.93.32.55.75. • www.le-hameau.com •

de Cagnes-sur-Mer par la D 36, à quelques minutes du centre de Saint-Paul-de-Vence.

Chambres doubles : de 102 à 159 €.
Petit dej' : 12,50 €.
Meilleures chambres : celles près de la piscine.
Parking privé et gratuit.
Fermeture : de novembre à fin février.
⊖ prix du petit déjeuner Continental, très cher !

À la manière dont sont architecturées les chambres, le *Hameau* ressemble en effet... à un hameau. Avec son jardin, sa treille généreuse, sa belle piscine, le charme opère bien vite. Chambres d'excellent confort (AC), meublées avec goût, mêlant la tommette rustique, les meubles anciens et une certaine préciosité dans le choix des matériaux. Une belle adresse, idéale pour les amoureux en goguette, avec un côté bucolique et ouvert, alors qu'on est à deux pas du centre. Excellence, discrétion et simplicité du service.

À voir : **la fondation Maeght, l'église collégiale et les remparts.**

LA CELLE

Carte région SUD-EST

Hostellerie de l'Abbaye de La Celle

Benoît Witz

Place du Général-de-Gaulle, 83170.

☎ 04.98.05.14.14. Fax : 04.98.05.14.15. • www.abbaye-celle.com •

d'Aix (A 8) direction Cannes. Sortie Brignoles. C'est à 4 km, dans le centre du village.

Menus : à 37 € servi midi et soir du lundi au vendredi midi ; 45 € le week-end. Autres menus à 53 et 72 €.
Vins : à partir de 32 €.
Meilleure table : en terrasse au bord du carré de verdure.
Fermeture : le mardi et le mercredi de début novembre jusqu'à Noël ; la dernière semaine de janvier et la 1re semaine de février.

Remarquable restauration pour cette abbaye du XIIIe siècle, dans les deux sens du terme. Le bâti a été confié aux Monuments historiques (normal !), tandis que la conception de la table a été attribuée à Alain Ducasse (renormal). Il y a mis à sa tête Benoît Witz, un jeune chef sans complexe et plein de talent. Dans un tel site, chargé d'histoire, où les moines faisaient bombance, il fallait être à la hauteur. Il l'est sans conteste, sachant exprimer toutes les saveurs des excellents produits qu'il travaille, comme cette épaule d'agneau, simplement superbe. Force et élégance. Le plaisir immédiat est là, dans des assiettes bien remplies. On en oublie presque le cadre : la cave voûtée, absolument incroyable, minérale en diable, ou le jardin, carré de verdure maîtrisée, entouré d'un mur de cyprès. Service classe.

L'Hôtellerie du Couvent Royal

Place Jean-Salusse, 83470, **Saint-Maximin-la-Sainte-Baume.**

☎ 04.94.86.55.66. Fax : 04.94.59.82.82. • www.hotelfp-saintmaximin.com •

à 20 km de la Celle, par N 7. C'est dans le centre-ville (bien fléché).

Chambres doubles : de 75 à 130 €, avec TV, minibar et téléphone.
Petit dej' : 10 €.
Meilleures chambres : celles en hauteur donnant sur l'église.
Ouverture : toute l'année.
Parking : Oui.

Cet étonnant couvent jouxte la basilique (plus grand ensemble gothique provençal) et abrite près de 70 chambres, aménagées dans les anciennes cellules de moines, autour du cloître. On a conservé un style épuré, presque japonisant pour l'organisation de l'espace (surtout les longs couloirs), savamment complété par une gamme de couleurs chaudes et un mobilier original pour les chambres. Salles de bain soignées. Cloître admirable qu'on admire en ouvrant ses volets. Et pour la messe, on peut presque y aller en pantoufles.

À voir : **la basilique de Saint-Maximin, le couvent royal, l'écomusée de la Sainte-Baume.**

CHÂTEAU-ARNOUX

Carte région SUD-EST

Au Goût du Jour

N 85, centre-ville, 04160. Jany Gleize

☎ 04.92.64.48.48.

sur la N 85, en pleine ville, face au château.

Menus : 16 et 24 €.
Vins : à partir de 16 €.
Ouverture : tous les jours en saison.
Fermeture : le lundi et le mardi midi (hors saison seulement), la 2e semaine de janvier et les 2 premières semaines de décembre.
➕ apéro, café ou digestif offert sur présentation du *GDR*.

Vous êtes dans le bistrot (l'annexe) de la *Bonne Étape,* le gastro du secteur, qui régale depuis 4 générations les palais les plus exigeants. Bien sûr, ceux qui veulent le grand jeu iront à cette *Bonne Étape*, la porte à côté, où l'atmosphère bourgeoise et la richesse des mets ne fera pas rougir les grands-parents de Jany Gleize, votre hôte. Pour un repas plus simple, une cuisine de marché, choisir le *Goût du Jour*. Entre l'atavisme et les passages chez Chapel, Guérard et Troisgros, le benjamin des Gleize ne pouvait que réussir. Alors il a réussi. Dans sa cuisine, on voit des champs de lavande, des rangées d'oliviers, un bel agneau qui court, un chevreuil qui saute. On sert ici avec l'accent de la Provence, sans être fermé au monde. Car lorsqu'on est sûr de son identité, on ne craint pas les métissages.

Chambres d'hôtes, Domaine « Les Rayes »

04200 **Saint-Geniez.**

☎ 04.92.61.22.76. Fax : 04.92.61.06.44. ● www.lesrayes.fr ●

par la N 85, de Sisteron, prendre la direction Saint-Geniez (15 km). À gauche au panneau les « Les Rayes ».

Chambres d'hôtes : avec petit déjeuner à 62 € (6 € supplémentaire en juillet et août). Également plusieurs gîtes, de 2 à 12 personnes.
Ouverture : toute l'année sur réservation.
Parking : dans le jardin.
➖ accès difficile.

Vous allez nous maudire (à cause du chemin). Vous nous remercierez ensuite ! Un des plus incroyables panoramas qui nous ait été donné d'admirer. La nature et les collines, et plantée au sommet, cette longue maison de pierre, isolée. C'est une ancienne bergerie : rustique pour l'habillage et dotée de tout le confort moderne pour l'aménagement intérieur. Seulement 6 chambres, chaleureuses comme tout. Belle piscine, plaisante terrasse, aire de jeux pour les enfants et des hôtes charmants. Chic et authentique !

À voir : **la citadelle de Sisteron, les villages de la montagne de Lure.**

FAYENCE

Carte région SUD-EST

La Table d'Yves

Yves Merville

Route de Fréjus, 83440.

04.94.76.08.44. • www.latabledyves.com •

au pied du village sur la droite en arrivant. Autoroute A 8, sortie n° 39.

Menus : de 25 à 45 €. Vin et café compris pour 8 € de plus dans chaque menu.
Vins : à partir de 18 €.
Meilleures tables : selon le goût, en terrasse ou en salle.
Fermeture : le mercredi et le jeudi à midi (également le soir hors saison) et aux vacances scolaires de la Toussaint et de février.

Installées dans une maison spacieuse, la salle est chaleureuse, couleur soleil, et la terrasse généreuse. Voilà un lieu à la hauteur du travail d'Yves Merville. Sans esbroufe, avec beaucoup de gentillesse et de simplicité, il sait faire profiter de son savoir-faire : une cuisine de marché, spontanée et savoureuse, précise et conviviale à la fois. La qualité est constante et c'est là la force de cette table. Ce gars du Nord est attaché aux valeurs sûres. Ses passages chez les très grands (Robuchon, Troisgros...) et ses années à la tête des plus prestigieux palaces l'ont convaincu dans son attachement à certaines valeurs : amour du produit et simplicité du traitement. On change la carte au rythme du marché et ça aussi, c'est un gage de qualité. Une table amicale donc, pour un repas frais et parfait, à des prix étudiés.

Le Moulin de la Camandoule

Chemin Notre-Dame-des-Cyprès, 83440.

04.94.76.00.84. Fax : 04.94.76.10.40. • www.camandoule.com •

au pied du village en direction de Seillans.

Chambres doubles : de 90 à 110 €.
Petit dej' : 12 €.
Meilleures chambres : les plus grandes.
Ouverture : à l'année, restaurant fermé le mercredi (demi-pension obligatoire en saison).
Parking : privé, gratuit.

Ancien moulin à huile, merveilleusement restauré, dans un vaste parc au bord de la rivière Camandre et à l'écart du village. Le cadre est sublime, le terrain planté de cerisiers et percé d'une vaste piscine (en eau d'avril à janvier). Dans le salon, les presses sont restées en l'état. Bien sûr les chambres ne sont pas très spacieuses, toutes différentes, mais elles possèdent le charme de l'ancien et le confort du moderne. Un esprit se dégage de ce lieu, véritable *guesthouse* provençale (les proprios sont anglais).

À voir : **les gorges du Verdon, Seillans et Callian, le lac de Saint-Cassien.**

MANOSQUE

Carte région SUD-EST

Restaurant Dominique Bucaille

Dominique Bucaille

La Filature, 43, bd des Tilleuls, 04100.

☎ 04.92.72.32.28.

dans le centre.

Menus : à 16 € (au déjeuner du lundi au vendredi). Menu à thème à 25 € et d'autres de 43 à 69 €.
Vins : à partir de 45 € (possibilité de vins au verre).
Meilleures tables : à droite ou à gauche de la salle.
Fermeture : le dimanche et le mercredi soir (sauf les jours fériés) et de mi-juillet à mi-août.

Enfilez vos habits du dimanche et pénétrez dans cette nef voûtée où trône dans le chœur, la cuisine, tel un autel, ouvert sur la salle. La messe est dite par l'évêque de vos agapes, Mgr Bucaille. Soyez prêt, car il va vous envoyer au ciel. Un talent fou, une cuisine incroyablement inventive, ne cherchant jamais à se dissimuler derrière un quelconque tralala. Les assiettes ? généreuses et goûteuses, simplement. Tiens, prenons ce menu « pomme de terre », véritable ode à la Monalisa, le tubercule local. Étonnant de finesse, où les saveurs se mêlent avec rondeur et souplesse. L'agneau du pays est traité noblement, la morue respectée. Quel plaisir, quel joli moment ! Un coup d'œil vers l'autel-cuisine, histoire de percer le mystère, mais tout est réalisé dans la discrétion. L'homme est sans doute aussi un peu magicien.

Le Charembeau

Route de Niozelles, 04300 **Forcalquier.**

☎ 04.92.70.91.70. Fax : 04.92.70.91.83. • www.charembeau.com •

de Manosque, N 96 puis D 13 jusqu'à Forcalquier, puis suivre la route de Niozelles. Fléché sur la droite à 3 km.

Chambres doubles : de 53,50 à 77 € selon la saison. Formule hôtel-résidence également.
Petit déj' : compris.
Meilleures chambres : à l'étage.
Fermeture : de la mi-novembre à la mi-février.
Parking : privé et gratuit.
⊕ 2 vélos gratuits pour une demi-journée.

L'une des plus belles adresses de la région. D'une vieille ferme du XVIIIe siècle, les propriétaires, très professionnels, ont fait un hôtel de charme, perché dans les bois où il fait vraiment bon séjourner. Sérénité assurée. Dominant la vallée, au beau milieu de 7 ha de prés et collines, ce lieu abrite des chambres coquettes, champêtres et élégantes, certaines avec terrasse. Bien belle piscine avec vue sur les pâturages.

À voir : **le vieux Manosque, la citadelle de Forcalquier, la Thomassine, la colline du Mont-d'Or.**

MARSEILLE

Carte région SUD-EST

L'Épuisette

Guillaume Sourrieu

138, rue du Vallon-des-Auffes, 13007.

☎ 04.91.52.17.82.

Sur la corniche Kennedy, en direction des Calanques.

Menus : de 40 à 80 €.
Fermeture : samedi midi, dimanche soir et lundi, ainsi que pour les vacances scolaires de février et de mi-août à mi-septembre.
⊖ vins un peu chers.

Guillaume Sourrieu est passé chez Loiseau, Bise, Veyrat... Maintenant, c'est chez lui que passent les petits jeunes qui veulent se former à une cuisine savante capable de redonner vie à la plus ancienne recette de terroir, sur fond d'herbes ou de parfums de la garrigue, pour des recettes terre-mer qui décoiffent. Désormais, plus personne ne confond sa guinguette chic du vallon des Auffes avec un cabanon pour opérette d'avant-guerre, face à la mer. On vient là goûter le tajine de sole aux artichauts ou le lapin façon trilogie marseillaise. On apprécie le raffinement des plats comme du décor, on se tient bien, ravi (terme qui prête certes à équivoque !), heureux, tout simplement. Belle cave régionale à des prix qui, comme le vin, peuvent taper assez vite.

New Hotel Vieux-Port

3 bis, rue Reine-Élisabeth, 13001.

☎ 04.91.99.23.23. Fax : 04.91.90.76.24. • www.new-hotel.com •

M. : Vieux-Port. À deux pas du Vieux Port, dans la zone piétonne.

Chambres doubles : entre 125 et 200 € selon la saison, avec douche ou salle de bains.
Petit dej' : buffet à 11 €.
Ouverture : toute l'année.
Parking : public, payant (à côté).

Immeuble *modern style,* idéalement situé. Hôtel entièrement rénové. La décoration elle-même, différente à chaque étage, est une invitation au voyage. Un voyage, ô combien confortable, avec des échappées tout autour de la Méditerranée, qui séduiront les hommes d'affaire autant que les couples, à la recherche d'un hôtel au calme, à 2 pas de la Canebière.

À voir : **Marseille, son Vieux Port, ses calanques, sa Canebière.**

Une Table au Sud

2, quai du Port, 13002, **Marseille.** Lionel Liévy

☎ 04.91.90.63.53.

en face du Vieux Port, à 2 pas de la Canebière.

Menus : de 40 à 67 €.
Fermeture : dimanche, lundi, une semaine à Noël et début janvier, ainsi qu'en août.
⊕ le menu-carte à 40 € avec la pêche du jour.

Un nom qui dit tout, c'est rare, un restaurant qui tient le cap, c'est beau. Cap au sud, donc, sur les murs comme dans l'assiette. Lionel Liévy a quitté Paris, Ducasse et le RER pour ouvrir cette table éclatante de soleil. Au 1er étage d'une maison avec vue sur les bateaux et le port. D'autant qu'ici, bien placé au carrefour de toutes les cuisines méditerranéennes, il vous offre l'Italie, la Grèce, l'Espagne dans l'assiette : petits farcis au tourteau et vieux jambon en gelée de bœuf, fleur de courgette farcie à la feta... Sans oublier l'Asie, rêve de nombreux jeunes chefs, qui nous vaut ce merveilleux suprême de pigeonneau au macis et ses nems d'abats. Beaux desserts, belle cave à des prix qui ne s'envolent pas trop encore et ajoutent au plaisir d'un repas sans nuage. Même l'addition n'arrive pas à l'assombrir. Et service qui ne s'endort jamais. Une table chic qui ne fait pas dans le « chiqué » pour autant...

Résidence du Vieux-Port

18, quai du Port, 13002, **Marseille.**

☎ 04.91.91.91.22. Fax : 04.91.56.60.88. • www.hotelmarseille.com •

M. : Vieux-Port.

Chambres doubles : de 118 à 130 €.
Petit dej' : buffet à 11 €.
Meilleure chambre : celle avec vue sur Notre-Dame de la Garde.
Parking : public à côté de l'hôtel à 6 € les 24 h pour les clients.

Un lieu de résidence qu'on ne peut que vous conseiller. Cet hôtel original et familial tout à la fois, dispose d'appartements et de grandes chambres lumineuses, aux couleurs de la Provence éternelle. Si vous aimez les motifs Souleïado, vous serez aux anges. Grandes baies vitrées dans les chambres avec terrasse pour profiter de la vue sur le Vieux Port... Vue imprenable même depuis le lit, pour se lever de bonne humeur, avant d'aller saluer les marchandes de poisson sur le quai, véritable monument historique à elles seules.

À voir : Notre-Dame-de-la-Garde, le centre ancien, le quartier du Panier...

NICE

Carte région SUD-EST

Les Viviers et le Bistrot des Viviers

David Vaqué

22, rue Alphonse-Karr, 06000.
☎ 04.93.16.00.48.
dans le centre-ville.

Formule-déjeuner : à 15 € au bistrot.
Menu : à 29 € servi midi et soir (au resto ou au bistrot).
Carte : environ 50 €.
Vins : à partir de 15 €.
Meilleure table : au bistrot, première salle. Au resto, partout.
Fermeture : le dimanche ainsi qu'à midi les samedi et lundi (au resto) et en août.
⊕ café offert au lecteur.

Deux salles, deux atmosphères : déco marine et conviviale au bistrot, plutôt bourgeoise côté resto, mais prix identiques, comme la cuisine, invariablement irréprochable. La meilleure adresse de poisson de Nice ? C'est bien possible ! Le tout jeune chef, David Vaqué, a creusé son sillon chez Boyer à Reims, puis chez Guérard. Et la cuisine de cette étoile montante nous a largement convaincus. Des assiettes admirablement présentées et de délicates saveurs iodées qui ravissent les papilles, comme cette superbe lotte, ce homard de Bretagne ou cet étonnant saint-pierre, spécialités de la maison. Produits d'une extrême fraîcheur, cuits avec beaucoup de précision. Aucune concession sur la qualité ni sur la quantité ! Pour couronner le tout, un service très pro, qui ne pousse jamais à la consommation.

Hi Hôtel

3, av. des Fleurs, 06000.
☎ 04.97.07.26.26. Fax : 04.97.07.26.27. • www.hi-hotel.net •
Dans le centre-ville.

Chambres doubles : 175 à 385 €.
Petit dej' : compris.
Ouverture : toute l'année.
Parking : pas de parking privé.
⊕ TV par satellite, accès Internet haut débit. Repas (froids) 24/24 h. Massages.
⊖ hyper moderne.

Un hôtel très « particulier », conçu par la designer Matali Crasset. Neuf concepts, très pensés, pour un lieu hors norme. Minimaliste, coloré, intrigant, moderne et rigolo : dans la chambre Up & Down, les branches de châtaignier isolent la salle de bains. La sérénité de la White & White est troublée par la découverte d'un lit à baldaquin... qui s'avère être une baignoire. Un bar-nacelle qui semble en lévitation et sur le toit, une piscine pot de fleur ! Une ambiance tranquille et un accueil qui ne se la joue pas. On adore !

À voir : le vieux Nice, le musée Matisse, la promenade des Anglais.

LE PARADOU

Carte région SUD-EST

Du côté des Olivades

Nancy Bourguignon

Lieu-dit de Bourgeac, 13520.

☎ 04.90.54.56.78. • www.ducotedesolivades.com • ♿

à 19 km NO d'Arles par D 17. Après le Paradou, direction Maussane, à l'extérieur du village.

Menus : à 35 et 45 €.
Vins : à partir de 20 €.
Meilleures tables : en terrasse près de la piscine, avec la vue sur les oliviers.
Ouverture : toute l'année et tous les jours, uniquement le soir, sauf juillet et août (midi et soir).

Le maître des lieux est un Belge malin. Après avoir magnifiquement réussi à la tête d'une brasserie bruxelloise, André Bourguignon a quitté un beau matin, avec femme et fillette, les brumes du Nord pour le soleil des Alpilles. On le retrouve, au milieu d'une clientèle qui vient séjourner chaque année, jouissant en heureux privilégiés, d'une cuisine qui met à l'honneur les produits du pays, sans tricher. Une cuisine réalisée par Nancy Bourguignon, femme discrète et efficace, qui a retenu les leçons des plus grands, à commencer par l'*Oustau de Baumanière,* le célèbre voisin, chez qui son mari et elle ont travaillé. Des plats simples et bons, d'une fraîcheur, d'une précision exemplaire : saint-pierre au fenouil du jardin, duo de foie gras et Saint-Jacques en carpaccio, carré d'agneau des Alpilles... Magnifique ! Pour un coup de folie. Très bons vins des domaines voisins des Baux.

Du côté des Olivades

Lieu-dit de Bourgeac, 13520.

☎ 04.90.54.56.78. Fax : 04.90.54.56.79. • www.ducotedesolivades.com • ♿

à l'extérieur du village. Au même endroit que le restaurant du même nom.

Chambres doubles : avec douche, w.-c. et TV satellite de 100 à 200 €.
Petit dej' : compris.
Ouverture : toute l'année.
⊕ la piscine, le jardin et l'accueil du maître de maison.

Un mas charmant ouvert sur un paysage de tout repos. Une dizaine de chambres douillettes aux couleurs de la Provence qui bénéficient de belles terrasses, une piscine conviviale, un chien de garde débonnaire... Un séjour qui devrait faire de vous des adeptes absolus, sinon de l'huile d'olive, du moins du pays des oliviers ; mais les deux vont de pair. Un lieu où il fait bon séjourner, en toute saison. Séjours surprises en février-mars.

À voir : Les Baux-de-Provence, Saint-Rémy-de-Provence et les Alpilles.

VENCE

Carte région SUD-EST

La Farigoule

Patrick Bruot

15, av. Henri-Isnard, 06140.
☎ 04.93.58.01.27.
dans le centre du vieux Vence.

Menus : 4 menus de 22 à 43 €.
Vins : à partir de 16 €.
Meilleures tables : en terrasse intérieure.
Fermeture : le mardi et le mercredi toute l'année, le samedi midi en juillet et août, à Noël au Nouvel An, ainsi que 10 jours en février.

Voilà une goûteuse cuisine de Provence, réinventée par un chef qui change sa carte au fil des saisons. Patrick Bruot, qui a fait ses classes chez Ducasse, ne travaille que les produits du marché qui lui plaisent, jouant avec les textures, les saveurs, pour créer, selon l'humeur, de beaux plats, joliment présentés. On apprécie ce travail bien fait, cette cuisine sincère et fraîche. Le tout est intelligemment dosé, et l'atmosphère, professionnelle et détendue à la fois, contribue à la qualité du moment. On a envie de rester là, tranquille, sous cette terrasse ombragée et élégante, à attendre que les plats défilent : sardines de la Méditerranée en escabèche, puis un aïoli parfait. Certains opteront pour le petit salon, aux couleurs du soleil, pimpant et gai, mais certes moins couru aux beaux jours.

Auberge des Seigneurs et du Lion d'Or

Place du Frêne, 06140.
☎ 04.93.58.04.24. Fax : 04.93.24.08.01.
dans le centre du vieux Vence.

Chambres doubles : à 66 et 70 €.
Petit dej' : 8 €.
Meilleures chambres : la « Modigliani » ou la « Soutine ».
Fermeture : du 1er novembre à mi-mars.
⊕ dormir en plein centre de ce magnifique village pour un prix abordable.

Cette belle bâtisse du XVe siècle propose un gentil bouquet de chambres, portant des noms de peintres célèbres. La « Modigliani » ou la « Soutine » nous ont bien plu, pour la vue sur la montagne et pour leur fière allure. On est en plein centre-ville et pourtant on se sent à la campagne. Grâce au calme qui règne ici évidemment, mais aussi grâce aux meubles qui sentent bon l'encaustique. C'est pas le très grand luxe, mais tout le confort est là et les chambres sont spacieuses. Un bon rapport qualité-prix en vérité.

À voir : **la chapelle Matisse, la vieille ville, la fondation Émile-Hugues.**

ANNECY

Carte région SUD-EST

Le Belvédère

Vincent Lugrin

7, chemin du Belvédère, 74000.

☎ 04.50.45.04.90. Fax : 04.50.45.67.25.

par le centre, en direction du Semnoz par la D 41. 1er virage à droite après l'AJ.

Menus : 23 € au déjeuner (en semaine), puis de 30 à 70 €.
Meilleures tables : près des fenêtres, pour la vue.
Fermeture : dimanche soir, mardi soir et mercredi toute la journée, 15 jours début décembre et janvier.
Parking : gratuit à côté du restaurant.
⊕ la vue et la terrasse en été.

Vincent Lugrin et son épouse forment un jeune couple parfaitement à l'aise dans leur *Belvédère,* belle bâtisse à l'architecture classique dominant le lac d'Annecy. Un vrai professionnalisme, des compétences évidentes, du sérieux tant en cuisine qu'au service, font de cette maison une belle adresse où l'on se laisse servir avec plaisir, où l'on déguste une cuisine sagement inventive et parfaitement maîtrisée. Évidemment, de beaux poissons de lac, apprêtés avec esprit, accompagnés de sauces légères et délicates. Vincent Lugrin est passé chez Marc Veyrat, ce qui n'a rien d'original par ici, mais c'est mieux de le préciser. Les prix à la carte vous y feront peut-être penser, mais le menu, au déjeuner, est un bon plan. Et puis aux beaux jours, on prend l'apéritif ou le café en terrasse, et on jouit du panorama exceptionnel sur les montagnes. Le temps peut s'arrêter, nous aussi.

Hôtel de Savoie

1, pl. Saint-François, 74000.

☎ 04.50.45.15.45. Fax : 04.50.45.11.99. • www.hoteldesavoie.fr •

dans la vieille ville.

Chambres doubles : de 55 à 85 €, selon confort et vue.
Petit dej' : 7 €.
Meilleures chambres : avec vue sur le Thiou.
Parking : parking de l'hôtel de ville payant, mais nuit offerte.
Fermeture : aucune.
⊕ situation idéale.
⊖ quelques chambres à rafraîchir.

Une de nos adresses favorites dans ce haut lieu du tourisme qu'est le vieil Annecy. L'*Hôtel de Savoie,* qui fait partie de l'ancien couvent de la Visitation, offre un vaste choix de chambres, toutes très différentes. Ancien couvent, c'est vrai, quelques chambres simples, mais jamais monacales. Surfaces variables, comme la décoration. Orientation côté cour ou côté canal et château. Il y en a pour tous les budgets, ou presque, mais ce qui ne change pas, c'est l'accueil sympathique, et cette situation exceptionnelle, au bord du Thiou. Et à seulement quelques brasses du lac.

À voir : **Annecy, le lac, encore et toujours Annecy...**

LE BOURGET-DU-LAC

Carte région SUD-EST

Atmosphères

Alain Périllat

618, rte des Tourelles, 73370.

☎ 04.79.25.01.29. Fax : 04.79.25.26.19.

de la mairie, prendre direction Mont-du-Chat sur 1 km 800.

Menus : de 17 à 48 €.
Meilleures tables : proches des baies vitrées, l'été en terrasse.
Fermeture : mardi et mercredi toute la journée, ainsi que pour les vacances de Toussaint et février.
Parking : gratuit dans le jardin.
⊕ cadre et qualité de haut niveau.

Le luxe n'est pas toujours là où on pense le trouver, c'est-à-dire dans les grandes maisons aux ors clinquants. Car il s'agit bien de luxe lorsqu'on déguste, dans un environnement délicieusement calme et verdoyant, une des cuisines les plus fines et imaginatives de la région, face à une vue absolument somptueuse sur le lac du Bourget et les Alpes. Alain Périllat réussit aussi bien un classique foie gras en terrine, certes accompagné de betteraves au miel épicé. Il saura aussi vous combler avec son dessert aux aubergines accompagnées de sorbet framboise et poivron doux, c'est tout dire. Bien sûr, amuse-bouches bien pensés, comme les mignardises, car notre chef a compris que ces « friandises » de début et fin de repas ne sont pas des détails, mais classent véritablement une maison. Elles font ici l'objet des plus grands soins. Carte de cafés et cave à cigares. Excellent service, doux accueil de Delphine Pontet et sa jeune équipe.

Hôtel Astoria

Place des Thermes, 73100 **Aix-les-Bains.**

☎ 04.79.35.12.28. Fax : 04.79.35.11.05. • www.hotelastoria.fr •

Aix-les-Bains centre à 13 km environ du Bourget-du-Lac, par la N 211 puis la N 201.

Chambres doubles : de 61 à 87 €.
Petit dej' : 8 € (continental) ou 9,50 € (buffet).
Meilleures chambres : celles avec balcon.
Fermeture : aucune.
Parking : payant, souterrain aux pieds de l'hôtel.
⊕ l'architecture de l'hôtel.
⊖ accueil un peu impersonnel.

La magie d'un authentique palace Belle Époque pour le prix d'un hôtel chic, un des derniers grands hôtels d'Aix-les-Bains qui n'a pas été transformé en appartements. 130 chambres sur cinq étages, un impressionnant hall de réception, avec puits de lumière vertigineux, galeries circulaires typiques de l'architecture fin XIXe, début XXe siècle. Coursives sans fin distribuant les chambres, toutes de bonnes proportions. Certaines sont très vastes, et les plus agréables sont bien sûr celles pourvues de balcon (sans supplément de prix, mais à réserver à l'avance).

À voir : **le lac du Bourget, Chambéry et Aix-les-Bains.**

CHAMONIX

Carte région SUD-EST

La Maison Carrier

119, impasse du Montenvers, 74400.

Famille Carrier

☎ 04.50.53.00.03. Fax : 04.50.55.95.48. • www.hameaualbert.fr •

dans Chamonix-centre.

Menus : 26 et 39 €.
Meilleures tables : toutes.
Fermeture : le lundi (sauf en juillet-août), de mi-novembre à mi-décembre et la première quinzaine de juin.
Parking : gratuit devant le restaurant.
⊕ la qualité de l'accueil.

D'autres que nous seraient *a priori* mieux placés pour rendre un vibrant hommage à la famille Carrier pour le travail exceptionnel réalisé dans le hameau Albert-Ier depuis un siècle. Ils ont bâti un vrai palace de montagne, pour le plaisir des plus riches. Mais la *Maison Carrier*, leur petite adresse, rend la perfection abordable au plus grand nombre. Pour cela, six années d'un travail titanesque ont permis de recréer une authentique ferme chamoniarde de 1794, avec ses meubles, son tuyé (la fameuse cheminée pour fumer les jambons, saucissons, etc.) et surtout un souci maniaque du moindre détail. Quant à la cuisine, elle est un exemple parfait de réflexion sur le terroir, avec l'immanquable et gargantuesque menu « tout cochon » qui prend des allures de repas royal. Pensez donc : le porc comme vous n'en avez jamais mangé, en quatre services (charcuterie, pieds, boudin et côtes), tous aussi surprenants que délicieux, avant fromages et desserts. Au service, efficacité, chic et décontraction : la classe !

Crèmerie Balmat

749, prom. des Crèmeries, bois du Bouchet, 74400.

☎ 04.50.53.24.44. Fax : 04.50.53.29.42.

entre Chamonix-centre et Argentière, sur la N 506.

Chambres doubles : de 60 à 67 €.
Petit dej' : inclus dans le prix de la chambre.
Meilleures chambres : avec balcon.
Fermeture : aucune.
Parking : gratuit dans le jardin.
⊖ les chambres sans sanitaires.

C'est Chamonix, version authentiquement campagne, que l'on vient goûter et découvrir à la *Crèmerie Balmat*. C'est d'ailleurs le beau-père de Michèle Balmat qui a bâti lui-même ce chalet à l'orée du bois du Bouchet. À 2 pas du village, mais déjà totalement à l'écart des commerces et de l'agitation de la « petite ville », on savoure le bon air, le silence, et bien entendu la vue sur le mont Blanc et les aiguilles de Chamonix. À l'étage, cinq chambres, simples mais coquettes. Accueil chaleureux, ambiance familiale pour se ressourcer.

À voir : **le mont Blanc, la mer de Glace, l'aiguille du Midi, qui s'en lasserait ?**

RHÔNE-ALPES

CHONAS-L'AMBALLAN

Carte région SUD-EST

Domaine de Clairefontaine

Philippe Girardon

Chemin des Fontanettes, 38121.

☎ 04.74.58.81.52. Fax : 04.74.58.80.93. ● www.domaine-de-clairefontaine.fr ●

8 km S de Vienne par la N 7.

Menus : de 42 à 85 €.
Meilleures tables : toutes ont leur charme.
Fermeture : du 20 décembre au 20 janvier. Pas de fermeture hebdomadaire.
Parking : gratuit dans le parc.

Philippe Girardon est Meilleur Ouvrier de France (MOF, comme on dit) depuis 1996. Depuis qu'il a gagné ce concours, il peut donc porter la veste blanche de cuisinier à col bleu-blanc-rouge. Mais ce « super-ouvrier » est doué d'un sens artistique évident. Un repas au *Domaine de Clairefontaine* est un pas dans le monde de la haute gastronomie. Le restaurant est composé de deux élégantes salles, pour deux atmosphères différentes : l'une contemporaine, l'autre au charme plus bourgeois. Dans les assiettes, dès le premier menu, toujours le même plaisir, beaucoup de rigueur, et des assiettes qui justifient chacune ce titre de Meilleur Ouvrier de France. Au service, grand chic également. Beau choix de vins des côtes du Rhône.

Domaine de Clairefontaine

Chemin des Fontanettes, 38121.

☎ 04.74.58.81.52. Fax : 04.74.58.80.93. ● www.domaine-de-clairefontaine.fr ●

à 8 km au sud de Vienne par la N 7.

Chambres doubles : de 43 à 76 € ; 110 € dans le nouveau bâtiment.
Meilleures chambres : toutes ont leur charme.
Fermeture : du 20 décembre au 20 janvier.
Parking : gratuit dans le parc.

Cette maison bourgeoise est l'une des anciennes résidences des archevêques de Lyon, transformée il y a longtemps déjà en hôtel-restaurant. Ici, deux formules pour se loger : dans la bâtisse elle-même, des chambres au charme rétro, qui sentent bon le propre et les vacances d'une autre époque, ou dans le nouveau bâtiment, des chambres beaucoup plus luxueuses, plus modernes, donc plus onéreuses. À vous de voir. Immense parc entretenu avec un goût exquis. Accueil chic et sympathique à la fois.

À voir : **vignobles du Condrieu et de la Côte rôtie, parc régional du Pilat.**

CORENC

Carte région SUD-EST

La Corne d'Or

Gérard Borrel

159, rte Chartreuse, 38700.
☎ 04.38.86.62.36. Fax : 04.38.86.62.37.
5 km N de Grenoble, en direction du Sappey-en-Chartreuse par la D 57.

Menus : de 25 à 65 €. Le dimanche à 36 et 49 €.
Meilleures tables : proches des baies ou en terrasse pour la vue.
Fermeture : mardi soir, mercredi et dimanche, ainsi que de mi-août à début septembre et pour les vacances de février.
Parking : gratuit à côté du restaurant.

Gérard Borrel donne élégance et préciosité aux produits qu'il cuisine. Ses compositions nous ont rappelé certaines créations de Georges Blanc, bien qu'il n'ait jamais travaillé chez le maître de Vonnas. Créativité et tradition ne se contredisent pas au fil des menus, avec aussi quelques clins d'œil aux produits régionaux. Et comme en hommage à la grande maison paternelle, située à quelques kilomètres plus haut en altitude *(Le Pudding),* un ou deux classiques comme le homard Newburg. Du service, nous ne dirons que du bien, comme du délicieux accueil et de la salle agréablement décorée. Et puis il y a déjà le bon air et la vue, un vrai spectacle qui ajoute au plaisir de la dégustation.

Les Skieurs

Le Giroudon, 38700, **Le Sappey-en-Chartreuse.**
☎ 04.76.88.82.76. Fax : 04.76.88.85.76.
10 km N de Corenc par la D 57 en direction de Saint-Pierre-de Chartreuse.

Chambres doubles : 60 €.
Petit dej' : 8 €.
Fermeture : avril et novembre.
Parking : gratuit dans le parc.
⊕ accueil excellent.
⊖ chambres un peu petites.

Gros chalet retiré de la route, jouant à cache-cache dans les sapins. Une maison où il fait bon séjourner aussi bien en été qu'en hiver. Aux beaux jours au bord de la piscine, entre deux randonnées, et l'hiver bien au chaud au retour du ski dans le décor de chaudes boiseries. Chambrettes au confort douillet, avec balcon. Excellent accueil de la famille Jail qui a fondé l'hôtel il y a déjà quelques décennies, toujours aux petits soins pour ses clients, savoir-faire et savoir-vivre. Excellente table, également.

À voir : **le musée d'Art sacré Arcabas à Saint-Hugues et le musée de la Grande-Chartreuse.**

LYON

Carte région SUD-EST

Le Bistrot du Palais

Jean-Paul Lacombe

220, rue Duguesclin, 69003.

☎ 04.78.14.21.21.

Proche mairie du 3e arrondissement et du nouveau palais de justice.

Menu : 25 € et carte.
Meilleures tables : dans la grande salle.
Fermeture : dimanche toute la journée, lundi soir, les jours fériés et deux semaines en août.
Parking : payant dans le quartier.

Jean-Paul Lacombe, comme beaucoup de chefs étoilés, s'est offert quelques satellites, qui tournent donc autour du navire amiral, son restaurant gastronomique *Léon de Lyon*. Il a choisi et baptisé la formule « bistrots de cuisinier ». Dans chacun de ses établissements, il laisse donc au chef la totale responsabilité des cuisines. Pas de menu formaté, mais une vraie cuisine du marché, un menu qui peut changer tous les jours, selon les arrivages et humeurs du lieutenant en place. Au *Bistrot du Palais*, c'est Olivier Belval qui mène la danse avec talent depuis une douzaine d'années. Une cuisine de style bistrot, bien maîtrisée, vive, parfois inventive, servie prestement. Un chef qui sait faire son marché, et qui a gardé la rigueur de la maison mère où il a évidomment travaillé. Au déjeuner, gens de robe en grand nombre, nous sommes en face du palais de justice. Pour le décor, grande salle de brasserie aux murs couleur crème anglaise, et une véranda sur la rue piétonne.

Hôtel Globe et Cécil

21, rue Gasparin, 69002.

☎ 04.78.42.58.95. Fax : 04.72.41.99.06. ● www.globeetcecilhotel.com ●

M. : Bellecour.

Chambres doubles : 135 € avec douche et w.-c. ou bains.
Petit dej' : compris (de très bonne qualité).
Meilleures chambres : sur rue, plus lumineuses.
Parking : payant à côté.
⊕ sa situation en plein centre.

Un des meilleurs 3-étoiles de la presqu'île, sans conteste, tenu par des femmes et ça se sent. Discrétion, raffinement et efficacité. Déjà, au XIXe siècle, les prélats de Rome descendaient ici. Grand hall lumineux décoré avec beaucoup de goût, mélange de classique et de modernité. Chaque chambre possède son ambiance (certaines ont de belles cheminées en marbre et la climatisation), son style et une décoration personnalisée en fonction du volume. Choisir de préférence les chambres sur rue, les plus lumineuses. Service impeccable et accueil souriant.

Brasserie de l'Est

Paul Bocuse

Gare des Brotteaux, 69006, **Lyon.**
☎ 04.37.24.25.26. ● www.bocuse.fr ●
dans l'ancienne gare des Brotteaux.

Menus : 18 et 21 € (servis midi et soir, sauf le dimanche), et carte.
Meilleure table : au bar pour la vue sur les cuisines.
Fermeture : ouvert tous les jours.
Parking : payant devant la gare.
⊕ le cadre.
⊖ la salle bruyante.

Le pape de la cuisine française aurait pu choisir une ancienne église désaffectée pour installer sa troisième brasserie lyonnaise, mais il s'est offert une gare, tout simplement ! Celle des Brotteaux, petit joyau architectural typique du XIXe siècle. Après le Nord et le Sud, monsieur Paul a décidé de faire ce pour quoi il est particulièrement brillant : du spectacle. Et c'est vrai que la restauration signée Bocuse, c'est une véritable représentation midi et soir. Serveurs et serveuses en bleu-blanc-rouge, couleurs assorties à son col de Meilleur Ouvrier de France, cuisiniers en blanc immaculé, fièrement toqués, comme sur scène car la cuisine est totalement ouverte sur la salle ; l'occasion assez unique de voir travailler une grande brigade, avec à sa tête le chef qui « aboie » les commandes. Dans les assiettes, un répertoire brasserie parfaitement réalisé, que l'on déguste en observant le petit train qui tourne infatigablement autour de la grande salle toujours très animée.

Brasserie de l'Ouest

Paul Bocuse

1, quai du Commerce, 69009, **Lyon.**
☎ 04.37.64.64.64. ● www.bocuse.fr ●
rive droite de la Saône, entre Vaise et l'île Barbe.

Menus : 18 et 20,40 € en semaine, 25,60 € le dimanche, et la carte.
Meilleures tables : toutes.
Fermeture : aucune.
Parking : gratuit sous la brasserie ou dans le quartier.
⊕ menus de la semaine servis midi et soir.

Après le Nord, le Sud et l'Est, la *Brasserie de l'Ouest* a ouvert ses portes en 2002. C'est la seule qui a été construite de A jusqu'à Z, et qui a donc véritablement été pensée, dessinée, imaginée avant de sortir de terre. Paul Bocuse a fait le tour du monde, tout le monde le sait. Avec l'Ouest, il boucle le tour de sa bonne ville de Lyon. La carte ressemble d'ailleurs à un carnet de voyage, puisqu'elle est inspirée par la cuisine des îles. Cuisine exotique pour papilles lyonnaises élevées aux quenelles et grattons ! Encore une fois, monsieur Paul nous donne un bel exemple de restauration française.

Le Cazenove

Pierre Orsi

75, rue Boileau, 69006, **Lyon.**

☎ 04.78.89.82.92. Fax : 04.72.44.93.34. ● www.pierreorsi.com ●

M. : Masséna.

Menus : à 33 et 43 €, servis midi et soir.
Meilleure table : au centre de la salle.
Fermeture : le week-end.
⊕ service grand classique.
⊖ pas de vins au verre.

On paie parfois cher les menus « marketés » des bistrots de grand chef, comme on paie bien cher les tee-shirts griffés des grands couturiers. Haute cuisine inabordable et prêt-à-manger encore trop cher ? Pierre Orsi prouve le contraire depuis 1979 lorsqu'il fut le premier en France à créer sa petite adresse. Professionnalisme et tradition, Pierre Orsi est un intégriste de la qualité. Produits de tout premier ordre, cuissons et présentations parfaites, générosité aussi : amuse-bouches et mignardises dès le premier menu. Pour le reste, des préparations classiques mais d'une précision, d'une qualité exemplaires. Il faut rendre également hommage au service, parfait et d'une courtoisie au charme suranné. Quant au cadre, on se croirait dans *Le Dernier Métro* de Truffaut, mais sans Catherine Deneuve, à moins d'une surprise de dernière minute : ici c'est plutôt Geneviève Orsi qui apparaît à chaque service pour saluer ses clients. Belle sélection de vins de propriétaire. La classe, tout simplement.

Au Patio Morand

99, rue de Créqui, 69006, **Lyon.**

☎ 04.78.52.62.62. Fax : 04.78.24.87.88. ● www.hotel-morand.fr ●

M. : Foch.

Chambres doubles : de 55 à 75 € selon la taille et la période.
Petit dej' : 7 €.
Meilleures chambres : côté patio.
Parking : payant dans la rue.
Fermeture : aucune.
⊕ hôtel original.
⊖ les chambres, 1er prix, sont petites.

En plein cœur de Lyon, dans le select 6e arrondissement, à deux pas de la presqu'île, un hôtel à l'architecture délicieusement atypique. Une trentaine de chambres s'articulent autour d'un adorable petit patio du XVIIIe siècle où l'on prend son petit déjeuner en été. Toutes différentes, à la décoration personnalisée et à l'entretien parfait. On y accède par un délicieux escalier aux pierres érodées. Un établissement aux antipodes des nombreuses usines à dormir qui envahissent nos villes.

À voir : **Le musée des Tissus, le quartier Saint-Jean.**

MILLERY

Carte région SUD-EST

Bacchus

Mickaël Thivent

6, rue de Bliesbruck, 69390.

☎ 04.78.46.45.96.

15 km O de Lyon. Prendre l'A 7 direction Marseille, puis voie rapide en direction de Solaize. Sortir à Millery.

Menus : de 17 à 49 €.
Meilleures tables : toutes.
Parking : gratuit dans le village.
Fermeture : dimanche soir, lundi toute la journée et mercredi soir, ainsi qu'une quinzaine de jours en août.
⊕ service en terrasse aux beaux jours.

En pleine campagne, au sud du vignoble des coteaux du Lyonnais. C'est d'ailleurs dans un exceptionnel caveau de pierre que l'on descend pour déguster la cuisine de Mickaël Thivent. Cet ancien de Jean-Paul Lacombe, du célèbre *Léon de Lyon,* qui a également travaillé chez Alain Chapel, à Mionnay, et chez Jung, au *Crocodile* à Strasbourg, n'attendit guère le succès en ville. Depuis deux ans, il signe une cuisine vive et inventive, dans l'esprit du moment mais pleine de personnalité, où il se retrouve toujours lorsque certains se perdent dans les courants de la mode. Compositions colorées, généreuses et riches en saveurs. On sent très nettement, à chaque assiette, les années passées dans les grandes maisons, les multiples techniques bien maîtrisées. Desserts particulièrement travaillés et « léchés ». Service efficace et sympathique, avec un côté brasserie chic.

La Maison du Greillon

12, montée du Greillon, 69009, **Lyon.**

☎ 06.08.22.26.33. • www.legreillon.com •

colline de Fourvière côté Saône, entre Vaise et Saint-Paul.

Chambres doubles : 82 à 100 €.
Petit dej' : inclus dans le prix de la chambre.
Meilleures chambres : côté Saône, avec balcon.
Fermeture : aucune.
Parking : gratuit en haut de la montée du Greillon.
⊕ le calme.

Une grande bâtisse en U, ex-propriété du sculpteur lyonnais Chinard, dans l'un des derniers quartiers préservés de la ville, la campagne en plein cœur de Lyon. Délicieux jardin et terrasse, avec vue sur la Croix-Rousse et les lacets de la Saône. À l'intérieur, agréables pièces de réception et cuisine à disposition. En haut du rustique escalier de pierre, cinq belles chambres décorées dans des teintes douces, dont trois particulièrement grandes, ouvrant sur une agréable galerie. Sympathique accueil de Mercedes Vails-Miguet.

À voir : **Lyon, les monts du Lyonnais, le val de Saône.**

PÉRONNAS

Carte région SUD-EST

La Marelle

Didier Goiffon

1593, av. de Lyon, 01960.
☎ 04.74.21.75.21. ● www.lamarelle.fr ●
à l'entrée de Bourg-en-Bresse en arrivant de Lyon.

Menus : à 22 € au déjeuner en semaine, puis à 32 et 38-46 € (menu Saint-Jacques de mi-octobre à mi-avril), et 60 €.
Meilleures tables : dans la salle aux murs de pierre ou en terrasse aux beaux jours.
Fermeture : mardi et mercredi, 3 semaines en août-septembre et une semaine pour les vacances de février.
Parking : gratuit derrière le restaurant.

Dans la Bresse, riche d'une forte identité gastronomique avec son gargantuesque cortège de volailles, poissons d'étang et grenouilles, le plus souvent généreusement cuisinés à la crème, Didier Goiffon tient une place bien à part. Rigoureux, bourré de talent, il crée sans se focaliser sur le terroir, avec un plaisir qui semble parfumer les plats autant que les ingrédients utilisés. La technique acquise au sein de grandes maisons, notamment chez Pierre Gagnaire, n'est pas un frein à sa créativité, bien au contraire. Des assiettes sophistiquées, mais jamais prétentieuses, ça nous a plu. Du travail extrêmement sérieux, une cuisine vive et rythmée, vraiment réjouissante. Au service, c'est un peu pareil, on sent le métier et les bonnes manières, mais jamais rien d'obséquieux. Carte des vins très étoffée.

Hôtel De La Tour

Place de la République, 01400, **Châtillon-sur-Chalaronne.**
☎ 04.74.55.05.12. Fax : 04.74.55.09.19. ● www.hotel-latour.com ●
20 km SO de Bourg-en-Bresse par la D 936.

Chambres doubles : à 68 et 75 € et quelques-unes à 95 €.
Petit dej' : 9 €.
Meilleures chambres : celles du *Clos*.
Parking : clos et gratuit.
Fermeture : la semaine de Noël, réouverture pour le réveillon.
⊕ la déco.

Une valeur sûre, les jeunes propriétaires, absolument passionnés par leur métier, et par la décoration, mettent tout en œuvre pour rendre leur établissement toujours plus agréable et accueillant. Toutes les chambres sont différentes, scrupuleusement entretenues. Selon l'endroit, ambiance village, ou un rien plus confidentiel au *Clos de la Tour,* avec joli jardin et piscine. Un authentique hôtel « art de vivre », sans complexe, vivant et chaleureux, avec son restaurant *lounge.*

À voir : **visite de Châtillon-sur-Chalaronne, route des étangs, Bourg-en-Bresse.**

PRIAY

Carte région SUD-EST

La Mère Bourgeois

Hervé Rodriguez

Grande rue de la Côtière, 01160.
☎ 04.74.35.61.81. Fax : 04.74.95.43.49.
26 km SE de Bourg-en-Bresse par N 75 et D 984 à Pont-d'Ain.

Menus : 25 € en semaine, 28, 39, 45, 55 et 69 €.
Meilleure table : celle du général de Gaulle !
Fermeture : lundi et mercredi toute la journée, dimanche soir. Vacances de fin d'année et les trois dernières semaines d'août.
Parking : gratuit dans le village.
+ repas en terrasse aux beaux jours.

Dire qu'Hervé Rodriguez est excellent cuisinier est juste, mais fort réducteur. Chacune de ses assiettes est composée comme une balade dans une œuvre d'art gourmande. Il vous prend littéralement par le bout de la fourchette et vous emmène où il l'entend, c'est lui le guide et on le suit avec plaisir, même lorsqu'il prend des détours. Couleurs, saveurs, odeurs, textures, ce jeune chef joue sur tous les plans avec générosité. On sort des sentiers battus, on explore, on découvre, on s'étonne. Auteur, compositeur et interprète, Hervé Rodriguez aime parler de sa cuisine et va souvent à la rencontre de ses clients en fin de repas. Un homme passionné, vous l'aurez compris, délicat aussi, qui a conservé dans ses menus quelques spécialités ultra classiques de l'illustre mère Bourgeois, première femme en France à avoir obtenu trois étoiles au Michelin en... 1931.

Le Relais du Bac

Le Bac, 38390, **Vertrieu.**
☎ et fax : 04.74.90.68.06. ☎ 06.80.90.43.90 (portable).
à 15 km de Priay par la N 75 en direction de Grenoble.

Chambres doubles : de 48 à 70 €.
Petit dej' : inclus dans le prix de la chambre.
Meilleures chambres : côté Rhône.
Parking : gratuit dans la cour.
Fermeture : aucune.
+ grand calme.

Marie-Do a décidé de changer de vie après une carrière de violoniste. Dans sa magnifique maison de maître du XVIIIe siècle, on se sent bien immédiatement. Cinq belles chambres ont été redécorées, comme l'ensemble de la bâtisse, avec l'élégance de ne pas faire du neuf avec du vieux. Belles grandes pièces de réception, et un immense jardin qui va jusqu'au Rhône, baignable à cet endroit, d'ailleurs plus proche de sa source que de son delta. Programmation musicale à suivre, bien sûr.

À voir : **les grottes de la Balme, Crémieu, Pérouges, le vignoble de Montagnieu.**

ROANNE

Carte région SUD-EST

Le Central

Michel Troisgros

20, cours de la République, 42300.
☎ 04.77.67.72.72. ● www.troisgros.fr ●
face à la gare.

Menu : 24 € et la carte.
Meilleures tables : au fond, près du four.
Fermeture : dimanche, lundi et trois semaines en août.
Parking : payant dans le quartier.
⊕ la cuisine d'un grand, accessible.

Avec *Le Central,* Michel Troisgros a vraiment créé un lieu. Dans les salons de cet ancien hôtel, aujourd'hui splendide salle de restaurant, on se sent immédiatement chez un cuisinier. Un peu partout, élégamment disposés sur des rayonnages, de magnifiques produits d'épicerie fine. Et puis, aux murs, de splendides photos noir et blanc, portraits des fournisseurs de la maison. Viticulteurs, fromagers, éleveurs, etc. Un bien bel hommage rendu à ces artisans du goût qui pour une fois ont la vedette, c'est rare. Arrivant des cuisines, partiellement ouvertes sur le restaurant, des plats au chic évident de simplicité, toujours étonnants de plaisir. On n'est pas ici dans le restaurant gastronomique Troisgros connu aux quatre coins du monde, mais bien dans le bistro Troisgros. On y déguste donc une cuisine bien meilleur marché, plus simple aussi, mais véritablement griffée Michel Troisgros. Excellent service dans le même esprit.

Le Grand Hôtel

18, cours de la République, 42300.
☎ 04.77.71.48.82. Fax : 04.77.70.42.40. ● www.grand-hotel.fr ●
face à la gare.

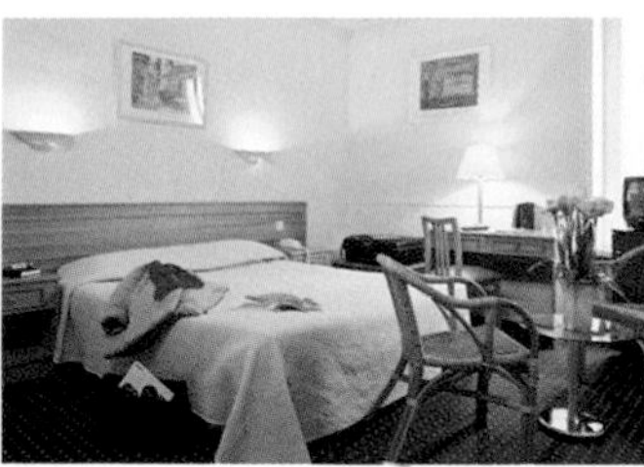

Chambres doubles : de 63 à 82 €.
Petit dej' : 8,50 €.
Meilleures chambres : les supérieures.
Parking : payant, fermé.
Fermeture : aucune.

Le Grand Hôtel aurait pu être un établissement comme tant d'autres face à une gare, pratique pour sa situation, triste pour la même raison. Mais cette adresse est l'une des plus agréables de la région. Réception décorée (c'est rare) et chaleureuse, un rien *british.* Chambres entretenues scrupuleusement, comme tout l'ensemble de l'hôtel, et toutes assez différentes. Un trois-étoiles bien dans ses murs, qui vaut tout particulièrement pour la qualité de son accueil.

À voir : **le musée Joseph-Déchelette, l'écomusée du Roannais.**

SAINT-AGRÈVE

Carte région SUD-EST

Le Domaine de Rilhac

Ludovic Sinz

À Saint-Agrève, 07320.

04.75.30.20.20. Fax : 04.75.30.20.00. • www.domaine-de-rilhac.com •

à 2 km de la place principale en direction de Vernoux. Au rond-point continuer vers Vernoux sur 500 m, puis 1re à gauche, et à droite 50 m plus loin.

Menus : à 23 € (uniquement au déjeuner), 36 € (menu ardéchois), 51 et 68 €.
Vins : à partir de 21 € la bouteille.
Meilleures tables : près de la cheminée (même si elle fonctionne rarement).
Fermeture : mardi soir, mercredi et jeudi midi, et de décembre (vacances scolaires) à fin février.

Quelle chance que ce jeune chef, après avoir travaillé avec Pic, Ducasse et Robuchon, ait choisi de s'installer dans sa région natale, sur les hauteurs du Vivarais. C'est dans une ancienne ferme un peu isolée, au cadre chaleureux et reposant, et restaurée avec l'aide de son père, que Ludovic Sinz exerce son art. Des plats classiques, mais aussi d'heureux mariages de saveurs, plus inventifs ceux-là : salade de truite marinée aux petits légumes, Chevreau rôti au beurre de pissenlit, Saint-Jacques poëllées au jus de raisin (de la maison !) et endives caramélisées... Et, si on terminait sur un nougat glacé aux marrons confits ? Tout cela est délicieux. Service discret. Une bonne table dans un havre de paix et de verdure, que demander de plus ?

Le Domaine de Rilhac

À Saint-Agrève, 07320.

04.75.30.20.20. Fax : 04.75.30.20.00. • www.domaine-de-rilhac.com •

au même endroit que le restaurant ci-dessus.

Chambres doubles : de 79 à 109 €.
Petit dej' : 14 €.
Meilleures chambres : « Coquelicot » pour les mansardées, « Jonquille » pour les autres.
Fermeture : mardi soir, mercredi et jeudi midi et de décembre (vacances scolaires) à fin février.

Pas de raison de vous éloigner de ce cadre charmant après votre repas ! Une superbe rampe en fer forgé vous conduira à 7 chambres, petites et simplement aménagées, mais avec goût. La plupart sont mansardées. L'ensemble est impeccablement tenu et baigne dans une atmosphère familiale. Des travaux d'embellissement sont en cours (installation de sèche-cheveux, télé LCD, stores électriques...) à l'heure où nous bouclons ces lignes, et d'autres mettront à contribution les artisans locaux. De beaux aménagements en perspective !

À voir : **les ruines du château de Rochebonne, Micheline Saint-Agrève-Dunières.**

SAINT-ÉTIENNE

Carte région SUD-EST

Nouvelle

Stéphane Laurier

30, rue Saint-Jean, 42000.
☎ 04.77.32.32.60.
en plein centre-ville, en face de l'Hôtel-de-Ville.

Menus : formule à 25 € au déjeuner, puis de 38 à 60 €.
Meilleure table : la ronde près de la fenêtre.
Fermeture : aucune.
Parking : payant en ville.
⊕ les mélanges sucrés/salés.

La cuisine de Stéphane Laurier a quelque chose de vraiment particulier. Dans le vent, souvent avec un temps d'avance, mais loin des modes qui se fanent, elle ne ressemble à aucune autre. Avec des créations qui se dégustent comme on apprécie de la bonne musique, il faut donc être « à l'écoute », c'est-à-dire écarquiller ses papilles pour ne rien perdre des saveurs. Une cuisine inventive qui éveille les sens parce qu'elle déclenche une foule d'émotions et de sensations. Chaque plat est une découverte, un ravissement pour l'œil, un étonnement, depuis le début jusqu'aux desserts. Et comme un écrivain sait maintenir le suspens jusqu'à la dernière page d'un roman, Stéphane Laurier crée des menus qui vous tiendront en haleine et en appétit jusqu'aux mignardises. Un vrai talent, quoi. Au service, grand classicisme. La décoration du restaurant est signée Agnès Laurier, chic sans ostentation, propice à la dégustation.

L'Albatros

67, rue Saint-Simon, 42000.
☎ 04.77.41.41.00. Fax : 04.77.38.28.16. ● www.aalbatros-hotel.com ●
en direction de Roanne, sortir à la Terrasse.

Chambres doubles : 79 €.
Petit dej' : 10 €.
Parking : fermé, gratuit.
Fermeture : 15 jours en août et 15 jours fin décembre-début janvier.

Au calme, dans la verdure, et pourtant à cinq minutes seulement en voiture du centre-ville, c'est tout le charme de cet hôtel. À quelques minutes du musée d'Art moderne, *L'Albatros* est un bâtiment récent, qui se donne des airs néo-louisianais. Pour le même prix, chambres donnant soit sur le golf, soit côté parc, toutes très fonctionnelles, bien équipées et suffisamment vastes. Très bon entretien. Accueil cordial. Une halte sans mauvaises surprises.

À voir : **le musée de la Mine, le musée d'Art moderne.**

SAINTE-FOY-TARENTAISE

Carte région SUD-EST

Chez Mérie

Le Miroir, 73640.

Marie Mérie

☎ 04.79.06.90.16.

à la sortie du village, direction Bourg-Saint-Maurice, puis à droite direction Le Miroir.

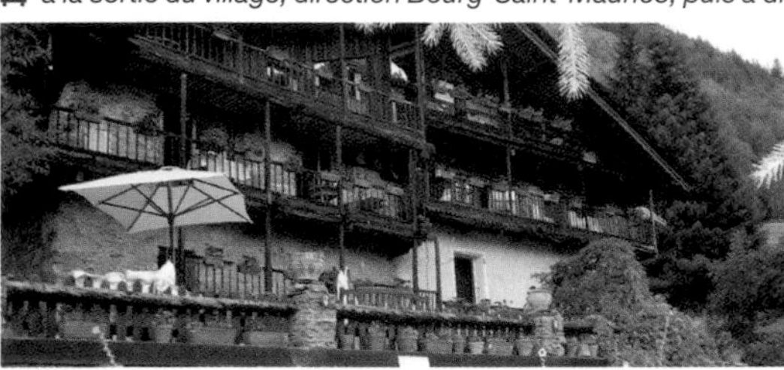

Menus : entrées et plats de 9 à 22 €.
Meilleures tables : toutes.
Fermeture : le dimanche soir, et de début mai à fin juin, puis de mi-septembre à fin novembre.
Parking : gratuit, au pied de la maison ou dans le hameau.

Dans cet énorme chalet bâti en 1632, le plus ancien du hameau, c'est une femme qui cuisine. Marie propose son interprétation toute personnelle de la cuisine régionale. D'anciennes recettes, souvent oubliées, privilégiant toujours l'authenticité, revisitées mais jamais « complexifiées », un peu comme de l'art brut. Une vraie gastronomie de montagne. Pour cela, des produits locaux derrière lesquels Marie s'efface avec élégance. La partition peut paraître simple, mais l'interprétation est sans faute, ample et généreuse. Et puis il y a aussi la belle salle chaleureuse, les viandes qui crépitent tranquillement dans la grande cheminée et la sélection de vins de propriétaires. Bien sûr, on appréciera aussi la vue extraordinaire et le calme du lieu. Le meilleur de la montagne, sans aucun doute, loin des grosses stations-usines à touristes. Réservation absolument impérative.

Le Monal

Le Bourg, 73640.

☎ 04.79.06.90.07. Fax : 04.79.06.94.72.

sur la D 902 en direction de Val-d'Isère, puis à gauche vers le Monal.

Chambres doubles : de 53 à 59 €.
Petit dej' : 6 €.
Meilleures chambres : avec balcon.
Fermeture : aucune.
Parking : gratuit devant l'hôtel.

Sainte-Foy-Tarentaise est un petit village encore dans son jus, aux antipodes de sa voisine Val-d'Isère. Petite église de montagne, ruelles étroites et un seul hôtel. Au *Monal,* vous l'aurez compris, l'ambiance est celle, plutôt sympathique et authentique, d'un bar-hôtel-restaurant de village, avec un brassage entre habitants des environs, vacanciers et ouvriers travaillant dans la région. Chambres toutes simples, mais suffisamment vastes et lumineuses. Selon le prix, on loge côté clocher, ou avec balcon côté montagnes...

À voir : **Tignes, Séez, Val-d'Isère.**

VALENCE

Carte région SUD-EST

L'Auberge du Pin

Anne-Sophie Pic

285 bis, av. Victor-Hugo, 26000.
☎ 04.75.44.53.86. Fax : 04.75.40.96.03. • www.pic-valence.com •
en face de l'église Sainte-Catherine.

Menus : entrée + plat ou plat + dessert pour 25 € ; entrée + plat + dessert pour 30 €.
Vins : à partir de 16 €.
Ouverture : toute l'année.
Parking : gratuit.
⊕ service dans la cour, et possibilité d'emporter une bouteille de vin non terminée.

Un *Relais et Châteaux* aux prix abordables ? Vous ne rêvez pas. Vous êtes bien dans la célèbre maison de la famille Pic, qui tient, dans la même enceinte « Chez Pic » (le gastro qui a la tête dans les étoiles) et « l'Auberge du Pin ». Aussi ne vous trompez pas de porte ! Tous les plats sortent des mêmes cuisines que celles du resto étoilé, et ils sont bien alléchants. Impossible de vous en citer car la carte se renouvelle en fonction des produits de saison. Bonne cuisine aux saveurs de terroir, rustique et parfumée (on a aimé le navarin d'agneau aux olives et le pain perdu à la vanille). La salle, chaleureuse aux tons ensoleillés nous transporte en Provence, dans la maison de grand-maman. Cour fleurie et verdoyante où l'on peut prendre son repas. Une bonne étape, avant de revenir un jour – qui sait ? – « Chez Pic », non seulement pour y manger, mais aussi pour y dormir !

La Treille Muscate

Le Village, 26270, **Cliousclat.**
☎ 04.75.63.13.10. Fax : 04.75.63.10.79. • www.latreillemuscate.com •
28 km S de Valence par la N 7, puis la D 57.

Chambres doubles : de 55 à 110 €.
Petit dej' : 8 €.
Meilleures chambres : les n°s 8, 11 et 12.
Fermeture : janvier et février.
Parking : gratuit
⊕ petit dej' servi dans le jardin, aux beaux jours.

Pochoirs, boutis, coton piqué, murs chaulés.... Douze chambres de charme, toutes différentes : petites ou grandes, rouge basque ou bleu pastel, africaine.... Certaines ont un balcon et une vue dégagée sur la campagne, plein sud. La lumière provençale filtre à travers les rideaux de coton léger, et le kilim jouxte le jonc de mer. Une atmosphère de maison de famille ; excellent rapport qualité-prix. Et pour ceux qui tomberaient en arrêt sur une poterie, renseignez-vous, elle vient peut-être de la manufacture du village !

À voir : **le massif du Vercors, Buis-les-Baronnies et les jolis villages alentour.**

VALS-LES-BAINS

Carte région SUD-EST

Restaurant du Vivarais

5, rue Claude-Expilly, 07600.
Mme Bossi-Brioude

☎ 04.75.94.65.85. Fax : 04.75.37.65.47.

à 40 km O de Montélimar par la N 102, puis la D 578 après Aubenas. En plein centre.

Menus : formule à 19 € ; menus de 30 à 50 €.
Fermeture : février.
Parking : privé fermé gratuit.
⊕ apéritif maison offert sur présentation du guide.

On s'est rapidement laissé envahir par les saveurs de l'Ardèche. Avec plusieurs générations de cuisinières derrière elle, la patronne sait de quoi elle parle, et tous les châtaigniers de la région l'appellent par son prénom. Car elle est la meilleure ambassadrice de ce produit dans tout le département. La soupe, le caneton rôti, le gâteau, tout est sublimé par ce fruit, sans jamais être écrasé. On tient là une grande adresse. Tradition et inventivité, toujours dans le respect du produit. Voici une cuisine particulièrement fière de ses origines de terroir et qui le prouve. Au bonheur des âmes.

Hôtel du Vivarais

5, rue Claude-Expilly, 07600.

☎ 04.75.94.65.85. Fax : 04.75.37.65.47.

au même endroit que le restaurant du même nom !

Chambres doubles : de 55 à 72 €.
Petit dej' : 8 €.
Meilleures chambres : les n° 39 et n° 25.
Fermeture : février.
Parking : fermé gratuit.
⊕ apéritif maison offert sur présentation du guide.

Le plus bel édifice de la ville, qu'on reconnaîtra facilement à sa façade rose. Il distille, depuis les années 1930, un art du dormir et du manger que Mme Bossi-Brioude, la maîtresse-femme de cet établissement, sait à merveille entretenir. Art déco pour le style : papiers, peintures (tout dans les tons lie-de-vin), mobilier et même certaines baignoires... Confort, luxe, excellence du service. Et même une petite piscine. Un sans faute.

À voir : **le château musée d'Aubenas et le célèbre marché du samedi matin.**

VONNAS

Carte région SUD-EST

L'Ancienne Auberge

Georges Blanc

Place du Marché, 01540.
☎ 04.74.50.90.50.
à 16 km de Mâcon, par la N 79, direction Bourg-en-Bresse.

Menus : à 17 € le midi en semaine. Autres menus de 19 à 40 €.
Fermeture : janvier.

Situé en face de son célèbre établissement : le *Georges Blanc*, l'*Auberge* est son annexe. Que dire à part que c'est soigné, efficace et pas excessif du tout. Le cadre reprend les souvenirs de famille : nappes à carreaux, vieilles photos, collection de vieilles bouteilles de limonade (autrefois, première activité de la famille Blanc), dans une maison dont la façade est la reconstitution exacte de l'*Auberge Blanc* créée en 1872. En été, on profitera de la très belle terrasse. Service poli, serviable et rapide. On commence par une petite mise en bouche, un petit cocktail délicieux mettant en avant les vins régionaux (dont le nom du propriétaire commence par un B et fini par C, en 5 lettres...), puis le menu : croûte aux morilles et foies blonds, grenouilles sautées « comme en Dombes », etc. C'est un peu commercial (mettant en avant les produits Blanc), tout est bien calculé, mais on ne peut que s'incliner face à la qualité générale du service. Difficile d'être déçu. Un resto à l'ancienne, bien rôdé, à essayer en attendant d'aller, un jour, manger en face.

Résidence des Saules

Place du Marché, 01540.
☎ 04.74.50.90.50. Fax : 04.74.50.08.80. ● blanc@relaischateaux.fr ●
au même endroit que l'Ancienne Auberge.

Chambres : 6 chambres de 110 à 130 €, et quatre suites à partir de 140 €.
Fermeture : janvier.

Un village d'opérette illuminé le soir où il fait bon s'arrêter dans l'annexe hôtelière du grand homme Blanc, sur cette place du Marché, surtout célèbre pour la reconstitution fidèle de la maison d'Élisa Blanc. Il y a des fleurs au balcon, des sourires aux lèvres, et partout une envie de profiter de la vie, simplement, joliment. Posez ici vos bagages pour un séjour de charme. Magnifique jardin pour se détendre

À voir : **le sud et les Monts du Mâconnais, et le début du Beaujolais.**

Crédits photographiques :

Concernant l'intérieur, en grande majorité les photos de ce guide ont été réalisées par **Gérard Méloni,** à l'exception de celles des pages suivantes :

Abbaye de La Pommeraie : p. 31 (h.g.). **Agence Accord :** p. 205 (b.). **Agora Photo :** p. 133 (h.g.-h.d.). **Hameau Albert 1er :** p. 206 (h.g.-h.d.). **Ancienne Auberge :** p. 221 (h.g.-h.d.). **Hôtel des Arceaux :** p. 133 (b.g.-b.d.). **Photo Arnaud :** p. 153 (h.d.). **Mas Azemar :** p. 148 (b.g.-b.d.). **De Bastard :** p. 151 (h.g.-h.d., b.g.-b.d.). **Hôtel Bayonne Etche-Ona :** p. 36 (b.g.-b.d.). **Hôtel Beaufort :** p. 72 (b.g.-b.d.). **Restaurant Bellevue :** p. 154 (h.g.-h.d.). **P. Bennett :** p. 105 (b.g.-b.d.). **A. Benoît :** p. 37 (h.g.-h.d.). **Hôtel La Résidence du Berry :** p. 127 (b.g.-b.d.). **J. Billod-Morel :** p.128 (h.). **Domaine Blancardy :** p. 128 (b.g.-b.d.). **Brasseries Bocuse :** p. 210 (h.g.-h.d., b.g.-b.d.). **M. de Boisgrollier :** p. 216 (h., b.g.-b.d.), p. 219 (b.g.-b.d.), p. 220 (h.g.-h.d., b.g.-b.d.). **Château des Bondons :** p. 124 (b.). **J.-P. Bordin :** p. 43 (h.g.-h.d.), p. 69 (b.), p. 188 (b.), p. 190 (b.). **E. Brissard :** p. 101 (h.g.-h.d.). **M. Burin des Roziers :** p. 99 (b.g.). **Café des Délices :** p. 102 (h.g.-h.d.). **Hôtel Caron de Beaumarchais :** p. 99 (b.d.). **Hôtel Cathédrale :** p. 162 (b.g.-b.d.). **Le Central :** p. 215 (h.g.-h.d.). **R. Cerf :** p. 37 (b.g.-b.d.). **F. Charmetant :** p 169 (h.g.-h.d.). **C. Chauvin :** p. 196 (h.g.-h.d.). **Restaurant Chez Jean :** p. 109 (b.g.). **Domaine Clairefontaine :** p. 207 (h., b.g.-b.d.). **G. Clemente-Ruïz :** p. 165 (h., b.g.-b.d.), p. 167 (h.). **Hôtel le Cobh :** p. 66 (b.g.-b.d.). **A. Couillon :** p. 177 (h.g.-h.d.). **Hôtel Crèmerie Balmat :** p. 206 (b.). **F. Debrabander :** p. 126 (h., b.d.). **F. Demeuzure :** p. 36 (h.). **A. Denize :** p. 164 (b.). **P. Dobrowolska :** p. 103 (b.g.-b.d.). **Hôtel Dragon :** p. 30 (b.d.). **Eliophot :** p. 65 (b.g.-b.d.), p. 68 (h.g.-h.d., b.g.), p. 192 (h.d., b.g.-b.d.). **Ermitage des Loges :** p. 125 (h., b.g.-b.d.). **Hôtel Europe :** p. 27 (b.d.). **C. Fantin :** p. 46 (h.g.-h.d.). **M. Ferrandi :** p. 73 (b.g.-b.d.). **Les Feuillants :** p. 129 (h.g.-h.d.). **Fleur de Sel :** p. 64 (h.g.-h.d.). **P. Fournal :** p. 77 (b.). **O. Franken :** p. 105 (h.g.-h.d.). **F. Gagnaire :** p. 50 (h., b.g.-b.d.). **Hôtel Général-d'Elbée :** p. 177 (b.g.-b.d.). **M. Gonthier :** p. 69 (h.). **Grand Hôtel de Roanne :** p. 215 (b.g.-b.d.). **Grand Hôtel de Sète :** p. 138 (b.g.-b.d.). **Hôtel de Guise :** p. 144 (b.g.-b.d.). **D. Henneveux :** p. 102 (b.g.-b.d.). **Indigo Square :** p. 119 (h.d.). **Izuka :** p. 111 (b.). **Jac'Phot :** p. 178 (h.g.-h.d., b.g.-b.d.). **F. Jaulnes :** p. 132 (b.g.-b.d.). **P. Josse :** p. 130 (h., b.g.-b.d.), p. 131 (h.g.-h.d., b.g.-b.d.), p. 135 (h., b.g.-b.d.), p. 139 (h.g.-h.d., b.g.-b.d.), p. 140 (h.g.-h.d., b.g.-b.d.), p. 171 (h., b.g.-b.d.), p. 172 (h.g.-h.d., b.g.-b.d.), p. 173 (h.g.-h.d., b.g.-b.d.), p. 174 (h.g.-h.d., b.g-b.d.), p. 175 (h.g.-h.d., b.), p. 176 (h., b.g.-b.d.), p. 179 (h.g.-h.d., b.g.-b.d.), p. 180 (h.g.-h.d., b.g.-b.d.), p. 181 (h.g.-h.d., b.), p. 182 (h., b.g.-b.d.). **Clos Jouvenet :** p. 169 (b.g.-b.d.). **Ferme de La Chapelle :** p. 164 (h.). **Château de La Côte :** p. 38 (b.g.-b.d.). **Château de La Fleunie :** p. 45 (b.g.-b.d.). **Restaurant La Ruelle :** p. 188 (h.g.-h.d.). **La Vieille Fontaine :** p. 122 (h.g.-h.d.). **Hôtel La Vienale :** p. 161 (b.g.-b.d.). **Chambres d'hôtes Lafon :** p. 153 (b.g.-b.d.). **Château Lantic :** p. 43 (b.g.-b.d.). **A. Launay :** p. 185 (b.g.-b.d.). **Restaurant Le Chamarré :** p. 108 (h.d.). **Le Fil du Temps :** p. 38 (h.g.-h.d.). **J. Lejeune :** p. 146 (h.-g.-h.d.). **Restaurant Le 15 :** p. 116 (h.d.). **Hostellerie Le Vert :** p. 154 (b.g.-b.d.). **Hôtel Le Vieux Carré :** p. 168 (b.). **J. Lehmann :** p. 97 (b.g.-b.d.). **Les Flots :** p. 189 (h., b.g.-b.d.). **Les Olivades :** p. 202 (h.g-h.d., b.g.-b.d.). **Domaine Les Rayes :** p. 196 (b.g.-b.d.). **T. Levasseur :** p. 110 (b.g.-b.d.). **Restaurant l'Imaginaire :** p. 45 (h.g.-h.d.). **B. Lucchini :** p. 64 (b.g.-b.d.), p. 70 (h.g.-h.d., b.g.-b.d.), p. 71 (h.g.-h.d., b.g.-b.d.), p. 90 (h.g.-h.d., b.g.-b.d.), p. 91 (h.g.-h.d., b.g.-b.d.), p. 121 (b.), p. 194 (h.g.-h.d., b.g.-b.d.), p. 195 (h.g.-h.d., b.g.-b.d.), p. 197 (h.g.-h.d., b.), p. 198 (h.g.-h.d., b.), p. 201 (h.g.-h.d.), p. 203 (h.g-h.d., b.g.-b.d.). **P. Machenaud :** p. 150 (b.). **Maison Blanche :** p. 162 (h.). **Maison de Bricourt :** p. 72 (h.g.-h.d.). **S. Marchal :** p. 92 (h.g.-h.d.). **Y. Marmottan :** p. 218 (b.). **Le Mas Trilles/Céret :** p. 129 (b.g.-b.d.). **M. Mesplié :** p. 159 (b.g.). **J. Mondière :** p. 53 (b.g.). **B. Mordacq :** p. 160 (b.d.). **New Hôtel :** p. 199 (b.g.-b.d.). **Château de Nieuil :** p. 190 (h.). **Objectif Photo :** p. 156 (h.g.). **O. Page :** p. 76 (h., b.g.-b.d.), p. 77 (h.), p. 78 (h., b.g.-b.d.), p. 82 (h., b.g.-b.d.). **A. Pallier :** p. 137 (h.g.). **D. Papineau :** p. 79 (b.g.-b.d.). **Hôtel Paris France :** p. 98 (b.g.-b.d.). **J.-S. Petitdemange :** p. 47 (h.g.-h.d, b.g.-b.d.), p. 48 (h., b.g.-b.d.), p. 49 (h., b.), p. 51 (h., b.g.-b.d.), p. 52 (b.), p. 53 (h., b.d.), p. 74 (h.g.-h.d., b.), p. 75 (h.g.-h.d., b.g.-b.d.), p. 79 (h.g.-h.d.), p. 80 (h.g.-h.d., b.g.-b.d.), p. 81 (h.g.-h.d., b.g.-b.d.), p. 83 (h.g.-h.d., b.g.-b.d.), p. 155 (h.g.-h.d., b.), p. 157 (h.g.-h.d., b.g.-b.d.). **Auberge du Pin :** p. 219 (h.). **B. Pinet :** p. 42 (h.,b.), p. 148 (h.g.-h.d.), p. 204 (h., b.), p. 205 (h.), p. 208 (h.), p. 213 (h.), p 214 (h., b.g.-b.d.), p. 217 (h., b.g.-b.d.), p. 218 (h.). **Restaurant Pinxo :** p. 97 (h.g.-h.d.). **A. Poinsot :** p. 124 (h.), p. 126 (b.g.). **A. Poncelet :** p. 134 (b.g.-b.d.), p. 136 (h.g.-h.d., b.g.-b.d.), p. 137 (h.d., b.g.-b.d.), p. 163 (h., b.), p. 166 (h.g.-h.d., b.g.-b.d.), p. 170 (h., b.g.-b.d.). **Hôtel Pont Napoléon :** p. 152 (h., b.g.-b.d.). **N. Rassion :** p. 213 (b.g-b.d.). **F. Roche :** p. 113 (h.g.-h.d.). **Rôtisserie d'en Face :** p. 104 (b.). **D. Rousseau :** p. 156 (b.d.). **Hôtel Saint-Dominique :** p. 117 (b.g.-b.d.). **Résidence des Saules :** p. 221 (b.g.-b.d.). **Saveurs Saint-Avit :** p. 156 (h.d.). **Hôtel des Skieurs :** p. 208 (b.). **Uwe Spoering :** p. 201 (b.g.-b.d.). **G. Sourrieu / L'Epuisette :** p. 199 (h.d.). **J.-D. Sudres :** p. 134 (h.). **Terrasses du Lido de Sète :** p. 138 (h.g.-h.d.). **O. Thieule :** p. 132 (h.g.-h.d.). **F. Tissier :** p. 101 (b.g.-b.d.). **L. Trepp :** p. 46 (b.g.-b.d.). **C. Valentin :** p. 121 (h.d.). **M. Vallée :** p. 167 (b.). **Domaine Vallée Heureuse :** p. 92 (b.). **D. Van der Putten :** p. 106 (h.g.-h.d.). **Hôtel de Varenne :** p. 107 (b.g.-b.d.). **P. Venet :** p. 160 (b.g.). **B. Vialettes :** p. 116 (b.g.-b.d.). **J.-P. Vidal :** p. 52 (h.g.-h.d.). **D. Viet :** p. 149 (b.). **Résidence du Vieux Port :** p. 200 (b.). **Auberge de La Vigotte :** p. 146 (b.g.-b.d.).

INDEX DES ÉTABLISSEMENTS

— A —

— B —

— C —

— D —

— E —

— F —

— G —

INDEX DES ÉTABLISSEMENTS

— H —

— I-J-K —

— L —

— M —

— N —

— P —

— Q-R —

— S —

— T —

— U-V-Z —

INDEX DES VILLES

— A —

— B —

— C —

— D-E —

— F —

— G-H-I-J —

— L —

— M —

— N-O —

— P-Q —

— R —

INDEX DES VILLES

— S —

— T-U —

— V-W —

Les **Routards** parlent aux **Routards**

Faites-nous part de vos expériences, de vos découvertes, de vos tuyaux pour que d'autres routards ne tombent pas dans les mêmes erreurs.
Indiquez-nous les renseignements périmés. Aidez-nous à remettre l'ouvrage à jour. Faites profiter les autres de vos adresses nouvelles, combines géniales... On adresse un exemplaire gratuit de la prochaine édition à ceux qui nous envoient les lettres les meilleures, pour la qualité et la pertinence des informations. Quelques conseils cependant :
– Envoyez-nous votre courrier le plus tôt possible afin que l'on puisse insérer vos tuyaux sur la prochaine édition.
– N'oubliez pas de préciser sur votre lettre l'ouvrage que vous désirez recevoir.
– Vérifier que vos remarques concernent l'édition en cours et notez les pages du guide concernées par vos observations.
– Quand vous indiquez des hôtels ou des restaurants, pensez à signaler leur adresse précise et, pour les grandes villes, les moyens de transport pour y aller. Si vous le pouvez, joignez la carte de visite de l'hôtel ou du resto décrit.
– À la demande de nos lecteurs, nous indiquons désormais les prix. Merci de les rajouter.
– N'écrivez si possible que d'un côté de la lettre (et non recto verso).
– Bien sûr, on s'arrache moins les yeux sur les lettres dactylographiées ou correctement écrites !

Le Guide du routard : 5, rue de l'Arrivée,
92190 Meudon

E-mail : guide@routard.com
Internet : www.routard.com

Routard Assistance 2004

Vous, les voyageurs indépendants, vous êtes déjà des milliers entièrement satisfaits de Routard Assistance, l'Assurance Voyage Intégrale sans franchise que nous avons négociée avec les meilleures compagnies, Assistance complète avec rapatriement médical illimité. Dépenses de santé, frais d'hôpital, pris en charge directement sans franchise jusqu'à 300 000 € + caution + défense pénale + responsabilité civile + tous risques bagages et photos. Assurance personnelle accidents : 75 000 €. Très complet ! Le tarif à la semaine vous donne une grande souplesse. Chacun des *Guides du routard* pour l'étranger comprend, dans les dernières pages, un tableau des garanties et un bulletin d'inscription. Si votre départ est très proche, vous pouvez vous assurer par fax : 01-42-80-41-57, mais vous devez, dans ce cas, indiquer le numéro de votre carte bancaire. Pour en savoir plus : ☎ 01-44-63-51-00 ; ou, encore mieux, • www.routard.com •

Composé par Nord-Compo
Imprimé en Italie par « La Tipografica Varese S.p.A. »
Dépôt légal n° 48213-07/2004
Collection n° 15 – Édition n° 02
24/0002/6
I.S.B.N. 2.01.240002-7